Der neue Nostradamus

1. Auflage August 2022

Osiris-Verlag UG (haftungsbeschränkt)
Marktplatz 10
D-94513 Schönberg

Umschlaggestaltung, Satz und Layout: Luna Design KG
Druck: FINIDR s.r.o.

ISBN: 978-3-949500-03-9

Dieser Titel ist auch als eBook erhältlich, ISBN (eBook): 978-3-949500-04-6

Cristina Aldea

DER NEUE NOSTRADAMUS

Außergewöhnliche Erlebnisse mit dem belgischen Medium Pascal Riolo

OSIRIS
Verlag

Die Autorin:

Cristina Aldea, Jahrgang 1944, studierte Mathematikerin und polyglotte Übersetzerin ist Mitglied der Forschungsgesellschaft für Archäologie, Astronautik und SETI, im wissenschaftlichen Beirat des Para-Wige e.V., im italienischen Nationalen Ufologischen Zentrum (CUN) sowie im Interdisziplinären Komitee für Protohistorische und Traditionelle Forschung (CIRPET) in Rom. Nach mehrfachen Vorträgen bei Weltkongressen und Veröffentlichung unzähliger Artikel in wissenschaftlichen Zeitschriften im In- und Ausland sowie einiger Vorwörter für italienische Sachbücher, trug sie nun die außergewöhnlichsten Erlebnisse mit dem Medium Pascal Riolo in diesem Buch zusammen.

Die wahrheitsgetreuen belegbaren Erlebnisse sind in lustigen, humorvollen bis ernsten und traurigen Kurzgeschichten niedergeschrieben, was die spannende Lektüre des Buches erheblich erleichtert.

Cristina Aldea lebt heute in Köln und Barcelona.

(© Cristina Aldea)

Meinem lieben kleinen Paquito gewidmet

Inhalt

Einleitung

Seit über zwanzig Jahren habe ich den Text dieses Buches niedergeschrieben, mich aber nicht getraut ihn zu veröffentlichen, weil ich befürchtete missverstanden zu werden. In letzter Zeit verspürte ich jedoch immer mehr den Drang meine Erlebnisse mit diesem interessanten, wunderbaren Menschen, mit dem belgischen Medium italienischer Herkunft, Pascal Riolo, auch anderen mitzuteilen. So entstand dieses Buch.

Ich bin 1944 in Siebenbürgen, im streng kommunistischen Rumänien, geboren und habe weder in meiner Kindheit noch in meiner Jugendzeit irgendetwas von Dingen gehört, die seltsam, unerklärlich oder außergewöhnlich waren. Hellsehen, Wahrsagen oder Kartenlegen gehörten in den Bereich des Unnormalen und wenn sich jemand damit befasste, was die Zigeuner gern taten, wurde er für verrückt erklärt und konnte sogar bestraft werden. Wer sich diesbezüglich nicht liniengetreu verhielt, kam in die Irrenanstalt.

Ich habe Mathematik studiert und weil ich mehrere Sprachen spreche, auch das Diplom des Übersetzers und Dolmetschers gemacht. In meinem „mathematischen Kopf" war kein Platz für paranormale Sachen. Alles, was ich nicht sehen, fühlen oder berechnen konnte, durfte nicht existieren! In allem was ich tue, setze ich stets mein logisches Denken, meinen gesunden Menschenverstand ein, jedoch seit ich Pascal kenne, ist in meiner Denkweise manches durcheinandergeraten. Die vielen Gespräche mit ihm, vor allem die miteinander gemachten Erfahrungen und unzähligen Erlebnisse, haben dazu geführt, dass ich diese Dinge heute ein wenig anders sehe, dass ich versuche sie so anzunehmen wie sie geschehen und sie nicht mehr hinterfrage, weil ich eingesehen habe, dass es dafür keine befriedigenden Erklärungen für mich gibt. Weil eben so viele unerklärliche, heute würde ich sagen paranormale Ereignisse, stattfanden, die in Verbindung mit Pascal stehen, die ich mit ihm erlebt und gelebt habe, die ich von Betroffenen direkt erzählt bekam, dachte ich, dass es angebracht wäre, sie aufzuschreiben um sie nicht zu vergessen, aber vor allem, um sie als Beweise für das Erlebte festzuhalten.

Hier berichte ich vor allem über Ereignisse, die in Anwesenheit eines Publikums, einer Menschengruppe oder in Anwesenheit einzelner Personen, außer Pascal und mir, stattgefunden haben. Ereignisse, die von den betreffenden Personen jederzeit bestätigt werden können. Ich kenne Pascals Familie persönlich, viele seiner Freunde und auch einige seiner Kunden, die mir ihre Erfahrungen direkt erzählten und sie auch bestätigten.

Weil ich mir nicht jede Einzelheit merken konnte, habe ich Pascals Aussagen, sowie die seiner Familienangehörigen und seines Lehrers aufgezeichnet und nachher sofort genauso niedergeschrieben, wie sie gesagt wurden. Zum leichteren Verständnis habe ich die einzelnen Ereignisse als kleine Geschichten zusammengefasst und nach Möglichkeit chronologisch geordnet.

Natürlich habe ich mit Pascal viel mehr derartige Erlebnisse gehabt, die ich hier nicht gern erzählen möchte, weil ich dafür keine Zeugen habe und auch um nicht unglaubwürdig zu erscheinen. Trotzdem werden einige Leser skeptisch sein und an der Wahrheit meiner Erzählungen zweifeln. Es ist ihr gutes Recht.

Keine einzige Erzählung entspringt meiner Fantasie oder ist frei erfunden. Dafür verbürge ich mich.

Trotz allem hat mich aber mein gesunder Menschenverstand, mein logisches Denken, bis heute nicht verlassen und ich bin der realistisch denkende Mensch geblieben, der ich immer war.

Cristina Aldea im Februar 2022

Die geheimnisvollen Kräfte der Kinder

Kindheit ist ein Mysterium

Phänomene von Telepathie, Hellsehen, Vorahnung sowie extrasensorielle Wahrnehmungen werden bei vielen Kindern angetroffen. Wie äußern sich diese Eigenschaften?

Seit vielen Jahren stellen sich die Wissenschaftler Fragen zu paranormalen Phänomenen, die dem menschlichen Verstand vollkommen entgehen und die als Ursprung Kinder haben, denen aber die Besonderheiten, die ihnen angelastet werden, überhaupt nicht bewusst sind.

Diese Kinder befinden sich zum größten Teil nicht einmal im Pubertätsalter, was ihr Verhalten noch unverständlicher macht.

Es gibt zahlreiche Beispiele dafür, die uns verpflichten unser eigenes Realitätskonzept und dessen Grenzen ins Gespräch zu bringen:

- In Kropotkin, einer Stadt in der Region Krasnodar, in Russland, „sieht" die kleine Tania Bykowskaya mit den Fingern. Mit verbundenen Augen kann sie die Farben verschiedener Gegenstände ertasten.

- Ein achtjähriges Mädchen aus der Rue Saint-Maur in Paris kann einen riesigen Schrank nur mit den Blicken um einige Zentimeter verschieben.

- Ein Junge aus dem Jura löst aus der Entfernung elektrische Phänomene aus und bringt eine Lampe zum Glühen, ohne den Schalter zu berühren.

- Ein Siebzehnjähriger durchbohrt seinen Hals mit einem Stilett, verspürt dabei aber nicht die geringsten Schmerzen.

- Der zehnjährige Jim Dark entzündet Papier, das sich in einer geschlossenen Schublade befindet.

- Der kleine C.B. bringt seine gesamte Bleisoldatenarmee in Bewegung, während er schläft.

- Der sechsjährige Michael Lord aus Georgia (USA) heilt Kranke, die von der traditionellen Medizin aufgegeben wurden.

- Der zehnjährige H. Heinz wünscht sich sehnlichst einen Freund. Nachts werden seine Eltern durch den Lärm zweier spielender Kinder wach. Als sie ins Kinderzimmer treten, hört der Lärm auf und Heinz schläft fest in seinem Bett.

- Ein fünfzehnjähriges Mädchen aus Wisconsin (USA) fällt jedes Mal in Trance, wenn die Eltern es zurechtweisen. Plötzlich schweben Flammen durch den Raum und entzünden Gardinen und Tapeten.

Parapsychologen teilen die Fähigkeiten der sogenannten PSI-Kinder in zwei unterschiedliche Kategorien ein: Extrasensorielle Wahrnehmung und Psychokinese.

Zu der extrasensoriellen Wahrnehmung gehören Telepathie, Hellsehen und Weissagung.

Die Psychokinese, eine mit der extrasensoriellen Wahrnehmung assoziierte Fähigkeit, stellt die direkte Wirkung des Geistes auf die Materie dar, das bedeutet mit anderen Worten Verschieben oder Herumwerfen von Gegenständen oder das Entstehen von hörbaren Klopfzeichen.

Für jeden von uns ist die Kindheit nichts anders als eine schwache Erinnerung an einen längst vergessenen Traum. Die Kindheit ist ein Universum, in dem sich der Traum komischerweise kohärent mit der Wirklichkeit vermischt.

Die Kindheit ist also ein entfernter Traum, aber der Traum ist eine Ausdrucksweise, die im Leben eines Menschen von besonderer Bedeutung ist.

Die Pubertät begünstigt oft das Auftreten übersinnlicher Phänomene und manche behalten ihre paranormalen Fähigkeiten sogar bis in das Erwachsenenalter. Die meisten PSI-Kinder weisen fast immer Eigenschaften wie Einsamkeit, ausgeprägte Einbildungskraft, Fantasie, Gefühlsschwankungen und Frust auf.

Wenn Kinder in der Lage sind Phänomene zu verursachen, die unser Verstand nicht fassen oder begreifen kann, dann glaube ich, stehen wir vor universellen Gesetzen, die wir zu verstehen versuchen oder absolut von uns weisen. Sie zu verstehen funktioniert jedoch nicht mit unserem normalen, noch so rationalen Verstand. Also stehen wir vor etwas, das wir uns nicht erklären können und sind sogar manchmal versucht unsere eigene geistige Integrität in Frage zu stellen. In den meisten Fällen schenken wir PSI-Kindern leider zu wenig Aufmerksamkeit und tun das, was das Kind von sich gibt, als „rege Fantasie“ ab.

Es scheint, als ob es eine Fähigkeit gäbe, eine Kraft, die aus der Alchemie, aus dem Zusammenspiel dieser kindlichen Wunder geboren wird, aus der Einsamkeit und der Einbildungskraft des Kindes, die allen dem Menschen bekannten Gesetzen trotzt, eine Art Energie, die dem Kind vertraut ist.

Schon die antiken Zivilisationen erkannten diese wunderbaren Fähigkeiten bei Kindern, die bei manchen Völkern sogar als Wahrsager oder als Medium eingesetzt und von Priestern in Tempeln befragt wurden. In einem zweihundert Jahre vor Christus Geburt niedergeschriebenen Text heißt es, dass ein Kind mit den Göttern kommunizieren könne, weil es noch pur, noch rein und unbefleckt sei. Für die antiken Völker befanden sich nur Tiere, Kinder und Narren in konstanter Verbindung mit der unsichtbaren Welt. Daher auch die Aussage, dass Kinder und Narren die Wahrheit sagen.

In Dionysos Griechenland dachten die an den Lippen prophetischer Kinder hängenden Gläubigen, Gottes Wort aus deren Munde zu vernehmen. Der Hirtengott Pan, Krishna, einer der am meisten verehrten Götter des Hinduismus, sowie der schon erwähnte Dionysos, werden fast immer als nie alternde Jünglinge dargestellt. Keltische Legenden erzählen von kleinen magischen Wesen, die mit ihrem Wissen den Menschen weitaus überlegen waren.

Diese Legenden, die sicherlich auch einen Kern Wahrheit in sich bergen, zeigen die geheimnisvolle Rolle des Kindes bei den antiken Völkern, seine heilige Funktion. Wenn der Aberglaube verschwindet, bleibt eine Realität zurück, die oft die Legende selbst übertrifft. Könnte diese Realität nicht irgendwo in den geistigen Möglichkeiten bestimmter Kinder schlummern? Woher kommen sonst diese Kräfte? Wer sind diese Kinder wirklich? Sind es nicht einfach nur unsere eigenen Kinder, die etwas in sich tragen, das uns Angst macht?

All das, was einst als eine Gabe Gottes oder je nach Glauben, als ein Teufelswerk, angesehen wurde, unterliegt heute parapsychologischer Forschung.

Es kann sein, dass uns diese übersinnlichen Kinder einfach nur eine Lektion der Klarheit erteilen, ein Bild dessen geben, wie die Menschheit von morgen sein wird, wenn diese fast göttliche Energie, die wir wegen fehlender Begriffe „PSI" nennen, auflebt.

Einsamkeit und Einbildungskraft oder Fantasie gehen Hand in Hand. Es könnte sein, dass dieses der Schlüssel zu den zahlreichen psychischen Vorgängen im Kind ist. Kinder, die übersinnliche Phänomene erzeugen, sind fast immer einsame Kinder. Es sind Einzelkinder oder Kinder, die an Einsamkeit leiden, ausgelöst durch Störungen in ihrem Gefühlsleben. In solchen Fällen errichtet das Kind eine Mauer zwischen sich selbst und der es umgebenden Welt und schafft sich ein Universum auf seine Art. Hinter dieser Mauer kann es nach eigener Lust und Laune Freunde erfinden, die eigenen Eltern ausschalten, Helden seiner persönlichen Mythologie aufleben lassen, so wie es sie in Wirklichkeit haben möchte. Seine Wirklichkeit trägt die Maske all seiner Einbildungen, all seiner Wünsche. Das Kind diktiert und erzielt sogar manchmal Erfolg.

Man versucht diese Vorgänge stets rational und logisch zu erklären. Wenn man sie jedoch mit dem Verstand nicht begreifen und erklären kann, spricht man von *Zufall,* wenn sich aber der Zufall mit einer gewissen Präzision wiederholt, kommt das Wort *Wunder* ins Spiel.

Die Einsamkeit ist, wie schon gesagt, der Ursprung für die Entstehung übersinnlicher Phänomene. Tibetanische Yogis ziehen sich für viele Jahre in die Einsamkeit zurück um wunderbare Kräfte *(siddhi)* zu erlangen wie Levitation, Hellsehen, Verdoppelung oder Einwirkung aus der Ferne auf Gegenstände. Die Einsamkeit dieser Yogis ist gewollt, zeigt aber wie wichtig sie für das Entstehen übersinnlicher Mechanismen ist. In Abgeschiedenheit und Ruhe empfindet der Mensch die Welt ganz anders. Die verschärften Sinne nehmen Dinge wahr, die man normalerweise gar nicht beachtet, wie unbekannte Geräusche, in der Dunkelheit entstehende Formen, überraschende Gedanken, Bewegungen und anderes.

Während der Yogi einiges mit Zweifel betrachtet, was seiner Weiterentwicklung nicht zugutekommt, ist es für das Kind ganz anders. Das Kind hat ein fast fanatisches Vertrauen in sich selbst und nichts könnte bei ihm Zweifel aufkommen lassen.

Beim Kind handelt es sich um ein Spiel, das trotz seiner Intensität den Bereich seiner eigenen Fantasie nicht überschreitet. Die Erwachsenen, die Eltern, sind oft Zeugen dieser fast immer vom Kind verursachten unerklärlichen Phänomene.

Forscher, die sich intensiv mit diesen Vorgängen befassten, stellten schon vor etwa siebzig Jahren fest, dass zwischen dem Forscher und dem zu analysierenden Kind ein sogenannter „Strom" fließen muss. Bei Experimenten, die in Schulen gemacht wurden, beobachtete man, dass die besten Ergebnisse erzielt werden, wenn das Kind vom eigenen Lehrer und nicht von einem Fremden, getestet wird.

Heute weiß man, dass die besten Ergebnisse extrasensorieller Wahrnehmung bei Kindern im Alter von 8 – 13 Jahren und nicht bei älteren Kindern erzielt werden. Dieses ist darauf zurückzuführen, dass die Kinder in der Grundschule eine engere Bindung zum Lehrer haben. Die Forscher stellten fest, dass die Experimente am besten gelingen, wenn zwischen Lehrer und Schüler eine gegenseitige enge, jedoch respektvolle Beziehung besteht.

Die Begegnung eines Erwachsenen mit einem Kind ist immer ein besonderes Ereignis, über dem eine gewisse Unverständlichkeit schwebt.

Den PSI-Kindern kann man sich auf verschiedene Art nähern und zwar mit experimentellen Tests, statistischen Erhebungen, psychologischer Analyse bis hin zum einfachen menschlichen Dialog. Es ist stets interessant zu hören, was die Kinder von selbst erzählen. Ihre Ehrlichkeit, ihre direkte einfache Art, das zu verstehen und zu interpretieren, was ihnen passiert ist, gibt oft erstaunliche Impulse ihres Innenlebens preis.

Die Arbeit mit den PSI-Kindern kann nur erfolgen, wenn man sie nicht als psychisch Kranke, ja sogar als eine Art Monster, sondern als privilegierte begnadete Wesen betrachtet, die etwas können, was der Rest der Sterblichen nicht kann.

Der Dialog ist deshalb so wichtig, weil er bestimmte Analogien aufzeichnet, scheinbar unbedeutende Ereignisse miteinander verbindet, eine Seelenanalyse erlaubt und Aspekte extrasensorieller Mechanismen freilegt, weil die Erscheinungsformen, über die gesprochen wird, fast immer psychischer, schwingungsgeladener Natur sind.

All das kann aber nur dann geschehen, wenn man vor Beginn des Dialogs das Vertrauen des Kindes gewonnen hat, sonst wird es sich der prüfenden Person überhaupt nicht oder nur sehr schwer öffnen.

Es ist erwiesen, dass sich das Leben am Meer von dem in der Hochebene oder sogar in den Bergen, grundsätzlich unterscheidet.

Eine Bestätigung hierfür findet man in der Tatsache, dass sich die Yogis stets in die Berge zurückziehen, um in Ruhe meditieren zu können und nur dann absteigen, wenn sie auf Nahrungssuche sind. Es scheint, als ob sich die PSI-Fähigkeiten in den Bergen besser entwickeln und entfalten können. In den Hochebenen Asiens, in Höhen zwischen 3.000 und 4.000 Metern, ist das psychische Leben, angefangen von seinen tiefsten Erscheinungsformen (Hexerei, Magie) bis hin zu seiner höchsten Entwicklungsstufe (Erwachen des Geistes), sehr viel intensiver als anderswo.

Es soll unter zehn PSI-Kindern sieben geben, die in bergigen Gegenden wohnen. Davon leben vier in direkter Beziehung zur Natur als Hirten- oder Bauernkinder.

Was die Kindheit charakterisiert, ist die enge Beziehung zur Natur, zu den Elementen, die das Kind umgeben, die es instinktiv identifizieren kann, der angeborene Sinn des Ursprungs, der Sinn für Mysterien.

Folglich kann man sagen, dass die Umgebung, in die das Kind hineingeboren wird, in der es aufwächst, bei der Entstehung von PSI-Phänomenen eine große Rolle spielt. Sie kann die Entwicklung des Kindes begünstigen oder auf diese sogar hemmend wirken.

Paranormale Phänomene entstehen oft auch nach beeindruckenden emotionalen Ereignissen wie der Verlust eines Elternteils oder einer nahestehenden geliebten Person, nach dem Erleiden eines Unfalls, einer schweren Krankheit, nach Missbrauch oder Misshandlung des Kindes. Nicht immer ist aber ein solches Ereignis notwendig, um bei dem Kind eine extrasensorielle Wahrnehmung oder Psychokinese hervorzurufen. Wie schon gesagt, spielt die gefühlsbetonte Beziehung eine wichtige Rolle, denn genau um diese Bindung herum wird das Kind seine eigene innere Welt aufbauen und in sich selbst diese versteckten Bereiche wecken, in die der Erwachsene fast gar nicht eindringen kann.

Für den französischen Professor Robert Tocquet, der sich mit diesem Phänomen eingehend beschäftigte, gab es eine allgemeine Regel, die besagt, dass jedes Medium schon in der Kindheit neuropathisch gewesen sei, wobei diese Neuropathie so gering ausfallen kann, dass sie von den anderen, das Medium umgebende Menschen, gar nicht bemerkt wird.

Als Beispiel hierfür zählt er einige bekannte Medien auf: Stainton Moses war seit seiner Kindheit ein Schlafwandler, Home litt an zahlreichen nervösen Anfällen, Eusapia Paladino erlitt einen Scheitelbeinbruch im Alter von einem Jahr und im Alter von acht Jahren erlebte sie die Agonie ihres geliebten Vaters, der von Straßenräubern überfallen und tödlich verletzt wurde. Frau Piper wurde Medium nach zwei schweren chirurgischen Eingriffen. Pascal Forthuny und Frau Mancell entwickelten hellseherische Fähigkeiten nach dem Tod eines ihrer Kinder.

Auch wenn für den Außenstehenden das emotionale Ereignis von geringer Bedeutung zu sein scheint, ist es trotzdem ein fruchtbarer Boden für die Entstehung und Entwicklung von hellseherischen Fähigkeiten und parapsychischen Phänomenen aller Art.

Wir haben gesehen, dass die Parapsychologen diese Fähigkeiten sogar klassifizieren, man sollte aber nicht glauben, dass sich die von Kindern hervorgerufenen PSI-Phänomene nur auf einige typische Fälle beschränken.

Bei eingehenden Untersuchungen der parapsychologischen Fähigkeiten von Kindern stößt man auf sehr überraschende Erscheinungsformen, auf regelrechte Wunder, die allen physikalischen Gesetzen trotzen und deren vollkommen irrationale Natur einen zur Verweigerung, ja sogar zur absoluten Verneinung, zwingen.

Alle PSI-Kinder verfügen über die besondere Fähigkeit, sich von der täglichen Welt, von dem, was wir Realität nennen, zu entfernen, loszulösen und vollständig in ein Universum einzutauchen, das sie als ihr eigenes empfinden und an dessen Existenz sie fest glauben.

Manche Kinder tauchen aus ihrem Universum auf und bringen wunderbare Bilder, außergewöhnliche Visionen mit, wie ein Taucher, der auf dem Meeresgrund einen Schatz entdeckt hat.

Allan Kardec, ein französischer Spiritist und Forscher auf dem Gebiet der Parapsychologie, sagte den Eltern:

„Ihr kennt das Geheimnis nicht, das eure Kinder hinter ihrer Unschuld verbergen, ihr wisst nicht was sie tun, nicht was sie gewesen sind oder noch sein werden und trotzdem liebt und verwöhnt ihr sie, als ob sie ein Teil eurer selbst wären. Die Liebe der Mutter für ihre Kinder wird als größte Liebe angesehen, die jemand überhaupt für einen anderen empfinden kann."

Was wissen wir schon über uns selbst, über diese unbekannte Masse in unserem Kopf, die wir Gehirn nennen? Das, was wir als „Bewusstsein" bezeichnen, nimmt nicht mehr als zwanzig Prozent unserer grauen Zellen ein. Aber was wissen wir über den restlichen Teil, über die wunderbaren Möglichkeiten, die in unserem Unbewussten schlummern?

Wir müssen aus unserem viel zu langen Schlaf erwachen, so wie es einige unserer Kinder tun, deren Verhalten uns überrascht, uns sogar verängstigt. Sie sind nichts anders als das, was wir uns weigern zu sein: Das wirkliche Leben mit seinen vielfachen wunderbaren Facetten.

Wir alle besitzen irgendwo in uns derartige Fähigkeiten, jedoch unsere Art zu sein, unsere seit Generationen sich wiederholenden Automatismen ermöglichen uns nicht, diese in uns schlummernden verkümmerten Sinne zum Leben zu erwecken. Es passiert uns manchmal, dass unser Leben plötzlich durch telepathische oder hellseherische Ereignisse aufgewühlt wird, über die wir uns im gegebenen Augenblick sehr wundern oder vor denen wir uns sogar fürchten. Wenn deren Wirkung jedoch verklingt, gehen wir erneut unseren alltäglichen Beschäftigungen nach und legen das Ereignis unter dem Stichwort Zufall einfach ab.

Wahrscheinlich haben wir vergessen, dass wir alle mehrere „Bewusstseins" in uns tragen, eine Vielzahl von Aspekten, die wir aus purer Angst vor uns selbst, ständig von uns weisen. Vielleicht müssten wir genau darin den Schlüssel für unsere entfernte Herkunft und was noch interessanter ist, für unsere Zukunft, suchen.

Unsere Kinder sind die Kristallisierung von all dem, was wir längst vergessen haben. Durch sie lernen wir uns wieder zu erinnern und die unendlichen Möglichkeiten, die wir in uns tragen, vielleicht wieder zu erwecken und endlich zu leben.

(© Cristina Aldea)

Pascal Riolo

Meine erste Begegnung mit Pascal

Alles begann am 24. Juli 1993. Das Datum weiß ich deshalb so genau, weil an diesem Tag mein Namenstag ist, den ich eigentlich nie gefeiert, ja sogar schon öfter vergessen habe. Heute aber begann der Tag anders als sonst. Die Sonne lachte Köln freundlich an, was sie sonst nur selten und äußerst sparsam tut und je wärmer es wurde, umso mehr schwand meine Lust am Schreibtisch zu sitzen und zu arbeiten. Aber was sollte ich sonst tun? Spazieren gehen, irgendwohin fahren? Ich überlegte. Plötzlich kam mir der Gedanke nach Lüttich zu fahren, wo ich mehrere Freunde habe und immer so gut abschalten kann.

In Fléron fuhr ich von der Autobahn ab, um in dem kleinen Eiscafé von Rosanna einzukehren. Rosanna ist eine Italienerin, deren Familie schon seit mehreren Jahrzehnten in Belgien lebt. Sie freute sich als sie mich sah und bevor ich Platz nehmen und etwas bestellen konnte, flüsterte sie mir zu:

„Die beiden dort in der Ecke, das ist Pascal mit seiner Mutter."

Schon vor mehreren Monaten hatte mir Rosanna von einem äußerst begabten Jungen erzählt, der angeblich gut Karten lesen könnte und bestimmt auch gern bereit wäre es für mich zu tun. Sie sei einmal bei ihm gewesen und schwärmte von dessen hellseherischer Begabung.

Ich musste lachen. Ein so junger Mann, ja noch ein Kind, was weiß der schon vom Leben? Der konnte doch in seinem jungen Alter keinerlei Lebenserfahrung haben! Der sollte mir wahrsagen, ausgerechnet der sollte mir erzählen wie meine Zukunft aussehen wird? Mir, einer fast fünfzigjährigen Frau und noch dazu Mathematikerin? Mir, einer Frau mit Logik und Verstand? So etwas musste doch belächelt werden!

Trotzdem aber war ich neugierig und hätte gern gewusst, was er mir sagen würde, auch um ihm zu beweisen, dass so etwas gar nicht funktionieren kann und nichts anderes als Humbug ist. Ich war fest entschlossen, Pascal zu entlarven, ihm zu beweisen, dass er sich irrt, dass nicht sein kann, was nicht sein soll!

Selbstsicher schritt ich auf den Tisch zu, an dem der junge Hellseher mit seiner Mutter saß und friedlich Eis löffelte. Er sah mich mit großen dunklen Augen freundlich an und machte eine höfliche Geste, die mir zu verstehen gab, dass meine Anwesenheit willkommen und er bereit war, mit mir zu sprechen. Dieser so durchdringende aber äußerst sanfte Blick verwirrte mich ein wenig und nahm meiner aufgesetzten Forschheit den Wind aus den Segeln.

Ich begrüßte beide und erzählte sofort, dass ich schon einiges von ihm gehört hätte und von seiner Begabung natürlich sehr begeistert sei.

Er lächelte mich freundlich an.

Etwas unsicher fragte ich, ob ich einen Termin bei ihm bekommen könnte, da ich sehr interessiert sei, mir wahrsagen zu lassen.

Als er mir seine Telefonnummer gab und mir sagte, dass ich anrufen sollte, weil er seinen Terminkalender nicht bei sich hätte, warf er mir erneut einen freundlichen, aber diesmal sehr durchdringenden Blick aus seinen strahlenden, dunkeln Augen zu.

Sechs Tage später rief ich bei ihm an und bat um einen Termin. Als ich ihm sagte, dass ich die Person aus dem Eiscafé in Fléron sei, konnte er sich zu meiner Überraschung sofort an mich erinnern und bemerkte, dass er auch daran interessiert sei mir wahrzusagen, da ich für ihn eine besondere Frau sei. Was er damit meinte, verstand ich leider nicht.

Am Freitag, den 6. August 1993 um 10.00 Uhr hatte ich meinen ersten Termin bei Pascal. Ich fuhr neugierig und erwartungsvoll nach Oupeye und stand schon einige Minuten vor der vereinbarten Uhrzeit im zweiten Stock vor seiner Tür, weil ich die Zeit, die er für mich zur Verfügung hatte, voll und ganz ausnutzen wollte. Viele Fragen gingen mir durch den Kopf, viele Probleme beschäftigten mich und ich wollte vieles von ihm, aber noch viel mehr über ihn wissen. Ich glaubte überhaupt nicht an Kartenlegen, Voraussagen, an Hellsehen und sonstiges, das ich einfach als Spinnerei abtat.

Pascal, der schüchterne, höfliche, manierliche Junge öffnete mir die Tür und bat mich freundlich einzutreten. Ich trat in ein kleines bescheiden ausgestattetes Vorzimmer und dann in sein Wohnzimmer, das mich durch seine normale Einfachheit überraschte, da ich, wenn ich es ehrlich zugebe, auf der Reise zu ihm, kurz versucht hatte mir seine Wohnung vorzustellen. Wenn man weiß, dass man zu einem Hellseher, Kartenleger oder Heiler geht, stellt man sich dessen Umgebung meistens unheimlich, vielleicht sogar ein wenig makaber vor. Dem war absolut nicht so. Seine Wohnung war genauso normal wie sein gesamtes Auftreten.

Auf dem großen Wohnzimmertisch befanden sich verschiedene Tarotkarten, zwei Kerzenständer und eine Kristallkugel. Er forderte mich auf, an dem Tisch Platz zu nehmen und setzte sich mir gegenüber.

Ich sah ihn prüfend an und hörte mich sofort sagen:

„Herr Riolo, ich glaube an so etwas nicht, ich stehe all dem sehr skeptisch gegenüber."

Er lächelte und nach einigen obligatorischen gegenseitigen Höflichkeitsbekundungen fragte er mich:

„Madame, wünschen Sie eine allgemeine Beratung oder möchten Sie mir ganz bestimmte Fragen stellen, die ich Ihnen beantworten soll?"

Ich überlegte eine Weile und dann entschloss ich mich für eine allgemeine Beratung um zu hören was er mir sagen wird, ohne auch nur das Geringste von mir zu kennen. Das System „Fragen stellen" gefiel mir weniger, weil ich dachte, dass ich ihm auf diese Weise vielleicht einige Ideen geben könnte, die er dann zum Wahrsagen benutzen würde. Auch hatte ich Angst, dass ich einige wichtige Fragen vergessen könnte. Bei einer allgemeinen Beratung könnte er doch vielleicht Sachen entdecken, die bei mir in Vergessenheit geraten sind oder die ich von mir gar nicht weiß.

„Ich wünsche eine allgemeine Beratung und denke, dass es mir möglich sein wird, danach eventuell einige Fragen zu stellen."

„Selbstverständlich, Madame, Sie können mich auch jederzeit unterbrechen, wenn Sie etwas nicht verstanden haben. Ich wiederhole es gern, denn ich möchte nicht, dass Sie von hier fortgehen und nicht alles klar ist“, sagte er ruhig in seiner gewohnten höflichen Art, indem er eine Schublade öffnete und Schreibblock und Kugelschreiber herauskramte.

„Hier, etwas zum Schreiben, damit Sie aufschreiben können, was ich Ihnen sage, denn Sie werden sich später sicherlich nicht mehr an alles erinnern. Es ist auch, damit Sie prüfen können, ob die von mir gemachten Voraussagen stimmen, ob sie im Laufe der Zeit eintreten oder nicht.“

Bisher schien alles sehr logisch und einfach zu sein.

Auf einen kleinen Zettel musste ich meinen Vornamen und mein Geburtsdatum schreiben. Pascal legte ihn vor sich und fuhr langsam mit der offenen Handfläche darüber, dann begann er seine Tarotkarten zu mischen und bat mich einige abzuheben. Anschließend legte er die beiden geteilten Kartenhäufchen übereinander und breitete alle Karten mit der Rückseite nach oben, vor mir aus. Nun forderte er mich auf, ihm aus den vor mir liegenden Karten sieben herauszugeben, die er langsam nacheinander aufgedeckt auf den Tisch legte, während er begann, mir einiges aus meinem Leben zu erzählen. Er sagte zum Beispiel, dass ich ohne Vater aufgewachsen sei, da er früh verstorben war, dass ich eine Schwester habe und vieles mehr. Er erinnerte mich an Einzelheiten aus Szenen meiner Kindheit, die ich längst vergessen hatte und wusste auch, dass ich eine geschiedene, kinderlose Frau bin.

„Ich sehe, dass Sie nur kurze Zeit mit einem Mann verheiratet waren, der einen weißen Kittel trägt.“

Um Pascal zu verwirren sagte ich schlagfertig:

„Ja. Sie haben Recht Monsieur, mein Ex-Mann ist Bäcker.“

Pascal hob den Kopf und sah mich mit sehr strengem Blick an.

„Ich weiß, dass Sie mich auf die Probe stellen wollen, aber es wird Ihnen nicht gelingen, Madame. Ihr Ex-Mann ist ein intellektueller Mensch, ein Akademiker, ich würde sagen, er ist Arzt.“

Es stimmte genau. Ich war knapp sieben Jahre mit einem Rechtsmediziner, also einem Arzt, verheiratet.

Danach behauptete er, dass ich einen Freund hätte, den er genau beschreiben konnte. Ich wollte einiges über meinen Freund wissen und stellte bestimmte Fragen, die er treffsicher beantwortete. Seltsamerweise kannte er auch meine Stärken und Schwächen und ermahnte mich manches im Leben anders anzugehen, als ich es bisher getan hatte. Alles stimmte!

Einen kurzen Augenblick beschuldigte ich in Gedanken Rosanna, weil ich glaubte, dass sie ihm vorher vieles über mich erzählt hatte. Fast alles was er sagte, wusste sie doch gar nicht, konnte sie doch überhaupt nicht wissen und manches davon hatte sogar ich vergessen.

Da es das erste Mal war, dass mir jemand so genau wahrsagte, wurde ich unruhig, nervös und staunte nicht schlecht. Mehrfach unterbrach ich ihn und hakte nach, um noch mehr von ihm zu erfahren aber auch um ihn auf die Probe zu stellen, da ich all dem sehr skeptisch gegenüberstand. Mein Weltbild begann leicht zu schwanken und das gefiel mir, der geradlinig logisch denkenden Frau, überhaupt nicht. Ich musste feststellen, dass es auf dieser Welt wirklich Sachen gibt, die man mit dem Verstand allein nicht begreifen kann, was ich bis dahin nicht wahrhaben wollte und dass es Menschen gibt, die außergewöhnliche Fähigkeiten besitzen.

Mir wurde fast unheimlich. Machte mir dieser nette freundliche Junge vielleicht Angst? Nein, es störte mich aber gewaltig, dass jemand, der mir vollkommen fremd war, der noch so furchtbar jung war, so tief in mein Leben, in mein Innerstes, in meine Seele eindringen konnte. Niemals zuvor hatte ich jemanden so nahe an mich herangelassen und nun drang dieser Junge mit einer solchen Leichtigkeit in meine tiefsten Verstecke, in meine intimsten Geheimnisse vor. Der Sockel, den ich mir unter meine Füße gestellt hatte, um im Leben einen Halt zu haben, begann heftig zu wackeln und ich fürchtete fast ins Leere zu fallen.

Als er zur eigentlichen „Zukunftsanalyse“, wie er das nannte, überging, bemühte ich mich in Stichworten aufzuschreiben was er sagte, damit ich irgendwann nachprüfen könne, ob seine Voraussagen auch wirklich eingetroffen waren. Mit meinen Notizen musste es mir doch gelingen irgendetwas zu finden, das meine anfängliche Skepsis untermauern und ihm widersprechen konnte! Das beruhigte mein Gewissen.

Pascal sagte mir einiges über mein Büro, über meine finanzielle Lage, über manches, das ich noch zu erwarten hatte, das noch auf mich zukommen würde. Es waren sowohl gute als auch weniger angenehme Dinge, die mich jedoch nicht erschütterten oder umwarfen. Ich schrieb sie auf und da ich nun wusste, was mir die Zukunft bringen würde, konnte ich manches beruhigt erwarten oder abzuwenden versuchen.

Anfangs war ich sehr skeptisch, dann überraschten mich seine Aussagen, ich bewunderte ihn, manchmal glaubte ich was er sagte und manchmal konnte oder wollte ich es einfach nicht glauben, manchmal lief es mir kalt den Rücken hinunter und manchmal wurde mir heiß. Es war ein Auf und Ab der Gefühle und Stimmungen!

Mit diesem Wirrwarr in der Seele verabschiedete ich mich und musste noch lange an diesen Tag, an dieses Erlebnis und an diesen sonderbaren achtzehnjährigen Mann denken.

Oft holte ich das Blatt hervor, auf dem meine Notizen standen und verfolgte gespannt was sich von den gemachten Voraussagen erfüllt hatte, welches der dort aufgeschriebenen Ereignisse auch wirklich eingetreten war. Zu meinem großen Erstaunen kam im Laufe der Zeit fast alles so, wie es mir Pascal vorausgesagt hatte!

Der junge Mann begann mich immer mehr zu interessieren und meine seit vielen Jahrzehnten vorgefasste Weltanschauung begann langsam zu bröckeln. Da ich ihm als Mensch auch zusagte, entstand zwischen uns ein freundschaftliches Verhältnis, das sich zu einer richtigen Freundschaft festigte. Der riesige Altersunterschied, der uns beide trennt, ist überhaupt kein Hindernis, da Pascal sich gern in der Gesellschaft reiferer, erfahrener Leute aufhält und ich mich mit ihm ebenso gern über viele Themen unterhalten kann. Wenn man ihm zuhört, vergisst man, dass er so blutjung ist und meint einen erfahrenen, weltoffenen, toleranten mindestens Vierzigjährigen vor sich zu haben.

Pascal ist Autodidakt. Er hat viel gelesen und sich auf diese Weise sein Wissen angeeignet. Hinzu kommen seine angeborene wunderbare Gabe und seine paranormalen, also übersinnlichen Fähigkeiten, die ihm ermöglichen, Dinge zu sehen und zu empfinden, welche die meisten von uns überhaupt nicht wahrnehmen.

Da er mit diesen Fähigkeiten geboren ist, dachte er etwa bis zu seinem neunten oder zehnten Lebensjahr, dass alle so empfinden, dass alle die Aura oder aus dem Jenseits kommende Wesenheiten sehen könnten, dass alle Schwingungen wahrnehmen könnten. Er konnte sich bis dahin gar nicht vorstellen, dass der größte Teil der Menschheit ganz anders sieht und fühlt als er.

Berichte über Pascal

Um Pascal besser zu kennen, dachte ich, es wäre angebracht einige seiner Verwandten, Freunde und Lehrer über ihn zu befragen, was zu sehr aufschlussreichen Ergebnissen führte.

Lehrer Simone

Joseph Simone, Pascals Lehrer an der *École communale* in Hermée, ein sehr netter und freundlicher Herr, der sehr aktiv und unternehmungslustig ist, war sofort bereit, mir einiges über Pascal zu erzählen. Er kam zu Pascal nach Hause und wir saßen zu dritt gemütlich beisammen.

Herr Simone erzählte:

„Ich kenne Pascal seit langem. Als er zwölf Jahre alt war, hatte ich ihn in meiner Klasse. Bevor er in meine Klasse kam, fiel er mir nicht sehr auf, weil er ein ruhiges Kind war. Er war nicht der Junge, der Fußball spielte oder mit anderen Kindern herumtollte. Als ich in seiner Klasse unterrichtete, bemerkte ich, dass der Junge sehr sensibel war. Er interessierte sich für alles und hatte keine Angst auch Mädchen anzusprechen, die er genauso behandelte wie die Jungen. Ich erinnere mich noch ganz genau daran, dass er mir eines Tages sagte, dass er gern ein Buch schreiben würde. Damals war er etwa dreizehn Jahre alt. Er wollte, dass ich sein Buch korrigiere. Ich weiß, dass er eine Geschichte geschrieben hatte, an deren Inhalt ich mich nicht mehr erinnern kann. Ich verbesserte ihm den Text, ohne jedoch erahnen zu können, dass er einmal das werden wird, was er heute ist."

Ich unterbrach Herrn Simone und sagte:

„Als ich ihn nach einem Lehrer gefragt hatte, der mir über ihn etwas erzählen könnte, nannte er mir sofort Ihren Namen, obwohl er in der Schule viele Lehrer hatte. Ich glaube er war Ihnen sehr verbunden."

„Das stimmt. Viele Kinder haben zu mir ein sehr gutes Verhältnis. Pascal besonders, weil er ein sehr ruhiges, ein sehr empfindsames Kind war.

Wir machen jedes Jahr kleine Vorstellungen in der Schule. Das mache ich mit meinen Schülern nun schon seit vielen Jahren und erinnere mich nicht mehr genau an Einzelheiten, daran, welche Aufgabe Pascal damals hatte. Wenn man mit den Kindern etwas veranstaltet, kommt man ihnen sehr viel näher und lernt sie besser kennen. Pascal ist ein Junge, den ich immer sehr gemocht habe. Er hat eine besondere Sensibilität, von der ich beeindruckt war.

Was die Unterrichtsfächer anbelangt, war Pascal wie alle anderen Schüler auch, jedoch wenn man sich mit ihm unterhielt, konnte man feststellen, dass er anders dachte als die Schüler seines Alters, dass er reifer war als die anderen. Die Jungen seines Alters dachten vor allem an Fußball, sie stritten miteinander und tobten herum. Er war reservierter, ruhiger als die anderen. Bei ihm spürte man eine gewisse Reife. Er hatte ein gutes Verhältnis zu den anderen Schülern, war aber oft allein und nachdenklich. Ich fühlte es und es überrascht mich überhaupt nicht, dass aus ihm ein besonderer, ein außergewöhnlicher Mensch geworden ist. Ich hätte mir aber nie vorstellen können, dass aus ihm etwas so Ungewöhnliches wird.

Wenn man mich gefragt hätte, was er einmal werden würde, hätte ich darauf keine Antwort gefunden. Pascal war kein besonders guter Schüler, er war eher mittelmäßig. Er hob sich aber von den anderen durch seine Frühreife ab.

Er erzählte mit Hingabe über seine Familie. Vor allem über seine Mutter, auch über seine Tanten und Cousins aus Hermée.

Da ich im Laufe der Jahre in der Schule sehr viele Schüler hatte, kann ich mich nicht mehr an alle Einzelheiten erinnern. Er war aber einer der Schüler, der mir in Erinnerung geblieben ist, weil er nie gewalttätig, nie vorlaut oder anstandslos, sondern immer sehr einfühlsam, zurückhaltend und nett war, Eigenschaften, die ich überaus schätze. Wir sprachen in der Klasse sehr viel miteinander und über alles.

Vielleicht ist dieses der Grund, weshalb er sich gern an mich erinnert. Wenn ich an Pascal denke, dann assoziiere ich damit immer Sensibilität und Frühreife.

Ich kann Ihnen leider keine Geschichte erzählen über irgendeinen Jungenstreich, den Pascal in der Schule gemacht hatte. Er hat keine Streiche gemacht.

Auch in den Pausen verhielt er sich anders als seine Mitschüler. Er ging im Schulhof allein spazieren. Das soll aber nicht heißen, dass er die andern nicht mochte. Er wollte allein sein. Wenn er mit andern zusammen war, beobachtete er sie mit großer Aufmerksamkeit. Er war nicht so wie die meisten Schüler seines Alters, die einen festen Freund haben, die oft mit denselben Jungen oder Mädchen zusammen sind oder in Gruppen gesehen werden."

Nun griff Pascal ein und wandte sich seinem Lehrer zu:

„Die erste Geschichte, die ich geschrieben hatte und Sie gebeten hatte sie zu korrigieren, handelte von Träumen. Es könnte sein, dass ich sie sogar noch habe."

Dann fuhr er fort:

„Herr Simone machte jedes Jahr eine Vorstellung mit seinen Schülern und ich weiß, dass er einmal einen Jungen und ein Mädchen suchte, welche die Ansage machen sollten. Das war eine Aufgabe, die jeder Schüler gern tat, eine Rolle, die jeder haben wollte. Schon am Anfang des Schuljahres als noch niemand wusste, dass wir überhaupt eine Vorstellung machen würden, war ich mir sicher, dass ich zusammen mit meiner Klassenkollegin Christel García auftreten werde. Herr Simone benannte Christel und zögerte ein wenig als es um die Rolle des Jungen ging. Ich wusste genau, dass er mich benennen wird. Und es kam genauso, wie ich es empfand.

Ich erinnere mich nun an etwas Anderes, an etwas ganz Verrücktes:

Eines Tages, ich war damals etwa zehn Jahre alt, hatten wir in der Klasse eine Vertreterin. Es war Madame S. Ich sehe sie jetzt noch so klar vor mir, als ob es erst gestern gewesen wäre. Als sie in die Klasse kam, spürte ich, dass eine Person vor uns stand, die große private Schwierigkeiten hatte. Sie hatte Liebeskummer. Ich sagte natürlich nichts, denn ich wollte nicht, dass jemand davon erfährt. Ich selbst war davon sehr betroffen und wusste nicht wie ich reagieren sollte.

Kurze Zeit später, es war gegen Mittag, musste ich aus irgendeinem Grund in das Lehrerzimmer gehen. Ich sehe heute noch diesen Raum vor mir und kann mit Genauigkeit sagen, wo jeder Lehrer gesessen hat. Ich sah Madame S. Sie weinte fürchterlich. Sie, Herr Simone, bemerkten, dass ich davon sehr betroffen war, nahmen mich bei der Hand und führten mich hinaus mit den Worten: Es ist nicht schlimm, mach dir keine Sorgen, sie ist nur ein wenig traurig.

Plötzlich hörte ich eine Stimme:

Sei unbesorgt, er wird zu dir zurückkehren.

Ich weiß bis heute nicht, wer mir das gesagt hat."

Lehrer Simone, der mit dem Ehemann dieser Lehrerin befreundet ist, meinte, dass Madame S. damals eine Ehekrise hatte.

„An einem Donnerstag, ich war etwa elf Jahre alt" erzählte Pascal weiter, „hatten wir Geschichtsunterricht und begannen plötzlich über Wahrsagerei zu sprechen, weil eine Mitschülerin etwas erzählte über jemanden, der Hellsehen konnte oder über jemanden aus der Familie, der einen Wahrsager aufgesucht hatte. Wir sprachen darüber, was Wahrsagerei ist und plötzlich verspürte ich etwas ganz Sonderbares. Ab jetzt wusste ich, dass es Leute gibt, die etwas spüren, etwas wahrnehmen können, was andere nicht können. Es war mir bewusst, dass einige etwas sehen können, was andere nicht sehen.

Zu Hause angekommen, nahm ich sofort die Enzyklopädie, um die in der Schule besprochenen Begriffe nachzulesen.
In meiner Familie interessierte sich weder meine Mutter noch mein Vater für derartige Dinge. Ich musste mich sehr zurückhalten, weil meine Eltern für so etwas kein Verständnis hatten.

Ich begann mich für diese Sachen zu interessieren und gab mein ganzes Taschengeld für Bücher aus, die ich, nachdem ich sie gelesen hatte, in kleine Stücke zerriss damit meine Mutter, mein Vater oder sonst jemand, sie nicht finden konnten.

So oft ich konnte, ging ich in die Buchhandlung in Hermée und kaufte Bücher.

Schon im Alter von zwölf Jahren verschlang ich diese Bücher förmlich, konnte aber mit niemandem darüber sprechen.

Ich spürte genau als meine Mutter einen Unfall hatte, ich wusste es, traute mich aber nicht, sie davor zu warnen. Ebenso als meine Großmutter eines Tages ins Krankenhaus kam.

Immer wieder spürte ich Ereignisse, die dann genauso eintrafen, wie ich sie vorausgesehen hatte. Ich ließ sie geschehen, sagte aber niemandem etwas davon.

Als ich im sechsten Schuljahr war, hatte ich schon mehr als fünfzig Bücher übersinnlichen Inhalts regelrecht verschlungen.

Es geschah nach dieser besagten Geschichtsstunde und Herr Simone hatte stets ein offenes Ohr für mich. Er war für mich der wunderbare, verständnisvolle Mensch, mit dem ich über alles sprechen konnte.

Einmal machten wir mit Herrn Lehrer Simone einen Ausflug in den Wald, etwa fünfzig Kilometer von zu Hause entfernt. Es war am Abend. Wir hatten kleine Hexenhäuser gebaut und Steine aufgestapelt, was mich sehr beeindruckt hatte."

Herr Simone griff ein:

„Ich bin wirklich sehr überrascht all das zu hören und gleichzeitig auch sehr glücklich und stolz, dass ich, ohne zu wissen, etwas für deine berufliche Laufbahn getan habe.

Schüler mit zehn oder zwölf Jahren, oft sogar mit achtzehn, wissen nicht, was sie einmal beruflich machen werden. Bei Pascal war es anders. Bei ihm hatte ich immer das Gefühl, dass er etwas werden wird, was mit Besonderem, mit Unerklärlichem, zu tun hat. Ich spürte, dass er etwas suchte, wusste aber nicht was."

„Ich interessierte mich immer für die Wissenschaft. Schon mit sieben Jahren richtete ich mir am Dachboden des Hauses, in dem wir damals wohnten, ein Labor ein und hielt mich ständig dort auf. Immer wenn mein Cousin zu Besuch kam, wusste er, wo er mich finden konnte.

Einmal schrieb ich auch etwas über Chemie in unsere Schulzeitung. Ich fühlte mich von der Wissenschaft angezogen, bis ich später verstand, dass es sich eigentlich dabei um eine ganz andere Art von Wissenschaft handelte.

Eines Tages brachte unsere Biologielehrerin einen echten Schädel in den Unterricht und forderte uns auf, ihn zu berühren. Ich spürte einen Strom durch meinen Körper fließen, sie bemerkte es und fragte, was mit mir los sei. Ich beruhigte sie. Eigentlich hatte ich keine Angst vor dem Schädel, spürte aber ein Unbehagen, ihn zu berühren.

Für die Schulzeitung hatte ich ein Gedicht über die Einsamkeit geschrieben. Ich fühlte mich nicht einsam, genoss es aber oft, einsam zu sein."

„Pascal war, so wie ich schon sagte, einsam unter den anderen."

„Herr Simone war für mich nicht einfach ein Lehrer, er war für mich, für uns alle, viel mehr. Ich könnte sagen, er war wie ein Vater. Mit ihm lernten wir viel, unternahmen viel und konnten ihm alles anvertrauen, was wir auf unserer Schülerseele hatten. Es war nicht nur Schule, es waren Ferien, Ausflüge, Reisen, Gespräche, es war sehr viel mehr."

„Für mich ist es eine Freude, wenn Schüler das ausdrücken können, was sie fühlen, was sie möchten, was sie denken. Nur so kann ich, als Lehrer, sie verstehen und entsprechend mit ihnen umgehen. Das ist sehr wichtig. Pascal war ein sehr sensibler Junge und deshalb habe ich ihn immer besonders gemocht.

Natürlich kann ich mich nicht an alle meine Schüler erinnern, aber Schüler, die irgendwie anders oder besonders sind, merke ich mir."

„Herr Simone ist eine Legende, jeder möchte seine Kinder zu ihm in die Klasse geben.

Einmal fragte ich unseren Hausarzt, ob es möglich sei Hellseher zu werden.

Der antwortete: 'Warum nicht, du musst alles ordnungsgemäß organisieren, ein entsprechendes Statut als Selbständiger haben und dann müsste das schon gehen.'

Damals war ich noch sehr jung und wusste fast nichts über die Ausübung eines freien Berufes.

Die gleiche Frage stellte ich auch meiner Biologielehrerin. Sie meinte: 'Wenn du es fühlst, dann tu es, dann musst du es tun. Es ist sicherlich auch ein Risiko, denn wenn es nicht funktioniert, verlierst du im Leben einiges aber wenn es funktioniert, dann ist es wunderbar.'

Ich sagte ihr, dass ich als Hellseher Bücher schreiben und den Leuten helfen möchte.

Als ich genau achtzehn Jahre alt war, wollte ich meinen Beruf als Hellseher beginnen.

Ich machte mich auf den Weg zu Behörden, um mich anzumelden. Die gaben mir eine Bedenkzeit von sechs Monaten und schickten mich nach Hause. Keiner konnte glauben, dass ich es wirklich ernst meinte und aus ganzem Herzen wollte.

Schließlich meldete ich mich überall an, wo es notwendig war, hatte aber noch keinen einzigen Kunden. Werbung machte ich nie und gab auch meine Telefonnummer nur sehr ungern weiter. Trotzdem begannen mich Leute mit den verschiedensten Problemen aufzusuchen und allmählich wurden es immer mehr."

Dann wandte sich Herr Simone an Pascal:

„Als ich erfuhr, ich weiß heute nicht einmal mehr, wer es mir gesagt hatte, was du machst, war ich nicht sehr überrascht. Ich habe mich für dich gefreut, weil es dir gelungen war, das zu machen, was du so gern wolltest.

Ich wusste, dass du immer etwas suchtest, verstand aber nie was und als ich erfuhr, was es war, wunderte es mich überhaupt nicht. Um Hellseher zu sein, benötigt man enorme Sensibilität und die hattest du immer. Ich glaube, dass dieses der einzig richtige Beruf für dich ist."

„Heute kommen Leute zu mir, die mit mir in die gleiche Schule gegangen sind und bitten mich um Hilfe. Stets behaupten sie, dass es sie gar nicht wundert, dass ich Hellseher geworden bin, weil ich ja immer schon etwas Besonderes, etwas nicht ganz Normales an mir hatte."

„Die Mitschüler hatten Respekt vor Pascal, vielleicht weil er eine gewisse Reife hatte.

Übrigens: Ich gehe in eine Kirche obwohl ich nicht gläubig bin, ich bin allem gegenüber aufgeschlossen, möchte immer alles sehen, erleben und lernen, aber ich war noch nie bei einem Vortrag von Pascal. Das werde ich ganz sicher nachholen, jedoch, ich sage es jetzt schon, ich werde sehr kritisch darüber urteilen und dann sagen, was ich daraus gelernt habe oder was ich davon halte."

Nun musste ich Herrn Simone fragen:

(© Cristina Aldea)

Lehrer Joseph Simone von der „École Communale" in Hermee mit Pascal

„Glauben Sie an die Existenz übersinnlicher Phänomene?"

„Ich bin Mitglied im kulturellen Ausschuss hier in Hermée. Als ich noch sehr jung war, ich glaube, dass ich etwa fünfzehn Jahre alt war, unterhielten wir uns einmal über übersinnliche Phänomene. Ich glaubte überhaupt nicht an so etwas. Meine Mutter und meine Schwester waren dafür leichter zu begeistern. Ich stand mehr auf der Seite meines Vaters, der so etwas als Humbug abtat.

Ich weiß nicht wie es geschah, es gelang uns aber einmal einen übersinnlichen Kontakt herzustellen, was mich veranlasste darüber nachzudenken und ich kam zu dem Schluss, dass es doch etwas in dieser Richtung geben müsste. Es wurde mir bewusst, dass es so etwas gibt, aber ich zog es vor, es nicht wissen zu wollen. Ich weigerte mich auch, mich damit zu beschäftigen.

Einer mag das eine, der andere das andere. Einer mag Theater, der andere chinesisches Essen. Ich glaube man sollte alles akzeptieren und damit tolerant umgehen.

Wir haben heute die Orientierung im Leben ein wenig verloren und suchen etwas, an dem wir uns festhalten können. Das Leben rast immer schneller an uns vorbei und es gibt Leute, die diese Situation ausnutzen und davon profitieren."

Pascal beendete das Gespräch mit diesen Gedanken:

„Ich stelle fest, dass Parapsychologie heute in fast allen Bereichen des Lebens vorkommt. Darüber gibt es Sendungen im Rundfunk und Fernsehen, in fast jeder Zeitung und Zeitschrift findet man Horoskope. Die Leute werden allmählich immer mehr darüber erfahren, immer mehr Interesse daran finden und alledem toleranter und offener begegnen. Im Laufe der Zeit werden sie viel mehr verstehen als heute."

Gianni

Ein paar Tage später unterhielt ich mich mit Gianni Riolo, Pascals Vater, der mir über seinen Sohn folgendes erzählte:

„Was mir bei Pascal ein wenig unnormal, vielleicht ist das nicht gerade das richtige Wort, was mir irgendwie besonders vorkam, war, dass er eigentlich fast keine Freunde hatte. Er war stets von der Wissenschaft und vor allem von dem Unbekannten angezogen. Im Alter von etwa sechs Jahren verlangte er von mir ein Fernrohr, um den Mond zu beobachten. Das kann doch nicht normal sein für ein Kind dieses Alters!

Als ich ihn fragte, was er sich zu Weihnachten oder zu seinem Geburtstag wünsche, wollte er nicht wie andere Kinder Spielsachen oder sonst etwas, sondern nur Bücher über Wissenschaft oder Dinge, die man zum Beispiel zusammenmischen konnte, um chemische Verbindungen zu erhalten, also Sachen für Laborexperimente. So etwas machte ihm große Freude. Er hatte sich unter dem Dachboden ein kleines Laboratorium eingerichtet und verbrachte die meiste Zeit dort.

Ich erinnere mich, dass ich ihm einmal einen Ring zum Basketballspielen gekauft und draußen an der Wand angebracht hatte. Er ignorierte ihn und ich musste damit spielen. Eigentlich machte er nie Sport. Als ich endlich begriff, dass etwas Sonderbares in ihm vorgeht, war er schon ziemlich groß. Vielleicht sechzehn Jahre alt.

Einmal fand ich ein Buch über Magie in der Wohnung. Ich schlug es auf und las ein wenig darin. Es überkam mich eine solche Angst, dass ich es sofort wegwarf. Ich wusste nicht genau, wem dieses Buch gehörte, Pascal oder seiner Mutter und wartete geduldig darauf, dass sich jemand meldet und nach dem Buch fragt. Ich vermutete, dass es meiner Frau gehörte.

Jede Woche brachte ich ihn zu einem Haus, in dem er angeblich irgendwelche Kurse besuchte, ohne jedoch zu wissen worum es ging.

Heute weiß ich, dass er einen Kreis Leute besuchte, die Radiästhesie praktizierten. Einmal stellte ich ihn zur Rede, weil ich wissen wollte, was er dort tat. Er erklärte mir, dass er Radiästhesie lerne. Ich wusste nicht, was das war und bat ihn, es mir zu erklären. Als ich verstand worum es ging, ging mir ein Licht auf.

Jetzt erst begriff ich, dass es sich bei dem Buch über Magie um sein Buch handelte, was er mir auch auf Befragen bestätigte. Nun begann ich mir viele Fragen über ihn zu stellen.

Ich bin in Belgien geboren, meine Familie stammt aber aus Sizilien, aus Agrigento.

Als ich jung war, machten wir einmal bei uns zu Hause einen kleinen übersinnlichen Versuch, indem wir entsprechend der Anleitung aus einem magischen Buch, eine Zeitung an einen Faden hingen und uns konzentrierten bis sie sich zu bewegen begann. Alle taten das Gleiche, es funktionierte aber erstaunlicherweise nur mit mir und seither weiß ich, dass ich vielleicht etwas Übersinnliches in mir führe. Aus Angst zerstörte mein Freund das Buch danach und die ganze Angelegenheit verlief im Sand.

Erst als ich erfuhr, dass ich meinen Sohn zu Radiästhesiekursen brachte, stellte ich mir die Frage, ob er nicht vielleicht auch eine Fähigkeit besaß, die ich zu haben glaubte. Da ich diese Gabe aber nie praktiziert oder ausgebaut hatte, dachte ich, sie sei bei mir verkümmert, also verlorengegangen, was bei meinem Sohn jedoch anders zu sein schien. Dieser Gedanke machte mich überhaupt nicht glücklich, vor allem weil so etwas stets mit Skepsis und Angst betrachtet wird und man als verrückt, als geisteskrank, abgetan werden kann.

Ich hatte Angst, weil ich wusste, dass man mit solchen Sachen nicht spielen darf. Wenn man jemandem damit Schaden zufügt oder seine Fähigkeit nicht entsprechend nutzt, kehrt alles zu einen selbst zurück. Deshalb hatte ich große Angst und wollte auf keinen Fall, dass mein Sohn sich mit so etwas beschäftigt. Wir stritten oft heftig deswegen.

Eines Tages sagte Pascal zu mir:

„Warum akzeptierst Du nicht, was ich machen will? Soll ich mit Dir in die Fabrik gehen und als Arbeiter mein Leben fristen?"

Ich überlegte lang und gelang zu der Schlussfolgerung, dass es besser sei, ihn in Ruhe zu lassen und ihm zu erlauben das zu tun, was er tun möchte. Ich beschloss mich aus dieser Angelegenheit ab sofort herauszuhalten und nie wieder deshalb mit ihm zu streiten. Jeder soll doch die Tätigkeit ausüben, die ihm Spaß macht. Ich mache meine Arbeit und er soll seine tun.

Vor einigen Jahren kam Pascal zu mir und sagte plötzlich:

„Papa, du musst dein Blut analysieren lassen."

Ich traute meinen Ohren nicht, da ich doch kerngesund war. Er sprach mit einer solchen Ernsthaftigkeit, dass ich begann mir darüber Gedanken zu machen und ging zum Arzt. Es kann ja nicht schaden, wenn man manchmal sein Blut untersuchen lässt.

Nach der Blutanalyse sagte mir der Arzt:

„Herr Riolo, gut dass Sie gekommen sind, Sie sind nicht wirklich krank, aber Sie haben leicht erhöhte Blutzuckerwerte."

Ich muss gestehen, dass ich sehr gern Süßigkeiten, vor allem Schokolade, esse.

Ich staunte, dass mein Sohn das gesehen hatte und seither befolge ich immer seinen Rat, besonders wenn es um meine Gesundheit geht.

Als Pascal etwa sieben Jahre alt war, fuhren wir am Wochenende zum Wasserfall nach Coo in die Ardennen. Auf einem Kinderspielplatz wollte ich ihn unbedingt auf eine Schaukel setzen, weil ich glaubte ihm damit eine Freude zu machen. Er begann zu weinen und sich mit Händen und Füssen heftig dagegen zu sträuben. Im gleichen Augenblick ergriff ein anderes Kind die Gelegenheit und sprang auf die Schaukel. Bald darauf löste sich diese, das Kind fiel zu Boden und verletzte sich. Als ich Jahre später an diesen Vorfall dachte, wurde mir bewusst, dass Pascal die Gefahr erkannt hatte und sich deshalb so hartnäckig dagegen wehrte."

Pascal griff ein:

„Ich erinnere mich an einen Vorfall, als ein Kindermädchen auf mich aufpasste und ich mir in einem unbeaufsichtigten Augenblick die Finger in der Tür quetschte."

Papa Gianni war sehr erstaunt über diese Erinnerung, weil Pascal damals kaum laufen konnte, also nicht einmal 2 Jahre alt war und meint, dass er selbst keinerlei Erinnerungen aus einem so frühen Alter hätte.

Dann sprach Gianni weiter:

„Als mein Sohn mir erzählte, dass er als Hellseher arbeiten möchte, also ein eigenes Büro eröffnen möchte, war ich sogar zu 150% dagegen. Weshalb ich dagegen war, kann ich gar nicht sagen. Meine ganze Familie war gegen solche Sachen. Meine Mutter glaubt auch heute nicht daran und möchte nichts davon wissen. Sie glaubt eher, was ihr die Zeugen Jehovas erzählen, obwohl sie praktizierende Katholikin ist. Heute ist sie 86 Jahre alt und ich habe öfter versucht ihr zu erklären, was es mit den übersinnlichen Fähigkeiten auf sich hat, ich habe ihr den Unterschied zwischen weißer und schwarzer Magie erklärt. Alles umsonst. Sie will nichts davon wissen und sieht nur Negatives in einer solchen Tätigkeit. Zurzeit ist sie immer noch dagegen, aber sie akzeptiert und liebt ihren Enkel halt so wie er ist. Manchmal glaube ich sogar, dass sie ihn bewundert, weil er es so weit gebracht hat. Es ist nicht selbstverständlich, dass ein Junge in seinem Alter schon so viel leistet. Vor allem, wenn man die Jugend von heute sieht. Allein sein Erfolg hat dazu beigetragen, dass die Familie nun akzeptiert, was er tut.

Mein Sohn hat es geschafft und ich muss gestehen, dass ich als Vater nicht den geringsten Beitrag dazu geleistet habe, weder materiell noch sonst irgendwie, um ihm auf die Sprünge zu helfen. Ich habe nichts, aber auch gar nichts diesbezüglich für ihn getan. Trotzdem bin ich heute sehr stolz auf ihn und gehe zu all seinen Vorträgen.

Als ich das letzte Mal meinen Heimatort in Sizilien besuchte, war ich etwa sechzehn Jahre alt. Ich ging auf der Straße und hörte jemanden mit schnellen Schritten neben mir herlaufen. Es war aber niemand zu sehen. Ich kam nach Hause und erzählte es meiner Großmutter, die sofort ein rotes Band suchte und daran zwei Nüsse befestigte. Bei uns nannte man sie Zwillingsnüsse. Die muss man eine Zeitlang bei sich tragen, um die schlechten Geister zu vertreiben."

Gianni hielt inne und wurde nachdenklich:

„Wieso spricht man eigentlich nie von guten Geistern, sondern immer nur von schlechten? In Italien wird Hellsehen immer mit schlechten Geistern assoziiert, immer negativ gesehen.

Vor der Heirat meiner Eltern, bekam meine Mutter plötzlich komische Pickel am ganzen Körper. Man wollte deshalb sogar die Hochzeit verschieben. Mehrere Tage vor der Hochzeit brachte ihr eine alte Frau frische Früchte und Süßigkeiten, die sie genüsslich verzehrte. Kurz vor der Hochzeit zeigte sie ihre Pickel zufällig einer anderen Frau, die ihr riet, die von der Alten gebrachten Sachen sofort wegzuwerfen oder zu verbrennen. Sie tat es und am Tag vor der Hochzeit hatte sie keinen einzigen Pickel mehr. Dieses Ereignis warf natürlich wieder eine ganze Reihe Fragen in der Familie auf.

Als Pascal klein war, wusste er schon bevor das Telefon läutete, wer im Begriff war anzurufen. Damals schenkte ich dem keine besondere Bedeutung, heute jedoch frage ich mich wie er das überhaupt wissen konnte. Wieso konnte er das wissen oder spüren?

Heute stelle ich mir viele Fragen, auf die ich keine Antwort finde.

Vor etwa zehn Jahren erlitt die Nichte einer Freundin von mir zusammen mit ihrem jungen Freund einen tragischen Motorradunfall. Das sechzehnjährige Mädchen lag im Koma. Meine Freundin gab mir ein Foto ihrer Nichte und bat mich mit Pascal zu sprechen, um zu versuchen ihr ein wenig zu helfen.

Samstags, als Pascal zu mir kam, zeigte ich ihm das Foto. Pascal sah es an und sagte nur: „Was soll ich mit dem Foto einer Toten?"

Wieso tot? Ich habe dir ja noch gar nichts von diesem Mädchen erzählt. Sie ist die Nichte einer Freundin und hatte einen schweren Unfall. Die Tante hat mehrere Hellseher um Hilfe gebeten und alle räumen dem Mädchen eine Überlebenschance von 85% ein. Nun will sie nichts unversucht lassen und bittet auch dich, ihr zu helfen.

„Die Maschine lebt für sie, sie selbst ist schon längst tot."
Es stimmte, sie wurde nur noch mit Apparaten am Leben gehalten und einige Tage später ging ich zur Beerdigung.

Manchmal fahre ich nach Jemeppe in die Diskothek. Freunde erzählten mir, dass sie meinen Sohn in der Zeitung gesehen hätten und bestanden darauf, ihn einmal in die Diskothek mitzubringen.

Eines Tages brachte ich ihn mit. Eine Bekannte kam auf uns zu und wollte von meinem Sohn wissen, ob ihre Ehe noch Bestand hätte. Eine andere, die mit ihrem Freund tanzte, wollte wissen wie lange ihre Beziehung noch hält.

Ich sah meinen Sohn wie immer am darauffolgenden Samstag und fragte ihn, was er zu den beiden Frauen sagen könne. Er meinte:

„Hör zu, die verheiratete Frau, die wissen wollte, wie lange ihre Ehe noch hält, ist in den jungen Mann der anderen verliebt."

Ich wunderte mich über diese Aussage, da ich zu wissen glaubte, dass sich die beiden Frauen gar nicht kennen.

Wie sollte ich nun vor sie treten und ihnen erzählen, was mein Sohn gesehen hatte?

Ich ging erneut in die Diskothek, ging auf die verheiratete Frau zu und sagte:

„Chantal, mein Sohn hat mir einen solchen Blödsinn erzählt, dass ich gar nicht weiß, wie ich ihn dir sagen soll."

„Was denn?"

„Mein Sohn hat gesagt, dass dir der junge Mann der anderen gefällt."

Sie wurde bleich und stammelte überrascht:

„Seit drei Jahren versuche ich diesen Mann für mich zu gewinnen und es gelingt mir einfach nicht."

Nun ein anderer Fall:

Hierbei handelt es sich um eine verheiratete Frau, die sehr oft in die Diskothek zum Tanzen kommt.

Pascal sagte ihr einmal:

„In einigen Tagen wird in Ihrem Haus etwas passieren, jemand wird schwer verletzt und wird daran sterben."

Ich schrie ihn an:

„Pascal, hör auf solchen Blödsinn zu reden! Was sagst du den Leuten da?"

„Ich sage, das was ich fühle."

Es war wieder ein Samstag und ich ging, wie so oft, wieder in die Diskothek. Die besagte Frau war aber nicht da. Ich wunderte mich darüber, da sie ja sonst fast jeden Samstag zum Tanzen erschien.

Einige Tage später begegnete ich ihr zufällig im Ort und fragte sie weshalb sie letzten Samstag nicht gekommen sei.

„Bei mir zu Hause ist etwas Furchtbares passiert. Meine Mutter ist die Treppe hinuntergefallen, hat sich das Genick gebrochen und ist gestorben."

Eine Frau, die wusste, was mein Sohn macht, da sie ihn vom Rundfunk und Fernsehen kannte, kam auf mich zu und erzählte mir, dass sie mit ihrem kleinen Sohn allein lebe.

„Eines Abends" sagte sie, „als ich meinem Kind gute Nacht sagen wollte, sah ich eine Gestalt auf seiner Bettkante sitzen. Das wiederholt sich fast jeden Abend und ich weiß nicht, was ich dagegen tun soll."

Ich erzählte diesen Vorfall meinem Sohn und Pascal meinte, dass diese Frau wahrscheinlich vor kurzer Zeit einen sehr nahen Verwandten verloren hatte und dass dieser nun kommt um den kleinen Jungen zu beschützen.

Die Frau bestätigte mir, dass man ihren Vater erst vor kurzem beerdigt hatte.

Seither saß die Gestalt nie wieder am Bett des Kindes.

Als Pascal etwa drei oder vier Jahre alt war, kannte er nur drei Zahlen: die Eins, die Vier und die Zehn. Es bestand keine Möglichkeit ihm andere Zahlen beizubringen, da er zu klein dafür war.

Ich sagte zu ihm:

„Pascal, sag mir ein paar Zahlen damit ich sie im Lotto spiele“ und der Kleine wiederholte ständig: eins, vier, zehn, vier, eins, zehn, eins, zehn, vier. Ich konnte mir nie erklären wieso er nur diese und ausgerechnet diese Zahlen kannte und woher er sie überhaupt wusste. Trotzdem spielte ich sie im Lotto. Ich setzte den Mindesteinsatz, damals 10 Francs und gewann damit 33.000 Francs. Es war mehr als ich im Monat in der Fabrik verdiente. Damit konnte ich einige Verbindlichkeiten ablösen.

Ich habe ihn nie geschlagen. Einmal nur habe ich ihm einen Schlag auf die Hand versetzt, weil er mich nervös gemacht hat. Ich hatte einen ganz neuen HiFi-Turm gekauft und er hörte nicht auf daran herumzuspielen. Das hat mich so geärgert, dass ich mich nicht mehr beherrschen konnte.

Pascal unterbrach die Erzählung seines Vaters und sagte:

„Einmal als ich noch sehr klein war, befand sich meine Mutter nicht zu Hause, mein Vater war unten im Hof und ich spielte in meinem Zimmer. Plötzlich hörte ich Riesenschritte am Dachboden. Ich sah aus dem Fenster und erblickte meinen Vater. Als es mir bewusst wurde, dass mein Vater es nicht sein konnte, erschrak ich und rief nach ihm. Mit einem großen Stock bewaffnet, stieg er sofort auf den Dachboden und machte sich auf die Suche nach dem Eindringling, kehrte aber schnell wieder zurück, weil er oben niemanden fand.“

Gianni fuhr fort:

Als Pascal seine wöchentliche Sendung bei Radio Contact hatte, wo er Hörerfragen direkt beantwortete, zeichnete ich jede Sendung auf. Einmal während der Sendung fragte ein junger Mann was ihn im Berufsleben erwarte, also wie seine berufliche Zukunft aussehen würde.

Pascal sagte ihm einiges und fügte hinzu:

„Ich erlaube mir, Ihnen aber auch etwas anders zu sagen, etwas, was ich gerade sehr stark spüre.“

Pascal konnte den Mann natürlich nicht sehen, er hatte ihn nur am Telefon.

„Ich gebe Ihnen einen Rat und zwar, achten Sie bitte auf Ihr Knie."

Der Sendeleiter unterbrach das Gespräch und fragte den jungen Mann am anderen Ende der Leitung, ob er wirklich etwas am Knie hätte.

Dieser erwiderte:

„Ich war vor kurzem bei meinem Arzt wegen Schmerzen am Knie und befinde mich zu Zeit in Behandlung."

Ich frage mich immer: Wieso weiß Pascal das? Woher weiß er das?

Als Pascal etwa zwölf Jahre alt war kam ich eines Tages aus der Arbeit nach Hause und wurde mit den Worten: „Papa, ich werde ein Buch schreiben", empfangen.

Ich dachte: In diesem Alter will man vieles, es wird ihm schon bald wieder vergehen.

Schließlich schrieb er ein Buch, das nur wenige Seiten hatte und meine Frau zeigte es jemandem, der angeblich etwas davon verstand. Der wunderte sich darüber, dass ein Kind in dem Alter so etwas zustande bringen konnte.

Ich weiß gar nicht worum es in dem Buch ging. Ich nahm das alles nicht so ernst, weil ich mir nicht vorstellen konnte, dass ein Kind mit zwölf Jahren ein Buch schreiben kann. Ich bin heute ein erwachsener Mann in reifem Alter und nicht in der Lage ein Buch zu schreiben.

Was mich an ihm immer wieder wundert ist, dass er jedes Mal, wenn er etwas verwirklichen will, es auch bis zum Schluss durchzieht. Als ich jung war, wollte ich auch vieles, aber das meiste blieb nur ein Traum, ich ließ es schnell fallen und vergaß es bald. Bei ihm ist es jedoch ganz anders.

Heute bin ich stolz auf ihn, wenn ich sehe wie er sein Leben führt. Er ist kein Junge, der sein Geld zum Fenster hinauswirft, er ist gewissenhaft und mutig, er überlegt bevor er etwas tut und ist sehr fleißig."

(© Cristina Aldea)

Papa Gianni Riolo und Sohn Pascal

Myriel, die Frau, mit der Gianni seit vielen Jahren zusammenlebt, erzählte mir über Pascal:

„1998 hatte ich starke Magenschmerzen und ging zum Arzt. Dieser diagnostizierte eine Hiatushernie und mehrere Magengeschwüre. Er meinte, ich müsste mich sofort operieren lassen.

Ich hatte furchtbare Angst vor der Operation und fragte Pascal wie der Eingriff verlaufen würde.

„Die Operation wird gut verlaufen, aber danach wirst du Komplikationen haben."

Es war genauso. Die Operation verlief gut, ich begann mich aber danach schlechter zu fühlen und erbrach alles, was ich aß oder trank. Vier Monate später ging ich zu Pascal und fragte ihn erneut was er dazu meine.

Pascal sagte mir:

„Ich fühle, dass du dich ein zweites Mal unter das Messer legen musst."

Ich dachte, er macht Spaß und nahm ihn nicht ernst.

Es wurde schlimmer und ich musste erneut zum Arzt gehen. Kurz darauf lag ich ein zweites Mal auf dem Operationstisch und nun habe ich keine Beschwerden mehr."

Graziella

Graziella, Pascals Tante, erzählte mir:

„Als meine Tochter Jessica klein war, hatte ich ein schweres Rückenleiden und musste mich im Laufe von vier Jahren zweimal operieren lassen. Die Kleine war von meiner Operation sehr betroffen. Sie konnte nicht verstehen, dass ich viel liegen musste, dass ich mich nicht bewegen konnte und vier Monate lang ein Stützkorsett tragen musste. Während dieser vier Monate schlüpfte sie jeden Abend in mein Bett und schlief bei mir. Sie begann Angst zu haben, in ihrem Zimmer allein zu schlafen. Für mich war das nicht unbedingt angenehm, ich fühlte mich gestört durch sie, weil ich mich fast gar nicht bewegen konnte. Um ihre nächtliche Anwesenheit bei mir zu vermeiden, kauften wir ihr im Oktober zum Geburtstag einen großen Plüschelefanten und erzählten ihr, dass dieser sie nachts in ihrem Zimmer beschützen werde. Trotzdem wollte sie um nichts in der Welt in ihrem Zimmer schlafen und erschien erneut in meinem Schlafzimmer.

Ich rief Pascal an und sagte ihm, dass die Kleine Angst hätte in ihrem Zimmer zu schlafen, dass ich nicht wüsste, was sie im Kinderzimmer wahrnehme und bat ihn zu helfen.

Pascal kam, verbrannte Räucherstäbchen, legte eine kleine Pyramide hin und siehe da, am nächsten Tag schlief Jessica wieder in ihrem Zimmer, ohne zu murren. Ich weiß nicht, was er dort gemacht hat, Jessica hatte aber keine Angst mehr.

Als ich mit Jessica schwanger war, kam Pascal zu uns mit einem Kartenspiel und legte mir die Karten:

„Es wird jemand sterben, den du kennst."

Ich konnte es nicht glauben.

Kurz danach fuhr ich in die Osterferien nach Italien und während ich dort war, starb ein Onkel von mir.

Es war das erste Mal, dass der kleine neunjährige Pascal für jemanden Karten gelegt und den Tod eines Verwandten vorausgesehen hatte.

Pascal ging immer in die Bibliothek und brachte von dort Bücher nach Hause, die er vor seiner Mutter versteckte.

Darauf erwiderte Pascal:

„Mein allererstes Buch, das ich geschrieben hatte, handelte von Träumen und hieß „Gastons ungewöhnlicher Traum". Darin kam ein kleiner Junge vor, der einen komischen Traum hatte. Ich weiß heute nicht mehr, was er geträumt hatte und weiß auch nicht, ob ich das Buch noch finden würde. Es war das Buch, das ich Herrn Lehrer Simone gezeigt hatte.

Danach schrieb ich ein zweites Buch mit kleinen Geschichten, das ich Tante Graziella zur Korrektur vorlegte.

Jeden Freitagabend saßen wir beide über meinem Buch."

Ich musste sein Buch korrigieren, weil er sich oft wiederholte. Das passiert Kindern manchmal und ich nahm die Textstellen heraus, die mehrfach vorkamen.

Alles, was er schrieb, war irgendwie unwirklich, übernatürlich, es waren Geschichten, die nicht wahr sein konnten, die nicht reell klangen.

Manchmal kam er zu mir mit einer zehn Seiten langen Geschichte, die nach meiner Korrektur nur noch vier Seiten hatte und dann mussten wir an der Handlung etwas hinzufügen, weil ein Buch mit vier Seiten ja viel zu dünn ist."

„Ich bin sicher, dass Tante Graziella diejenige war, die als erste überhaupt wusste, was ich mache, denn meine Eltern zeigten dafür kein Verständnis und ich musste alles, was mit derartigen Dingen zu tun hatte, vor ihnen geheim halten und verstecken. Die einzige, die nie etwas dagegen hatte, war Tante Graziella. Meine Mutter ahnte etwas, war aber immer streng dagegen, sagte jedoch meistens nichts. Mit meinem Vater hingegen hätte es eine mittlere Katastrophe gegeben, wenn er damals etwas gewusst hätte.

Meine Eltern hätten alles getan, um es mir zu verbieten, Tante Graziella zeigte dafür Verständnis."

Iolanda Remigio, Pascals sympathische Omi mütterlicherseits, die er italienisch „Nonna“ nennt, eine über achtzigjährige noch sehr lebenslustige energische Frau, kommt ins Schwärmen, wenn man sie auf ihren Enkel Pascal anspricht:

„Er war ein wenig anders als die anderen Kinder. Er wollte immer alles wissen und fragte viel. Es gefiel ihm besser mit mir als mit Kindern zusammen zu sein.

Ich bemerkte bald, dass er mehr für Lesen und Schreiben übrighatte als für Spielsachen.“

„Bei Nonna war ich sehr oft, hier habe ich fast jedes Wochenende und sogar meine Ferien verbracht und hier an diesem Tisch, an dem wir jetzt sitzen, habe ich viele Bücher über Parapsychologie regelrecht verschlungen. Um acht Uhr morgens begann ich zu lesen und hörte erst spät abends auf. Ich blieb gern bei Nonna und ging auch oft von hier zur Schule.

Sogar mein 1998 erschienenes Buch *L'analyse du rêve* ist hier entstanden.

Hier habe ich geschrieben, hier habe ich viel gelesen und viel Zeit verbracht, weil ich mich hier besser verstanden fühlte als zu Hause bei meinen Eltern.“

„Schon als er ganz klein war, war er oft bei mir. Seine Mutter brachte ihn her, wenn sie zur Arbeit musste und er blieb gern bei uns. Täglich ging er mit mir einkaufen und samstags fuhr er mit seinem Großvater auf den Markt nach Grâce Hollogne.“

„Wir sind hier in Nonnas Haus in Hermée. Hier begann alles, was mich und mein Schaffen geprägt hat. Von morgens bis in die Nacht hinein las ich ohne Unterlass. Manchmal ein ganzes Buch pro Tag. Ich konnte in einem Monat viele Bücher lesen. Ich legte das Buch nur dann aus der Hand, wenn ich essen musste. Sogar wenn ich mit Nonna in die Ferien nach Italien fuhr, schleppte ich mindestens zehn Bücher mit.“

„Wussten Sie, welche Art Bücher ihr Enkel las?“ fragte ich Nonna.

„Ich dachte immer es seien Bücher über Astrologie.

Als ich verstand worum es ging, versuchte ich es ihm zu verbieten, aber dann gab ich es auf und dachte mir: Er hat doch so viel Spaß daran, warum soll er nicht lesen? Gott wird es ihm verzeihen. Was sollte ich tun? Auch mein Mann sagte immer: Gott beschütze ihn. Wenn er damit glücklich ist, lass ihn machen.

Einmal kam ein Bekannter zu mir und wollte zu Pascal, um sich von ihm wahrsagen zu lassen. Damals war Pascal schon ein junger Mann von fast achtzehn Jahren und wohnte mit seiner Mutter in Oupeye.

Ich sagte diesem Bekannten: Ich begleite dich hin und gehe dann fort.

Er bestand darauf, dass ich der Beratung beiwohne. Auf sein Drängen hin blieb ich und bekam zum ersten Mal mit, was Pascal von sich gab. Ich kannte den Mann sehr gut und wusste vieles über seine Familie. Als Pascal ihm Sachen sagte, die er gar nicht wissen konnte, weil er ihn nicht kannte, musste ich sehr staunen und fragte mich woher er das alles wusste. Alles entsprach der Wahrheit.

Nach diesem Erlebnis bat ich Pascal eines Tages auch mir wahrzusagen. Ich hatte Probleme mit meinem Bruder, es ging um die Erbschaft und ich wollte wissen, ob ich meinen Anteil kriegen würde.

Pascal sagte: Du kannst es versuchen, ich sehe aber kein günstiges Ergebnis für dich. Du wirst das niemals bekommen, was dir eigentlich zusteht.

Es war schon sehr viel Zeit vergangen und das, was mir zustand, war verjährt. Trotzdem ließ ich nicht locker und versuchte mit Hilfe eines Anwalts zu meinem Erbe zu gelangen. Pascal hatte Recht: Ich bekam nichts.

Heute, wenn ich Probleme habe, frage ich ihn manchmal, aber er will mir nichts sagen. Er meint nur, dass er der Familie nicht helfen könne, dass es sehr schwierig sei für die eigene Familie etwas zu tun.“

„Es gibt Ereignisse in der Familie, die ich genau spüre“ fügte Pascal hinzu. „Zum Beispiel den Tod meines Großvaters, den habe ich ganz stark gespürt, habe aber niemandem etwas davon gesagt. Die letzten vier Monate verbrachte der schwerkranke Mann im Krankenhaus. Ich schlief bei meiner Oma im oberen Zimmer und mein Onkel, also ihr Sohn, dessen Frau und Kinder, schliefen unten im Haus. Alle wussten, dass es Großvater nicht gut ging und dass er nicht mehr nach Hause kommen wird, jeder hatte jedoch die Hoffnung, dass ein Wunder geschehen würde.

Ich wusste schon einige Tage vorher, wann er sterben wird, sagte es aber niemandem, damit ich den anderen keinen Schrecken einjagte. In der Nacht, als er starb konnte ich nicht schlafen und wartete gespannt auf das, was nun passieren sollte. Ich wusste genau, dass er in dieser Nacht von uns gehen wird.

Er ist im Alter von 62 Jahren an Lungenkrebs gestorben.

Es war gegen drei Uhr morgens, ich hörte Leute unten an der Tür, ging zum Fenster und sah hinaus. Dort standen Verwandte und ich hörte sie sagen: Es ist aus.

Nonna verstand sofort und lief hinunter.

Ich habe bis jetzt mit niemandem darüber gesprochen. Keiner wusste das."

Nach einer kurzen Pause erzählte Pascal weiter:

„Einmal fuhren meine Großeltern zur Familie nach Italien und ich sollte sie einige Tage später in Pescara erreichen. Als ich den Direktzug von Lüttich nach Pescara bestieg, wusste ich sofort, dass dieser Zug eine enorme Verspätung haben wird. Plötzlich sah ich vor meinem geistigen Auge einen Toten.

Auf der Strecke nach Italien hatte sich ein Mann vor den Zug geworfen. Ich fühlte den Tod, konnte aber nicht sagen wer sterben würde. Meine Großeltern warteten stundenlang am Bahnhof in Pescara auf mich. Als ich endlich mit mehreren Stunden Verspätung ankam, erzählte ich ihnen was geschehen war.

Es war im April 1999, genau zwei Tage nach Ostern. Nonna befand sich in Italien. In all den Jahren ist im Haus meiner Großmutter noch nie etwas passiert. Plötzlich sagte ich zu meiner Mutter: Pass auf, ich spüre, dass bei Nonna eingebrochen wird.

Meine Mutter glaubte mir nicht, sie dachte, dass ich Blödsinn rede und nahm mich nicht ernst. Abends ging ich aus, kam sehr spät nach Hause und erhielt einen Anruf von meiner Mutter, die mir sagte, dass ich sofort zu Nonna kommen sollte, da man bei ihr eingebrochen hätte. Das kann doch nicht wahr sein!

Ich wundere mich jedes Mal, wenn eine von mir gemachte Voraussage eintrifft.

Ich fuhr hin so schnell ich konnte. In Großmutters Haus befanden sich zwei Männer von der Gendarmerie und mein Onkel Claudio, Nonnas Sohn. Eine Nachbarin hatte zufällig mitbekommen, dass eingebrochen wurde und verständigte die Polizei. Die Einbrecher hatten Ausweispapiere und Kleidungsstücke, das Fernsehgerät und andere Sachen mitgehen lassen. Sie fühlten sich aber wahrscheinlich beobachtet und ließen einige Papiere sowie das Fernsehgerät hinter dem Haus auf dem Rasen zurück."

Pascal über sich selbst

Gern wollte ich über Pascal mehr wissen und bat ihn über sich selbst, über seine Gedanken, seine Pläne und Träume zu erzählen. Um auch kein einziges Wort zu verlieren oder eventuell falsch auszulegen, bat ich ihn um Erlaubnis alles aufzuzeichnen, was er mir freundlich gestattete. Hier folgen seine eigenen Worte, so wie er sie ausgedrückt hat:

Mehrere Personen wollten ein Buch über mich schreiben. Ich habe es aber bis jetzt niemandem erlaubt. Ich freue mich, dass sich Cristina meiner Sache annimmt. Ich empfinde es als etwas sehr Positives und sehe in ihr eine Person, die eine klare eindeutige Wahrheit über mein Leben schreiben kann, für alle, die wissen wollen, wie mein Leben tatsächlich verlaufen ist und wie es wirklich aussieht. Es ist für mich eine große Freude, weil ich weiß, dass dieses meine wirklich wahre, meine einzig richtige Biografie sein wird, die sich nicht nur der Wahrheit nähert, sondern die Wahrheit selbst ist. Was ich hier aus meinem Leben erzählen werde, habe ich bis jetzt noch niemandem erzählt. Ich habe mich auch stets geweigert meine Familie über mich befragen zu lassen, nur deshalb, weil ich einige kleine Geheimnisse für mich behalten wollte.

Ich bin am 24. August 1974 im Krankenhaus von Rocourt geboren. In meinem Geburtsjahr war sowohl in Belgien als auch in anderen Ländern der Welt auf parapsychologischer Ebene sehr viel los. Sei es unter dem Aspekt geheimnisvoller Erscheinungen, unerklärlicher Phänomene oder UFO-Sichtungen. Es war ein Jahr, in dem sich derartige Ereignisse häuften.

Ich bin ein Einzelkind italienischer Abstammung. Mein Vater ist in Belgien geboren aber seine Familie stammt aus Sizilien, aus dem Ort Siculiana, in der Nähe von Agrigento. Meine Mutter ist in Penne, Provinz Pescara, in den Abruzzen geboren. Sie kam als kleines Kind mit ihren Eltern nach Belgien.

Meine Mutter arbeitete als junges Mädchen in der Waffenfabrik FN (Fabrique Nationale) in Herstal, wo sie meinen Vater kennenlernte. Als sie heirateten war sie 20 und mein Vater 22 Jahre alt. Bald danach wurde ich geboren.

Schon als Kind war ich krank und musste oft ins Krankenhaus. Ich bin Allergiker und leide an starkem Asthma. Die ständigen Behandlungen kosteten meine Eltern fast ein Vermögen. Man versuchte alles, was zu der Zeit überhaupt möglich war. Ich wurde in Belgien zu den berühmtesten Ärzten gebracht und bekam sowohl allopathische als auch homöopathische Behandlungen, Akupunktur und noch viel mehr. Durch meine Krankheit litt der Schulbesuch. Ich war oft abwesend und verlor dabei sehr viel. Trotzdem versuchte ich aber den verlorenen Unterrichtsstoff nachzuholen, so gut ich konnte. Ich war eigentlich immer ein sehr kränkelndes Kind.

Zu alledem kam noch hinzu, dass ein deutscher Arzt meine hilflose Situation ausnutzte und mich anstatt sechs Monate, mehrere Jahre mit einem bestimmten Präparat behandelte, was dazu führte, dass meine Eltern dafür sehr viel zahlen mussten.

Etwa zwei Jahre lang fuhr ich alle fünfzehn Tage mit meiner Mutter nach Köln, wo ich bei einer Frau Akupunktur erhielt. Sie behandelte mich auf diese Art gegen mein Asthma.

Ich konnte keinen Sport treiben, in der Schule war ich immer befreit vom Sportunterricht und wenn es nasskalt oder neblig wurde, konnte ich nicht aus dem Haus gehen. Das alles hat mich erheblich gezeichnet.

(© Cristina Aldea)

Pascals Nonna

Eigentlich war ich ein Kind wie jedes andere, musste aber wegen meines Asthmas immer mit Einschränkungen leben.

Wie ich schon sagte, ich bin ein Einzelkind und hatte eine ganz normale Kindheit. Ich habe von beiden Eltern sehr viel Liebe erhalten. Da ich oft bei meiner Großmutter war, weil meine Eltern arbeiten mussten, war ich auch an meine Oma sehr gebunden.

Irgendwann gelang es meinen Eltern ihren Arbeitsplan so zu ändern, dass sie mehr Zeit für mich hatten. Trotzdem stand ich meiner Nonna aber immer sehr nahe.

Schon im Alter von etwa vier Jahren empfand ich, dass mein Leben sich anders entwickelte, als das anderer Kinder meines Alters. Wieso ich das von mir behaupten kann? Ich kann es nicht erklären, aber damals schon konnte ich denken und überlegen, es machte mir Spaß mit Leuten zusammen zu sein, mit ihnen zu sprechen. Ich brauchte Leute an meiner Seite, denn sie zogen mich irgendwie an. Als ich dann tatsächlich übersinnliche Wahrnehmungen hatte, war ich fünf oder sechs Jahre alt. Damals war ich im Kindergarten, es kommt mir vor, als ob es gestern gewesen wäre. Ich merkte und wusste, dass ich ein wenig anders war als die anderen, konnte aber nie verstehen, weshalb das so war. Ich wusste stets genau was meine Freunde wollten, was sie dachten, wie sie in bestimmten Situationen reagieren werden und auch womit ich sie ärgern konnte. Im Kindergarten wusste ich schon am Morgen was wir im Laufe des Tages machen werden. Ich wusste was wir zum Beispiel singen, zeichnen oder aus Knetmasse modellieren werden. Ich hatte eine so starke Intuition, dass ich genau wusste, womit uns die Kindergärtnerin beschäftigen wird. All das wusste ich jedoch mit der Naivität eines Kleinkindes, so wie es ein Kind in dem Alter verstehen kann. Ich konnte Dinge wahrnehmen, verstehen und voraussagen, wie eben ein Kind in dem Alter mit seinen Kapazitäten und entsprechend seines kleinen Verstandes in der Lage ist. Aber Achtung, ich war mir damals nicht bewusst, dass dieses etwas Besonderes ist. Für mich war es so normal und richtig. Ich stellte mir keine Fragen, weil ich damals ja noch nicht wusste, dass andere Menschen nicht so sind wie ich.

In der ersten Klasse hatte ich einen Freund, Pascal D. Es war mein bester Freund. In der Klasse hatten wir auch ein Mädchen, das Pascale hieß, also gab es drei "Pascal" in unserer Klasse. Wir spielten am liebsten zu dritt und waren oft zusammen. Ich fühlte aber, dass mein Freund Pascal nicht weiter in unserer Schule bleiben und uns eines Tages verlassen wird. Im ersten Schuljahr war ich sehr oft krank und musste aus diesem Grund die erste Klasse wiederholen.

Trotzdem täuschten mich meine Empfindungen nicht: Pascal D. zog mit seiner Familie aus unserer Nachbarschaft fort und wechselte die Schule. Das nahm mich sehr mit, weil er mein bester Freund war. Wir trennten uns für sehr sehr lange Zeit.

Es ist mir leider nicht möglich, genaue Datumsangaben zu machen. Ich war etwa sieben Jahre alt. Eines Tages beschlossen meine Eltern zusammen mit Freunden und Arbeitskollegen ans Meer zu fahren. Ich weiß nicht genau wohin wir fuhren. Es war gegen Ende des Sommers, das Wetter war schlecht und wir trugen Anoraks. Zu unserer Gruppe gehörte auch ein kleiner Junge.

Damals erlebte ich etwas, das sich sehr tief in mein Gedächtnis eingebrannt hat. Ich weiß nicht wieso, aber plötzlich verlor ich den Anschluss an die Gruppe, verlief mich und befand mich ganz allein irgendwo, wo ich nichts, außer Sanddünen sah. Vor mir war ein steiler Abhang und ganz weit unten das Meer. Ich hatte die Gruppe verloren, wusste nicht wo ich war und auch der kleine Junge, der immer an meiner Seite lief, war verschwunden. Ich kann mir bis heute nicht erklären, wieso ich plötzlich allein dastand. Ich näherte mich dem Abhang und es überkam mich eine furchtbare Angst. Ich glaubte meine Eltern nie wieder finden zu können. Ich schrie und rief nach meinen Eltern, blieb aber reglos stehen und starrte in den Abgrund.

Plötzlich überkam mich der Gedanke: Wenn ich mich nun in diesen Abgrund fallen ließe, könnte ich in eine Welt gelangen, in der ich nicht mehr allein sein müsste. Ich hatte so furchtbare Angst, dass ich den Sprung in den Abgrund als eine Lösung für meine verzweifelte Lage empfand und war fest entschlossen zu springen.

Es ist sehr schwer zu beschreiben was ich empfand, jedoch plötzlich hörte ich eine entschlossene männliche Stimme, die mahnend zu mir sprach:

„Du darfst nicht hinunterspringen, dein Weg ist nicht zu Ende, du hast noch sehr viele Aufgaben zu erfüllen. Warte, sie werden dich finden. Dreh dich um!"

Auch jetzt, wenn ich es erzähle, bekomme ich eine Gänsehaut.

Plötzlich sah ich den kleinen Jungen auf mich zulaufen. Er ergriff meine Hand und bat mich nicht mehr zu weinen. Wir gingen Hand in Hand zur Gruppe zurück. Meine Eltern nahmen mich in die Arme und ich schluchzte fürchterlich. Ab dem Augenblick blieb ich nur noch in der Nähe meiner Eltern. Ich erzählte ihnen, was mir passiert war. Damals war es mir aber überhaupt nicht bewusst, dass eigentlich niemand anwesend war und ich diese rettende Stimme nur in meinem Kopf gehört hatte.

Oft versuchte ich herauszubekommen, wer sich hinter dieser Stimme verbarg, es gelang mir jedoch nie.

Erst sehr viel später begann ich einiges zu verstehen, konnte es aber nicht als übersinnlich deuten, weil ich nicht wusste, dass andere Kinder in meinem Alter nicht auch genauso empfinden.

Wenn mir etwas ganz plötzlich in den Sinn kommt oder ich eine unerwartete Vision habe, nenne ich es „une flèche", einen Pfeil, einen Blitz, besser gesagt, einen Gedankenblitz. Mit zunehmendem Alter wurden die Gedankenblitze immer intensiver. Mit der Zeit wurde alles viel klarer, entschlossener und verständlicher.

Eines Nachmittags spielte ich in meinem Zimmer im Obergeschoss des Hauses in Hermée, wo wir damals wohnten. Meine Mutter hatte ihren neuen Wagen, einen blauen Toyota Celica, erhalten und mein Vater befand sich auf der Arbeit. Plötzlich spürte ich, dass meine Mutter einen Unfall haben wird. Meine Mutter fährt seit ihrem achtzehnten Lebensjahr Auto und hatte noch nie einen Unfall. Auch diesmal konnte ich nicht sagen, wie ich es empfand, aber ich sah einen Unfall und eine Seite des Autos beschädigt. Um welche Seite es sich handelte, konnte ich auch nicht genau sagen. Nach einigen wenigen Minuten hörte ich einen lauten Knall, lief zum Fenster und sah, dass ein junger Mann auf dem Motorrad gegen die Fahrertür des Autos meiner Mutter gekracht war.

Es kam mir komisch und gleichzeitig auch ein wenig unheimlich vor, als ich überlegte: Eben habe ich an etwas gedacht und nun ist es wirklich geschehen!

Wieder einmal hatte ich einen sogenannten Gedankenblitz und wie immer nahm ich ihn einfach hin und stellte mir keine Fragen, weil ich es nicht anders kannte.

Ich spürte das Ableben meines Urgroßvaters. Tage später erhielten wir die Nachricht von seinem Tod aus Italien.

Als ich klein war, konnte ich den Tag und sogar die Uhrzeit genau sagen, wenn Verwandte oder Freunde zu uns kommen wollten. Ich nannte genau den Tag, an dem Tante Pina und Onkel Gérard zu uns kamen, obwohl die beiden zu dem Zeitpunkt noch nicht einmal die Absicht hatten, uns einen Besuch abzustatten.

(© Cristina Aldea)

Pascal als kleines Kind

Ich wusste auch immer genau, wann der Eisverkäufer vorbeikam. Dann verlangte ich Geld und holte mir ein Eis. Der Eisverkäufer kam jedes Mal zu einer anderen Uhrzeit vorbei, je nachdem wie seine Geschäfte liefen oder wie das Wetter war.

Ebenso wusste ich immer schon im Voraus welche Veränderungen in unserem Haus anstanden. Ich wusste, dass wir in Zukunft einen Vogelkäfig haben werden, auch wo er stehen wird und richtig: Mein Vater baute eines Tages einen Vogelkäfig und wir hatten 150 Kanarienvögel darin.

Ich wusste auch, dass wir eine Art Vordach zum Garten hin bauen werden, um unsere Gartenstühle unterzustellen. Es kam genauso.

Ich wusste schon lange vorher, wenn meine Eltern ein Fahrzeug wechselten.

Ich hatte eigentlich nur Visionen und Empfindungen, die plötzlich auftraten, die ich hinnahm so wie sie kamen, die aber stets Wirklichkeit wurden. Ich spürte und empfand sehr viele Sachen, konnte sie mir aber nicht erklären.

Meine Visionen verstärkten sich im Laufe der Zeit.

Ich spürte, dass meine Mutter die Fabrik verlassen und in die Gastronomie wechseln werde, ich wusste genau, ob mein Vater beim Pétanque gewinnen oder verlieren wird. Heute noch ist er ein leidenschaftlicher Pétanque-Spieler. Wenn er gewann, brachte er uns immer etwas mit. Meine Mutter wünschte sich ein Raclette, weil das damals sehr in Mode war. Ich wusste, dass mein Vater eins mitbringen wird, was auch geschah. Einmal brachte er sogar ein ganzes Speiseservice mit, was ich auch schon vorher wusste.

Ich spürte, empfand oder fühlte Ereignisse bevor diese überhaupt eintrafen und dann geschah alles genauso, wie ich es voraussah. Es waren vor allem kurzfristige Voraussagen und nur selten konnte ich langfristige Voraussagen machen. Das heißt, die Ereignisse geschahen ziemlich schnell, nachdem ich sie im Geiste sah, also nachdem ich meine sogenannten Gedankenblitze hatte.

Als ich etwa zwölf Jahre alt war, hatte ich einen furchtbaren Gedankenblitz: Ich sah, dass sich meine Eltern trennten. Es war niederschmetternd, traurig und schockierend zugleich. Ich erschrak, weil ich genau wusste, dass meine Visionen Wirklichkeit werden. Ich behielt diese Erkenntnis als mein großes Geheimnis und erzählte niemandem etwas davon. Die Gewissheit, dass es genauso kommen wird, verursachte in mir unendliche Traurigkeit, war ein Drama und bereitete mir große Sorgen. Als ich fast sechzehn Jahre alt war, trennten sich meine Eltern und ließen sich scheiden. Es war wieder einmal so, wie ich es vorausgesehen hatte.

Nun möchte ich etwas über das Hellsehen erzählen.

Wie ich schon vorher sagte, als mein Lehrer, Herr Simone, dabei war, sprachen wir einmal in der Schule über Wahrsagerei, über

Leute, die Schwingungen, Gedankenblitze und besondere Fähigkeiten haben. Es gibt also Leute, die anders empfinden, als die meisten anderen Leute, die eine ausgeprägte Sensibilität besitzen, die Dinge voraussehen können. An dem besagten Tag kam ich aus der Schule nach Hause, nahm sofort eine Enzyklopädie zur Hand und begann alle von mir in der Klasse während des Unterrichts aufgeschriebenen Wörter wie Seher, Magier, Geister, Hellseher, übersinnliche Empfindung, Wesenheit usw. zu suchen, um sie besser zu verstehen und sie mir einzuprägen. Nun begann ich geheimnisvollen Dingen auf den Grund zu gehen und begriff bald, dass diese Fähigkeiten nicht allen Menschen gegeben sind, dass nur einige wenige Menschen diese Sachen empfinden und verstehen können.

Bald verstand ich, dass ich Fähigkeiten besitze, die andere Kinder meines Alters nicht haben. Diese Entdeckung war ein großer Schock für mich, umso mehr, weil ich mit niemandem darüber sprechen konnte. Außer meiner Tante Graziella, bei der ich auf ein wenig mehr Verständnis stieß, hätte mich in der Familie niemand ernst genommen.

Plötzlich verspürte ich einen furchtbaren Drang, einen großen Durst nach diesen Dingen, die ich besser verstehen, besser in mir aufnehmen wollte und begann ein Buch nach dem anderen regelrecht zu verschlingen.

Ab jetzt setzte ich nur noch eine einzige Priorität im Leben: die Parapsychologie. Schon mit neun oder zehn Jahren versank ich förmlich in diesen Themen, wurde vollständig von diesem Bereich absorbiert und meine Leidenschaft dafür wurde von Tag zu Tag größer. Es war etwas, von dem ich nicht lassen konnte, von dem ich mich regelrecht angezogen fühlte. So oft ich konnte, kaufte ich alles, was zu der Zeit diesbezüglich veröffentlicht wurde. Das waren oft sehr alte Zeitschriften über Wahrsagerei und Hellsehen, über geheimnisvolle Phänomene und Numerologie, über Kristallkugel und Kartenlegen. Für mich war es etwas Geheimnisvolles, etwas Verbotenes, zumal niemand, aber wirklich überhaupt niemand aus meiner Familie, aus meinem Freundes- oder Bekanntenkreis irgendwann bei einem Wahrsager oder Kartenleger gewesen war. Also konnte mir niemand etwas über derartige Dinge erzählen.

Meine Eltern lebten ein ganz normales Leben in vollkommen normalen Verhältnissen, in dem diese Sachen, von denen sie nichts wissen wollten, auch keinen Platz hatten. Also war ich nur auf mich selbst angewiesen, obwohl ich eigentlich noch klein war. Ich beschäftigte mich mit Sachen, mit denen sich normalerweise kein gleichaltriges Kind, ja nicht einmal ein Jugendlicher, beschäftigt oder auseinandersetzt. Mein gesamtes Geld, das ich zum Geburtstag, zu Ostern oder Weihnachten geschenkt bekam, ging für übersinnliche Literatur drauf. Ich musste jedoch äußerst vorsichtig sein, weil ich nicht wollte, dass meine Eltern etwas mitbekommen und sprach mit niemandem darüber. Die Zeitschriften versteckte ich in einem kleinen neben meinem Zimmer gelegenen Abstellraum, in dem ich einige meiner Sachen aufbewahrte. Ich schob sie ganz nach hinten, damit sie nicht gesehen werden können oder legte sie zwischen wissenschaftliche Bücher, die ich gern las. Alles, was mit Wissenschaft zu tun hatte, was mit Mikroskop, Teleskop, Vergrößerungsglas oder ähnlichem in Verbindung gebracht werden konnte, jeder Gegenstand, den man der Chemie oder dem Laboratorium zuordnen konnte, interessierte mich brennend.

(© Cristina Aldea)

Der Schüler Pascal

Als kleines Kind schon wünschte ich mir einmal zum Geburtstag ein Chemielaboratorium. Mein Vater führte mich in einen Spielzeugladen und als ich meine Wünsche äußerte, meinte die Verkäuferin: „Monsieur, ich kann Ihnen so etwas für Ihren Sohn nicht verkaufen. Der ist ja viel zu klein dafür. Wenn Sie aber die Verantwortung dafür übernehmen und sagen, dass Sie es für sich kaufen, dann geht das schon."

Mein Vater übernahm die Verantwortung und ich hatte mein Laboratorium.

Da ich auch einige Bücher über wissenschaftliche Themen besaß, versteckte ich meine nicht ausgelesenen Zeitschriften übersinnlichen Inhalts zwischen diesen Büchern.

Jedes Mal, wenn ich eine Zeitschrift zu Ende gelesen hatte, zerriss ich sie in viele kleine Stücke und warf sie fort, damit sie niemand finden konnte. Auf diese Art gelang es mir meine kleinen Geheimnisse für mich zu bewahren und das Übersinnliche wurde allmählich zu meiner echten großen Leidenschaft, aus der es für mich keinen Ausweg mehr gab. Je mehr ich las, je mehr ich erfuhr und lernte, umso mehr schlitterte ich in diese Thematik hinein. Je tiefer ich drin war, umso glücklicher wurde ich. Eine unerklärliche Kraft zog mich zu diesen Themen unbewusst hin. Ich kaufte vieles über Dinge, die ich gar nicht kannte. Ich lernte allein und im Laufe der Jahre eignete ich mir immer mehr Wissen auf diesem Gebiet an.

Allmählich begnügte ich mich aber nicht mehr nur mit dem Lesen von Zeitschriften und begann auf Bücher umzusatteln. Mein gesamtes Taschengeld gab ich für Bücher aus und verzichtete sogar dafür auf kleine Leckereien oder Süßigkeiten in den Pausen. Ich las bis spät in die Nacht hinein und konnte am Morgen kaum aufstehen, um in die Schule zu gehen. Ich schlief viel zu wenig und las viel zu viel.

Im Alter von zwölf Jahren war ich in der fünften Klasse bei Herrn Lehrer Joseph Simone. Es war die Zeit, in der ich viele Gedankenblitze hatte und Voraussagen machen konnte.

Mit den Schülern meiner Schule sprach ich nie darüber. Die Schüler kamen oft zu mir, um mir ihre kleinen Geheimnisse oder Missgeschicke anzuvertrauen. Ich spürte, dass sie mich gern in ihrer Nähe hatten, dass es ihnen Spaß machte mit mir zu sein, was sie förmlich genossen. Auch ich unterhielt mich gern mit ihnen.

In der Schule hatten wir einen Jungen, den ich gar nicht mochte. Die anderen Schüler mochten ihn auch nicht. Er war vorlaut, ungezogen und unfreundlich. Plötzlich hatte ich ein Empfinden, ein sehr starkes, und zwar sah ich, wie unser Schulleiter ihn aus der Schule warf wegen irgendetwas, was er gemacht hatte.

Tage später erschien er mit einer Spielzeugpistole in der Schule und schoss mit kleinen Schrotkugeln auf die Kinder. Zum Glück war nichts passiert, niemand wurde verletzt.

Danach wurde er aus der Schule verwiesen.

Im Englischunterricht hatten wir eine Lehrerin, die immer sehr gut und gesund aussah. Eines Tages spürte ich bei ihr eine schwere Krankheit und machte mir große Sorgen um sie, weil ich wusste, dass sie bald nicht mehr bei uns sein wird. Einige Wochen später blieb sie für immer fern.

Einmal schickte man uns früher als sonst aus der Schule nach Hause, weil eine wichtige Lehrerbesprechung anstand. Ich rief meine Mutter an und bat sie, mich abzuholen. Ich stand an der Straßenecke mit meinem Ranzen und wartete auf meine Mutter, als eine Frau vorbeikam, die furchtbar weinte. Sie sah mich an und sagte:

„Vergiss es, vergiss dass ich weine, es ist nichts Schlimmes."

„Madame, machen Sie sich keine Sorgen, es wird wieder alles gut, ganz bestimmt."

„Mein Gott, wieso sagst du mir das? Kennst du mich?"

„Nein, aber machen Sie sich keine Sorgen, denn Ihre Angelegenheit wird in kurzer Zeit geregelt sein."

Sie näherte sich indem sie ihre Tränen abwischte und fragte erneut:

„Warum sagst du mir das, woher weißt du das?"

„Ich sage es Ihnen, weil ich es so empfinde."

Sie war sich sicher, dass ich sie von irgendwo kenne und fragte sofort wo ich wohne, um zu prüfen, ob wir nicht vielleicht Nachbarn sind.

„Ich wohne in Hermée."

„Nicht in Herstal?“

„Nein.“

„Ich sage es dir, ich habe jemanden im Krankenhaus, der sehr schwer krank ist.“

„Machen Sie sich keine Sorgen, ich fühle, dass es der Person bald wieder gut gehen wird. Alles wird gut.“

Einige Wochen später stand ich wieder an der gleichen Stelle und wartete auf meine Mutter. Die Frau kam zufällig wieder vorbei, stutze als sie mich sah und winkte mich zu sich.

Sie nahm mich in die Arme und küsste mich, sie konnte es nicht fassen, dass ich ihr damals so etwas gesagt hatte. Überglücklich stammelte sie:

„Die im Krankenhaus gewesene Person wurde operiert und nun geht es ihr wieder gut, genauso wie du es mir gesagt hattest.“

Es war das erste Mal, dass ich einer fremden Person etwas vorausgesagt hatte.

Ich war immer sehr zurückhaltend und schüchtern und hätte es nie gewagt, einen fremden Menschen einfach anzusprechen. Ich weiß nicht, woher ich damals den Mut hatte, die Frau anzusprechen und ihr zu sagen, was ich empfand. Es war das erste Mal, dass ich einer fremden Person geholfen hatte.

Bis heute weiß ich nicht, um wen es sich gehandelt hatte. Ich habe die Frau nie wieder gesehen.

Wir hatten zwei Monate Schulferien. Über einen Monat davon verbrachte ich bei meiner Familie in Italien und mehrere Tage mit meiner Tante Silvana, der Schwester meines Vaters, auf einer Insel im damaligen Jugoslawien.

Ich spürte, dass diese Ferienreise die letzte derartige Reise vor einer großen Veränderung war, die auch mich persönlich betraf. Ich hatte ein schlechtes Gefühl und das begleitete mich schon seit der Abfahrt von Italien. Wir fuhren mit einem Reisebus und an der jugoslawischen Grenze stiegen mit Maschinengewehren bewaffnete Soldaten in den Bus, um uns zu kontrollieren. Das beeindruckte mich sehr und machte mir große Angst, denn ich hatte bis dahin noch nie an einer Grenze schwer bewaffnete Soldaten gesehen, die auch noch in den Reisebus einstiegen.

Auf jugoslawischem Boden spürte ich, dass bald ein Krieg ausbrechen würde, ich verspürte starke Unruhe und nahm Schwingungen wahr, die darauf hinwiesen, dass es dort bald schrecklich zugehen werde.

Trotz der wunderschönen Insel, der liebevollen Fürsorge meiner Tante und der bezaubernden Ferienatmosphäre, war ich traurig, weil ich genau wusste, dass sich nach meiner Rückkehr auch bei uns zu Hause etwas verändern würde, dass es eine große Auseinandersetzung geben werde.

Ich spürte die Trennung meiner Eltern.

Als ich heimkam wohnten wir bei Nonna, mein Vater war nicht mehr da, wir hatten unser Haus und unseren Hund nicht mehr.

Nun packte ich die Gelegenheit beim Schopf, dachte mir, dass meine Eltern durch die Trennung etwas geschwächt seien und ging zum Angriff über. Ich witterte die Gelegenheit ihnen über meine Leidenschaft, über meine ständige Beschäftigung zu berichten. Ich überlegte wie ich vorgehen könnte. Da sie nun nicht mehr zusammen waren und somit keine geballte Kraft gegen mich darstellten, war es viel einfacher, jeden einzelnen anzugehen, weil einer allein schwächer war. Weil sie beide immer für mich da waren, alles für mich taten und sich liebevoll um mich kümmerten, schien mir genau dieser Zeitpunkt ideal für eine Beichte. Ich hatte nichts mehr zu befürchten und begann langsam über Paranormales, über Kartenlegen und ähnliches zu erzählen, merkte aber sofort, dass diese Themen überhaupt nicht willkommen waren. Sie wussten nicht, dass ich reifer war als andere Kinder, weil ich mit ihnen nie über meine übersinnlichen Fähigkeiten gesprochen hatte.

Als erste knöpfte ich mir meine Mutter vor und begann ihr vorsichtig über die Karten und das Kartenlegen zu erzählen. Wir saßen beide in der Wohnung meiner Tante Graziella, ihrer Schwester. Ich sah ihr in die Augen und sagte direkt:

„Hör mal, ich interessiere mich seit langem für das Wahrsagen, das Kartenlegen. Es ist eine Leidenschaft, die schlimmer ist als jeder Sport, schlimmer als alles andere."

Sie hörte mir zu, glaubte mir aber nicht und sagte nur kurz:

„Was erzählst du mir da?"

Mir wurde bewusst, dass sie wegen ihrer eigenen Probleme kein Interesse an meinen hatte und ich wartete ab.

Eine Woche später begann ich erneut zu erzählen und zeigte ihr meine Karten und ein Buch.

„Das ist doch nicht möglich", sagte sie „wo hast du das überhaupt her? Wer hat dir das gegeben?"

„Es ist meine stille Leidenschaft, von der du gar nichts weißt. Ich verbringe damit viele Stunden am Tag, ich hatte mein Labor unter dem Dachboden und machte dort meine Versuche."

Meine Mutter begeisterte das was sie hörte überhaupt nicht, es überraschte sie eher, doch zu meiner großen Verwunderung blieb sie ruhig, schimpfte nicht einmal mit mir und schwieg. Endlich konnte ich meine Leidenschaft sogar am Wohnzimmertisch vor den Augen aller entfalten!

Es war an der Zeit, dass ich nun in Anwesenheit meiner Mutter mit meinen anderen Verwandten, vor allem mit meiner Großmutter, offen über diese Sachen sprach und entschloss mich, es zu tun.

Niemand konnte sich damals vorstellen, dass ich es ernst meinte. Für die war es Blödsinn und ich hatte den Eindruck, dass sie es sogar ins Lächerliche zogen, so als ob sich ein Kind zum Beispiel für Malerei, Raumfahrt oder Politik interessieren würde. Niemand nahm mich ernst.

Was würde aber passieren, wenn ich mit meinem Vater, der mich über zehn Wochen lang zu diesem besagten Kreis für Radiästhesie begleitete, über paranormale Dinge sprechen würde? Dort wurde nicht direkt über das Übersinnliche, das Paranormale gesprochen, dort lernte ich alles was mit Radiästhesie, Pendel, Schwingungen, Energien, Heilungen usw. zu tun hatte. Es war eigentlich kein Kurs, es war eine Gesprächsrunde. Mein Vater begann mir besorgt bohrende Fragen zu stellen und ich erzählte ihm schließlich über meine Beschäftigungen und über meine Leidenschaft.

Im Alter zwischen fünfzehn und achtzehn Jahren unterhielt ich mich mit meinem Vater fast nur noch über diese Themen. Wo immer wir waren, beim Spaziergang, auf der Straße, im Restaurant, in einer Bar oder Diskothek, ich sprach nur noch über Parapsychologie, die für mich das Höchste war.

Mein Vater war nicht sehr begeistert, er wollte am liebsten nichts davon hören und dass ich es sogar beruflich machen wollte, das ging nun doch zu weit, das konnte er einfach nicht glauben. Er ermutigte mich immer wieder Wissenschaften wie Biologie oder Chemie zu studieren, weil er wusste, dass ich Wissenschaften über alles liebte. Heute noch begeistern mich Wissenschaften, denn ich habe ein logisches Denken, ich mag logische klare eindeutige Sachen.

Bald wussten es schon alle: meine Eltern, meine Tanten und Onkel, meine Cousins, meine Großeltern. Es blieb aber immer noch ein Tabuthema, über das nur selten gesprochen wurde, das einfach belächelt wurde und unmöglich klang.

Die mehr auf das Materielle bedachte Familie meines Vaters wollte, dass ich etwas Handfestes, etwas Anständiges lerne, also Wissenschaften studiere.

Einige meinten, das was ich machen wollte sei unseriös, andere wiederum, dass es sich dabei um Dinge handele, die man auf keinen Fall antasten dürfte, um Sachen, die sogar gefährlich seien. Kurz und gut: Jeder hatte etwas an meiner großen Leidenschaft auszusetzen.

Du bist zu jung, du hast keine Erfahrung, du wirst nie Kunden haben, du wirst davon nicht leben können, du kennst doch die Probleme der anderen gar nicht. Wie willst du denen helfen? Alles Argumente, um mein Gemüt auf Null zu schrauben.

Ich ging zum Kampf über und begann peinliche und äußerst schwierige Augenblicke zu erleben, weil ihnen alles recht war, um mir meine Leidenschaft zu vergrämen.

Einmal als ich noch klein war, brachte mich meine Mutter wie immer abends zu Bett und ich sagte: „Mama, ich werde einmal ein großer Hellseher!"

Sie rastete aus, schimpfte mit mir und schrie mich an:

„Du sollst nie wieder so etwas sagen, nie wieder an so etwas denken, das kommt von den Horrorfilmen, die du dir ansiehst, ich verbiete dir so etwas!"

Ab sofort durfte ich mir über ein Jahr lang keine Horrorfilme oder Ähnliches ansehen.

Mit siebzehn Jahren teilte ich meinen Eltern und allen anderen mit, dass ich mein Studium beenden möchte, dass ich nicht mehr Wissenschaftler werden möchte und obwohl ich nicht die geringste Ahnung oder Erfahrung hatte, dass ich ein Büro eröffnen und mich selbständig machen wollte. Ich wollte mich ganz und gar dem Übersinnlichen, dem Unerklärlichen widmen und diesen Berufsweg einschlagen.

Als ich es meiner Mutter sagte, wunderte ich mich, dass sie sehr tolerant reagierte. Sie dachte sicherlich, dass ich diese Idee irgendwann aufgeben werde.

Ich konnte es kaum erwarten achtzehn Jahre alt, also volljährig zu werden, um mich Medium und Hellseher nennen zu können.

Als ich es meinem Vater und den übrigen Familienmitgliedern bekannt gab, entstand ein regelrechtes Drama.

Ich wusste nicht einmal, wie man ein Büro einrichtet, wie man sich selbständig macht, wie man von Kunden Geld kassiert und auch nicht, was Mehrwertsteuer bedeutet. Niemand half mir, niemand wollte auch nur im Geringsten zu diesem, meinem verrückten Berufswunsch, beitragen um dann, wenn es mir nicht gelingen sollte, was ja für alle schon feststand, nicht zur Verantwortung gezogen werden zu können.

Als ich endlich achtzehn wurde, nannte ich mich Medium und Hellseher.

Mein Vater erlitt einen furchtbaren Schock, meine Mutter fauchte:

„Wenn du dir den Kopf gegen die Wand rennst, wisse, dann hast du dir alles selbst zu verdanken! Wenn du es unbedingt willst, tu es! Mach wie du denkst, sollte es aber nicht funktionieren, musst du sofort wieder zur Schule gehen."

Für meinen Vater war es die reinste Katastrophe, eine Tragödie!

Alle, aber auch alle, waren der Meinung, dass nichts daraus wird, denn wie konnte ein so junger Mensch wie ich, ohne die geringste Erfahrung, auch nur glauben, dass er Erwachsene beraten oder ihnen helfen könne, dass er deren seelische und weltliche Probleme verstände?

„Wenn wir, die Erwachsenen, unsere Probleme nicht verstehen, wie sollst du, ein unerfahrener Junge, sie verstehen können?" zischte meine Patentante.

„Ich werde Euch allen beweisen, dass es mir gelingen wird!"

Ich wusste immer, dass ich es schaffen werde, dass ich trotz heftiger Widerstände weiterkommen werde, dass ich gegen alle Skeptiker, die mich erniedrigt und beleidigt hatten, siegen werde.

Ich wusste es schon lange vorher, dass ich im Alter von achtzehn Jahren ein Buch schreiben würde. Niemand wusste es und ich begann mein erstes Buch *L'analyse du rêve (Traumanalyse)* zu schreiben. Als es im Sommer 1993 erschien, schockierte ich damit viele, die nicht an mich glauben wollten.

Ich hatte für mich und mein Buch nie Werbung gemacht und wusste auch nicht einmal was ich von einem hilfesuchenden Kunden für eine Beratung verlangen könnte. Ich verlangte bescheidene 350 BF (etwa 8,75 €). Mein Steuerberater raunzte mich an:

„Wie willst du davon leben? Bist du verrückt geworden? So geht das doch nicht! Du musst es aufgeben, du wirst nur Probleme haben, davon wirst du nie leben können."

Bald sah ich selbst ein, dass es so nicht weitergehen konnte, dass ich all meine Einkünfte ordnungsgemäß angeben und versteuern musste, dass ich von dem Hungerlohn nicht leben konnte und dass mein Steuerberater Recht hatte.

Ich wusste ja auch gar nicht wie ein Hellseher arbeitet, ich war nie im Leben bei einem gewesen, habe es nie gelernt oder irgendwo abgeschaut.

Obwohl ich keinerlei Werbung gemacht hatte, kam der erste Kunde, dann der zweite, der dritte und bald sprach es sich überall herum. Ich weiß bis heute nicht, wie ich es geschafft habe, woher diese Kunden überhaupt kamen, die Mundpropaganda jedoch funktionierte offenbar einwandfrei.

Als ich den ersten Kunden die Tür öffnete, hörte ich:

„Guten Tag junger Mann, ich habe einen Termin bei Ihrem Vater oder bei Ihrem Onkel" oder „wo ist der Herr, zu dem ich kommen sollte?"

Ich war kaum achtzehn Jahre alt und sollte Leuten helfen, die doppelt und sogar dreimal so alt waren wie ich. Anfangs war es sehr schwierig, die Leute davon zu überzeugen, dass ich, obwohl noch sehr jung, es ernst meine und über besondere Fähigkeiten verfüge.

Den Leuten war es manchmal peinlich, sie zögerten hereinzukommen und wollten sogar sofort wieder gehen.

Oft sagten sie zu mir: „Ist dieses hier aber auch seriös?" oder „wie soll ich meine Probleme einem Jungen erzählen, der mein Sohn oder mein Enkel sein könnte?"

Anfangs war ich sehr schüchtern und versuchte den Leuten höflich entgegenzutreten, um sie von meinen Fähigkeiten langsam zu überzeugen. Was die Leute jedoch nach ihrem Zögern beeindruckte und überzeugte, war meine ausgeklügelte Vorgehensweise: Ich empfange die Leute, sie sitzen mir gegenüber und ohne mir auch nur ein Wort zu sagen, liefere ich ihnen etwa zehn Minuten lang Angaben aus ihrem vergangenen und gegenwärtigen Leben. Wenn ich einer Person Verschiedenes aus ihrem Privat- und Berufsleben erzähle, wenn sie merkt, dass ich vieles über sie sagen kann, wenn ich ihr alles genau erkläre, wundert sie sich, woher ich das alles weiß und dann werde ich trotz meiner Unerfahrenheit und Jugend bestaunt und sofort ernst genommen. Meine Kunden verlassen mein Büro stets zufrieden.

Eines Tages meldete sich bei mir in Oupeye, wo ich damals wohnte und arbeitete, eine Kundin von mir und sagte:

„Herr Riolo, ich habe einen Termin bei Ihnen und möchte gern meinen Schwager mitbringen."

„Kein Problem, Madame. Bringen Sie ihn mit, er kann ruhig dabei sein."

Ich öffnete den beiden die Tür und er, der nichts von Wahrsagerei oder Hellsehen hielt, begann laut und frech zu lachen als er mich sah:

„Das ist also der Riolo? Das kann doch nicht wahr sein! Josiane, warum hast du mir nicht gesagt, dass der so jung ist?"

Josiane war sichtlich beschämt und stammelte: „Er ist doch mein Hellseher."

„Und du musst diesen Jungen auch noch für die Beratungen bezahlen?"

Er war sehr unfreundlich, unangenehm, unhöflich und überaus skeptisch. Während der Beratung bat ich ihn sich ruhig zu verhalten, denn er störte mich ständig mit unverschämten Bemerkungen. Er duzte mich und meinte, dass er sich äußerst dumm vorkäme, da seine Schwägerin hier auf diese Art und Weise von einem so jungen Kerl behandelt würde. Sie versuchte ihn zu beruhigen, indem sie ihn wissen ließ, dass ich derjenige gewesen sei, der ihr das und jenes vorausgesagt hatte, was auch eingetroffen war.

Nun begann ich die Geduld zu verlieren, konnte mich nicht mehr beherrschen und schrie ihn an:

„Monsieur, wenn Sie bleiben wollen, können Sie bleiben, aber bitte stören Sie mich nicht mehr bei meiner Arbeit, wenn nicht, gehen Sie besser."

„Nein, aber nein, ich bleibe und höre dir zu."

Ich begann der Frau wahrzusagen, ihr Verschiedenes über die Zukunft zu erzählen, was er gar nicht wissen konnte und wofür er keine Gewähr hatte, dass es auch stimmte.

Nach kurzer Zeit unterbrach er mich erneut:

„Hör zu, ich möchte einen Beweis für das, was du hier sagst, ich brauche einen Beweis, um glauben zu können, dass es auch stimmt. Tu was oder zeig mir etwas, was mich davon überzeugen kann, dass du auch wirklich übersinnliche Fähigkeiten besitzt."

Es war das erste Mal, dass jemand den Mut hatte, mich auf diese unverschämte Art auf die Probe zu stellen, mich so zu beleidigen und herabzusetzen.

„Was wollen Sie eigentlich von mir?" fragte ich irritiert.

„Ich glaube das alles nicht, das ist nicht seriös, was du da machst" und zu Josiane: „Was suchen wir eigentlich hier bei diesem?"

„Was wollen Sie überhaupt, was soll dieses ganze Theater, das Sie hier veranstalten? Ich werde Ihnen jetzt etwas zeigen, an das Sie sich Ihr ganzes Leben erinnern werden."

Das Lachen verging ihm sofort, sein wütendes Gesicht drückte nun Angst und Neugierde aus.

Ich verlangte ihm, mir einige Minuten zu gewähren und dann könne er etwas erleben.

In diesen besagten Minuten konzentrierte ich mich, rief die Geister an, betete und flehte um Hilfe, um diesem skeptischen, unhöflichen Mann zu beweisen, dass es ein Jenseits gibt. Plötzlich begann er laut zu schreien und mich zu bitten sofort aufzuhören. Er wurde unruhig, zitterte, zerrte am Tisch, dass alles darauf wackelte, warf sich zu Boden und schrie wie ein Wahnsinniger. Ich bekam furchtbare Angst. Er schrie ununterbrochen und Josiane bat mich inbrünstig:

„Herr Riolo, bitte tun Sie etwas, damit dieser Spuk aufhört!"

Ich bat das Jenseits damit aufzuhören, er kam zu sich, stand auf und lief zur Tür, sie folgte ihm so schnell sie konnte und beide verschwanden im Treppenhaus.

Sogar meine Nachbarn hörten den Lärm und fragten mich später, was bei mir in der Wohnung gewesen sei.

Zwei Tage später rief mich Josiane an und sagte, dass ihr Schwager danebenstände und gern mit mir sprechen möchte. Ich hörte ihm aufmerksam zu. Er bat mich ihm nichts Schlechtes zu tun, ihm nichts anzuhaben.

„Ich habe Ihnen doch gar nichts getan. Sie wollten einen Beweis und ich habe um einen Beweis gebeten, weil Sie mich beleidigt haben."

Er erzählte mir, dass er an dem Tag während dieses Ereignisses furchterregende Dinge gesehen hatte, dass er grausame Gestalten wahrgenommen hatte und deshalb so schreien musste.

Dieser Mann ist seither einer meiner treuesten Kunden, er schickt mir andere Kunden und kommt immer wieder Hilfe suchend zu mir, sooft er kann. Er macht für mich sogar wunderbare mündliche Werbung und spricht mich seither nur noch mit „Monsieur Riolo" an.

Zu Beginn meiner beruflichen Laufbahn stand Herr Bonaventura bei mir vor der Tür: „Sie sind aber sehr jung, Herr Riolo."

„Hat man Ihnen nicht gesagt, dass ich jung bin?"

Wenn Leute zu mir kommen, überrascht es sie fast immer einen so jungen Menschen vor sich zu sehen, wenn sie aber die gewünschte Beratung oder geistige Hilfe von mir erhalten und ich ihnen auch noch eine ganze Reihe Angaben zu ihrem Leben mache, übersehen sie, dass sie einen so jungen Menschen vor sich haben. Wenn sie mich weiterempfehlen, vergessen sie meist den anderen zu sagen, dass ich noch sehr jung bin. Deshalb geschieht es immer wieder, dass man sich über mein Alter wundert, wenn man mich sieht.

Herr Bonaventura ließ sich von mir beraten und sagte plötzlich:

„Monsieur, Sie halten das Pendel falsch. Ich befasse mich auch mit Radiästhesie. Sie lesen die Karten nicht richtig, das macht man nicht so."

„Sind Sie zu mir gekommen damit ich Ihnen die Zukunft sage oder damit Sie mich kritisieren? Lassen Sie mich doch bitte ruhig arbeiten.

Ich weiß, dass Sie hier sind wegen einer Frau, einer Frau mit schwarzen Haaren, deren Name Claudine ist."

„Das kann doch nicht wahr sein!"

„Sie möchten, dass diese Frau zu Ihnen zurückkehrt, Sie haben deshalb auch schon andere Hellseher befragt und alle haben Ihnen gesagt, dass sie zurückkommen werde. Ich sage Ihnen aber, dass es nicht so sein wird."

Wütend erhob er sich und gestand, dass er schon bei mehreren Hellsehern gewesen sei und dass ihm alle gesagt hätten, dass diese Frau zu ihm zurückkehren würde. Ich allein wagte es jedoch es anders zu sehen.

Ich meinte, dass es besser sei mit der Beratung hier aufzuhören und ließ ihn gehen, ohne dafür Geld zu verlangen.

Er sah ein, dass dies die bessere Lösung für ihn war, weil ich ja sowieso gegenüber eines ganzen Heeres von Hellsehern keine Chancen hätte.

Ich war mir hundertprozentig sicher, dass ich ihn eines Tages wiedersehen werde.

Zwei Jahre später rief er mich an, bat um einen Termin und tat so, als ob nichts geschehen sei. Als ich erkannte, wer am Telefon war, sagte ich ihm, dass es keinen Sinn hätte zu mir zu kommen.

„Was soll ich Ihnen noch sagen, soll ich wiederholen, dass Ihre Freundin nicht zu ihnen zurückgekehrt ist oder was soll ich tun?"

„Herr Riolo, sie sind der Teufel in Person! Woher wussten Sie das so genau? Wieso hat es keiner der anderen Hellseher erkannt?"

„Ich habe Ihnen doch nur das gesagt, was ich gesehen habe. Also hielt ich mein Pendel doch richtig und las meine Karten doch gut. Ich gebe Ihnen gern wieder einen Termin, wenn Sie mir eine schriftliche Entschuldigung für Ihr Benehmen vorlegen."

Er entschuldigte sich schriftlich für sein unangemessenes Verhalten, lobte meine Arbeitsweise und bemerkte, dass ich der einzige war, der in Bezug auf die Rückkehr seiner Freundin Recht hatte.

Mit der Zeit begann ich Vorträge zu halten. Mein erster Vortrag war im Gemeindesaal *La Roseraie* in *Hermée.* Zu meiner Überraschung kamen über zweihundert Personen und der Abend wurde ein großer Erfolg.

Dieser Erfolg spornte mich an, weitere Vorträge zu halten. Die Gemeindesäle wurden allmählich zu klein und ich begann in großen Kongresssälen aufzutreten.

Für den Saal im *Palais des Congrès* in Lüttich musste ich viel mehr investieren, alles entfaltete sich jedoch auf einem professionelleren, auf einem höheren Niveau. Der Saal war mit allen für einen Kongress notwendigen technischen Mitteln ausgestattet und das Publikum war zufrieden.

Dem ersten Vortrag folgte ein zweiter, dann ein dritter und so weiter. Nun habe ich schon den fünfzehnten gemacht. Es ist einmalig in Belgien, dass ein Hellseher überhaupt Vorträge hält, und dann auch noch so viele.

Plötzlich war ich Hellseher, Medium, Schriftsteller und sogar Conférencier. Diese Konferenzen brachten und bringen mir immer noch sehr viel. Hier stehe ich vor einem Publikum, das nun nicht mehr einzelne Fragen zu verschiedenen Lebenssituationen stellen kann. Hier geht es um etwas ganz Anderes: Ich möchte die Leute an Themen heranführen wie Wahrsagen, Hellsehen, Magnetismus, Radiästhesie, Mumifizieren von Früchten, Kontakte mit dem Jenseits, Hypnose, Heilung und Magie. Es geht mir dabei darum, das Vorhandensein von übersinnlichen Phänomenen zu belegen, sie den Leuten zu erklären und sie damit bekannt und vertraut zu machen.

Von Lüttich ging es nach Charleroi, nach Tournai, nach Namur und in den mit 1.200 Plätzen bestückten Saal des Palais des Congrès in Brüssel sowie nach Deutschland, Italien, Frankreich und Spanien.

Ich reise viel, um Orte und Plätze aufzusuchen, um zu sehen, zu empfinden, zu untersuchen und zu fotografieren, um Beweise zu sammeln und um den Leuten sagen zu können, dass es das Jenseits auch wirklich gibt.

Oft bin ich auch auf Empfehlung anderer an Orte gereist, wo ich Übersinnliches entdecken konnte.

Auf diese Art erlebe ich immer wieder außerordentliche, phänomenale, wunderbare Sachen, die man sich nicht einmal im gewagtesten Traum vorstellen kann.

Der Zweck dieser Vorträge ist, wie ich eben schon sagte, die Leute an die genannten Themen heranzuführen aber auch, mich bekannt zu machen. Mein Name prägte sich allmählich in den Köpfen der Leute ein.

Es ist bis heute noch nie vorgekommen, dass jemand so viele Vorträge im gleichen Saal veranstaltet und schon gar nicht welche mit übersinnlicher Thematik. Ich bin stolz darauf, derjenige zu sein, dem das gelungen ist.

Ich mache alles ganz allein ohne die geringste Hilfe von außen.

Fast nie gehe ich zu Messen oder zu Auftritten meiner Berufskollegen. Als ich zum ersten Mal auf einer solchen Messe war, wurde ich schwer enttäuscht.

Es entspricht nicht meiner Mentalität Leute auszunehmen, sie zu betrügen, ihnen etwas vorzugaukeln, was nicht der Wirklichkeit entspricht. Ich möchte ihnen nur helfen, ihnen die Ängste nehmen und ihnen den Weg weisen, damit sie ihre Probleme lösen können.

Ich habe auch nie mit jemandem zusammengearbeitet. Ich organisiere und verwalte meine Tätigkeiten allein ohne andere in irgendeiner Weise einzubeziehen.

Obwohl ich noch sehr jung bin, arbeite ich nach alten Methoden und das unterscheidet mich von anderen Kollegen.

Meine größte Leidenschaft ist das Übersinnliche.

Einmal sagte mir eine Dame, die sich mit Steuerangelegenheiten befasst, dass es sie überrasche, welchen Erfolg ich als noch so junger Hellseher hätte. Ein vom französischen Fernsehen und aus mehreren Zeitschriften bekannter Hellseher, der auch Horoskope erstellt, hielt einige Wochen vor mir einen Vortrag im Kongresssaal des Palais des Congrès in Lüttich und war leider schwach besucht.

Ich hatte in Mons, in Tournai, in Lüttich und Brüssel, im Palais des Beaux Arts in Charleroi jedes Mal volle Säle.

Dank Cristina konnte ich auch in Deutschland, in Köln, Bonn, Krefeld und an anderen Orten auftreten und wurde nach Frankreich, Italien und Spanien eingeladen. Sie begleitete mich zu vielen Vorträgen, auf vielen Reisen und stand mir stets als Dolmetscherin, aber vor allem als Freundin und Vertraute, zur Seite.

Diese Vorträge sind für mich sehr wichtig, da sie das beste Mittel zur direkten Kommunikation, also zum Austausch und zum Gespräch mit dem Publikum darstellen, was bei Begegnungen mit Kunden in meinem Büro anders abläuft.

Wenn ich eine Konferenz veranstalte, sie also organisiere, ist das für mich keine Arbeit, sondern tiefe Leidenschaft, es ist wie ein freudebringendes Hobby, weil ich die Wärme der Leute, deren Zustimmung für das, was ich tue, den Kontakt zu ihnen, spüre und dabei sehr glücklich bin. Solche Tätigkeiten rauben mir jedoch viel Zeit und ich verliere dabei sehr viel Energie. Um eine Konferenz gut zu organisieren, gut vorzubereiten, brauche ich einige Monate. Ich bin ein äußerst kritischer Mensch, der alles perfekt machen will. Vielleicht ist das auch ein Fehler, denn ich möchte immer noch weiter, noch höher, noch besser. Meine größte Sorge ist die Perfektion, weil ich weiß, dass man nie aufhört zu lernen, dass man alles viel besser machen kann als man es eben gemacht hat, dass man nie gut genug ist, denn ich möchte, dass alles, was gemacht werden muss, auch so gemacht wird, wie es am besten geht.

Ich bin der Meinung, dass man im Leben ständig versuchen sollte sich selbst zu übertreffen. Das Leben fordert einen immer wieder heraus und das ist gut so. Es besteht nicht nur aus schönen Dingen, sondern auch aus Problemen, aus Schwierigkeiten und Ärger, alles, damit man besser vorankommt. Wir sind auf der Welt, um voranzukommen und nicht um zurückzufallen. Wenn ich meine Vorträge halte, versuche ich immer bei der Wahrheit zu bleiben, denn das Leben hat mich gelehrt, dass man nur dann vorwärtskommt, wenn man sich bewusst ist, dass man niemals alles weiß oder kann. Was mich dazu gebracht hat, dass ich den Gleichaltrigen immer ein wenig voraus war, ist eben diese Art von Kontakt zu den anderen. Von meinen Kunden, von den Personen, die mich um Rat und Hilfe bitten, habe ich viel gelernt. Die Leute merken das gar nicht, aber sie sind es, die mich vieles für das Leben gelehrt haben, die mir vieles über das Leben beigebracht haben. Es ist unglaublich, aber auch die unscheinbarste Beratung, die vielleicht unbedeutendste, uninteressanteste Beratung, die ich mache, bringt mir etwas, sie lehrt mich auf jeden Fall etwas, das ich in meinem weiteren Leben nutzen oder sogar anwenden kann, sie ist oft eine wunderbare Quelle der Bereicherung.

Wenn man eine Person vor sich hat, ist es am wichtigsten ihr aufmerksam zuzuhören. Die Leute kommen zu mir, um von mir Hilfe zu erhalten und wenn ich ihnen interessiert zuhöre und ihr Anliegen verstehe, fühlen sie sich befreit und geben ihre Erfahrungen und eigenen Lebensweisheiten unbewusst an mich weiter. Es ist immer sehr wichtig, anderen zuzuhören und sie zu verstehen.

Meinen Konferenzen messe ich eine besondere Bedeutung zu und werde nie, aber auch nie im Leben aufhören, Vorträge zu halten. Bis jetzt habe ich noch keine negativen Erfahrungen damit gemacht, wahrscheinlich weil ich mich stets so verhalte, dass so etwas gar nicht möglich wird. Sogar wenn Menschen manchmal aufdringlich oder frech wurden, gelang es mir sie zu beruhigen und zu beschwichtigen. Ich möchte nicht nur Vorträge halten, sondern auch mein Wissen und mein Können an andere weitergeben, es aus diesem Land auch an andere Orte, in andere Kulturen dieser Welt bringen, damit nicht nur ich, sondern auch andere weiterkommen können.

Leute, die meine Vorträge besuchen, kommen oft von sehr weit, reisen oft einige hundert Kilometer an, nur um mich zwei Stunden lang sehen und hören zu können. Das schätze ich sehr. Es freut mich, dass ihnen die Art, wie ich meine Vorträge gestalte, gefällt und dass sie gern kommen.

Nach dem Erscheinen meines ersten Buches *L'analyse du rêve* und nach mehreren Vorträgen im Saal des *Palais des Congrès* in Lüttich erfuhr ich im Alter von etwa neunzehn bis zwanzig Jahren einen Höhenflug. Es war die Zeit meiner großen Erfolge, meines Vorankommens und Bekanntwerdens. Die Leute kamen von überall zu mir und langsam gelang es mir, auch Leute aus hohen sozialen Schichten als Kunden zu empfangen.

Öfter wurde ich von Berufskollegen angesprochen und eingeladen, mit ihnen auf Messen zusammenzuarbeiten. Bei solchen Messen versammeln sich manchmal siebzig bis achtzig Hellseher, Wahrsager, Kartenleser und Magier. Sie wollen mich dabeihaben, wollen mich sehen und mit mir sprechen. Anfangs war ich noch sehr naiv aber trotzdem immer sehr vorsichtig. Ich habe, wenn ich mich richtig daran erinnere, vier solche Messen besucht, bemerkte aber bald, dass ich damals der jüngste Hellseher in Belgien war, ich meine, der jüngste eingetragene Steuerzahler mit dem Beruf Hellseher.

Ich fühlte mich ein wenig unwohl inmitten so vieler Gleichgesinnter und die erste Messe hat mich sogar furchtbar enttäuscht. Da meine Kollegen mich immer wieder einluden und darauf bestanden, mich dabei zu haben, konnte ich oft nicht nein sagen. Nach der vierten Messe, die ich besuchte, wollte ich einfach nicht mehr, weil ich merkte, dass eigentlich nur das Geld im Vordergrund stand, dass die meisten Kollegen nur um an Geld zu gelangen, wahrsagen. Für so etwas habe ich leider kein Verständnis, da ich der Meinung bin, dass man eine derartige Beratung nur an einem ganz ruhigen Ort, allein mit dem Betreffenden und nicht in Anwesenheit vieler neugieriger, schaulustiger Personen machen kann, die sich ständig störend hin und her bewegen, sich manchmal sogar einmischen und alles mitbekommen, was doch nur für die zu beratende Person bestimmt ist. Aus den genannten Gründen habe ich das sehr schnell sein lassen, denn ich fühlte mich gar nicht wohl dabei und würde heute sogar sagen, dass ich mich ein wenig dafür schäme. Ich empfinde diese Art von Messen als etwas sehr Erniedrigendes, vor allem weil man in unserem Beruf sehr aufpassen muss, da es unter hundert Sehern vielleicht nur zwei oder drei gibt, die wirklich gewissenhaft, genau und korrekt arbeiten.

Ich arbeite, das ist wahr, in einem Beruf, in dem es viele Scharlatane gibt, das stimmt, aber man darf die Situation nicht verkennen. In allen Berufen gibt es Scharlatane, es gibt sie unter Ärzten, Handwerkern, Ingenieuren, Kaufleuten und überall dort, wo es Menschen gibt.

Wenn ich nicht mit anderen zusammenarbeiten möchte, ist es ganz sicher nicht aus Launenhaftigkeit oder Überheblichkeit, sondern nur weil ich denke, dass jeder seine eigene Arbeitsart oder Arbeitsmethode hat und ich es nicht mag, wenn sich jemand in meine Arbeit einmischt. Ich habe mit meiner Arbeit, so wie ich sie verrichte, gute Erfahrungen gemacht und bin sehr vorsichtig anderen gegenüber.

Man versucht mich immer wieder zu Konferenzen einzuladen, mich zur Mitarbeit oder Zusammenarbeit zu bewegen, ich lehne es aber stets ab. Meine wirkliche Absicht ist, mit Wissenschaftlern zu kooperieren, weil diese Leute einen kritischen, rationalen Verstand besitzen und weil sich die Wissenschaften und die Parapsychologie meiner Meinung nach, eigentlich sehr gut ergänzen.

Es ist wahr, dass ich heute mit Wissenschaftlern, ich meine vor allem mit Ärzten, zusammenarbeite und nicht mit Geistheilern, Hellsehern oder Medien.

Man darf nicht vergessen, dass vor etwa 300 Jahren Arzt und Heiler eins waren. Damals ging man nicht zum Arzt, sondern zum Geistheiler, zum Alchimisten oder Schamanen, die es verstanden zu helfen und weshalb sollte diese Beziehung heute nicht auch Bestand haben?

Wenn man der Parapsychologie eine Chance geben will, wenn man sie auf ihr höchstes Niveau erheben möchte, gelingt das nur mit Hilfe der Wissenschaften, die allein in der Lage sind, die Parapsychologie richtig zu bewerten. Ich möchte damit sagen, dass es für uns eine Pflicht, ein Muss, ja fast eine Mission ist, mit Wissenschaftlern zusammenzuarbeiten. Wenn man die Hypothese, also die Annahme, den Sinn oder die

These und die Schlussfolgerung in einer Sache nicht finden kann, ist es unmöglich voranzukommen.

Was ich den Hellsehern oft vorwerfe, ist, dass sie zu verschlossen sind, dass es ihnen nicht gelingt, die Türen, hinter denen sie gefangen sind, einzutreten und zu öffnen. Wir müssen unbedingt etwas tun, um die Parapsychologie voranzutreiben, um ihr den verdienten Wert zu geben. Wenn wir es nicht tun, wird es wahrscheinlich niemand mehr tun.

Hellseher sind zu sehr in sich gekehrt, verharren viel zu sehr in ihrem Mystizismus, haben oft Angst zu sprechen, was nicht richtig ist. Sie müssten, wie ich schon sagte, den Mut haben, Türen einzutreten, um sich bemerkbar zu machen. Das ist die einzige Bedingung, die einzige Art und Weise, die einzige Möglichkeit, diesen immer noch abwertend betrachteten Beruf auf einen gerechten Sockel zu stellen.

Was in der Zusammenarbeit mit den Wissenschaftlern ebenfalls wunderbar ist, ist die Tatsache, dass man verschiedene Meinungen vertreten und dadurch eigene Erfahrungen gegenseitig austauschen kann.

Meine ersten Erfahrungen mit Wissenschaftlern, seien es Ärzte, Biologen, Ingenieure oder Leute aus anderen wissenschaftlichen Bereichen, gehen auf die Zeit zwischen 1992 und 1994 zurück. Damals arbeitete ich oft mit diesen Leuten zusammen und verspürte einen furchtbaren Drang, so viel wie nur möglich von ihnen zu erfahren, so viel wie nur möglich über Mumifizieren, das heißt über das Austrocknen von Früchten, Fleisch, Fisch sowie viele andere Sachen, zu lernen.

Im Alter von etwa fünfzehn Jahren entdeckte ich eine starke Energie in meinen Händen. Ich lag im Bett, es war stockdunkel und plötzlich sah ich eine Art bläuliche Aura, eine wunderbare Energie aus meinen Händen austreten. Ich verstand, dass ich meine eigene Aura sehen konnte, dass aus meinen Händen eine wundersame Energie austritt. Das brachte mich auf den Gedanken Früchte zu mumifizieren, wie ich das nenne.

Bald darauf begann ich einen Apfel auszutrocknen. Ich mumifizierte nacheinander Äpfel, Orangen, Mandarinen, Zitronen. Mein Ziel bestand darin, die entsprechende Frucht nur mit der aus meinen Händen austretenden Energie so auszutrocknen, dass sie ihr Volumen behielt, aber nicht verschrumpelte oder in sich zusammenfiel. Ohne die Früchte direkt zu berühren, entzog ich ihnen das Wasser. Je nach Größe und Art der Frucht gelang es mir manchmal in einigen Stunden oder Tagen, bei schwierigeren Fällen in wenigen Wochen, die Frucht langsam so auszutrocknen, dass sie nicht mehr verfaulen konnte. Es gelang mir meine Kräfte so zu kanalisieren, dass die betreffende Frucht regelrecht mumifiziert wurde. Als ich das Ergebnis Wissenschaftlern zeigte, trauten sie ihren Augen nicht.

Sie verlangten nun von mir, es mit Früchten wie Erdbeeren, Kaki oder Tomaten zu versuchen, weil diese ein sehr weiches Fruchtfleisch haben, fast nur aus Wasser bestehen und in sehr kurzer Zeit verfaulen. Sie konnten sich einfach nicht vorstellen, dass ich so etwas schaffen könnte. Ich versuchte es zuerst mit einer Tomate und trocknete sie nur mit Hilfe der aus meinen Händen und Blicken austretenden Energie aus. Danach gelang es mir, eine Erdbeere zu mumifizieren und sogar eine Kaki.

Die von mir behandelten Früchte behielten ihre Form und Farbe, trockneten nur aus, hatten keinerlei Geruch und konnten weder verschimmeln noch verfaulen.

Als ich meine mumifizierten Früchte den interessierten Wissenschaftlern zeigte, wunderten sie sich sehr, konnten sich aber den Vorgang überhaupt nicht erklären, da außer der Energie meiner Hände, welche die Früchte während der Behandlung nie berührten und meiner Blicke, keinerlei andere Einwirkungen stattfanden. Sie meinten, ich sollte es nun mit tierischen Produkten versuchen.

Ich kaufte beim Metzger ein großes Stück frisches Rindfleisch und begann es zu mumifizieren. Da es mir gelungen war, stark Schimmel und Fäulnis anfällige Früchte zu mumifizieren, musste es mir doch auch gelingen ein Stück Fleisch derart auszutrocknen, dass es nicht mehr verwesen konnte. Ich ging an die Arbeit und richtete meine Energien auf das vor mir liegende Stück Fleisch. In einigen Tagen wurde aus einem großen frischen Stück Rindfleisch von etwa 500 g ein kleines ausgetrocknetes geruchloses hartes Etwas, dass nie mehr verwesen oder stinken konnte. Wenn ein Stück Fleisch auch nur einige Tage im Kühlschrank aufbewahrt wird, beginnt es zu kleben, zu stinken und zu verwesen.

Die Wissenschaftler kamen aus dem Staunen nicht heraus und konnten sich diese Vorgänge nicht erklären.

Ich hatte auch noch mit anderen Früchten wie Melonen, Birnen und sogar Bananen, mit Kiwi und Kirschen Erfolg.

Nun aber stellten mich die Wissenschaftler auf eine noch härtere Probe: Sie verlangten von mir, es mit einem nicht ausgenommenen Fisch und mit Innereien, die eine sehr geringe Haltbarkeit haben, zu versuchen.

Ich nahm die Herausforderung an und beschloss einen Hühnermagen zu mumifizieren.

Es war der Magen einer eben geschlachteten Henne und in einigen wenigen Stunden hielt ich ein ausgetrocknetes, geruchloses, hartes Ding in der Hand.

Dasselbe gelang mir auch mit einer frischen Garnele, die ich mir direkt von einem Fischhändler holte. Sie trocknete in wenigen Stunden vollständig aus, verlor ihre Farbe jedoch nicht. Garnelen stinken in wenigen Tagen, da sie sehr gering haltbar sind. Die von mir mumifizierte, konnte nun eine Ewigkeit aufbewahrt werden und veränderte sich dabei nicht.

Ein Wissenschaftler der Universität zu Lüttich und sein Assistent erwarteten mich zum Abendessen in einem exklusiven Restaurant in Huy. Als ich eintrat, fragten sie sofort: „Ist es Ihnen gelungen oder nicht?"

„Wie meinen Sie das?"

„Wir sind sicher, dass Sie es nicht geschafft haben, denn so etwas ist nicht möglich. So etwas hat keinen wissenschaftlichen Halt und keinerlei verständliche Erklärung."

Ich schmunzelte siegessicher.

„Ich habe eine Überraschung für Sie mitgebracht“ und holte meinen Fisch und meine Garnele heraus. Sie staunten nicht wenig, nahmen die mumifizierten Tierprodukte in die Hand, betasteten und betrachteten sie von allen Seiten, mit und ohne Brille und sogar mit einer Lupe.

„Das ist nicht möglich! Wie haben Sie das gemacht?“

Sie konnten nicht begreifen wie mir so etwas gelungen war und versuchten später sogar selbst, jedoch leider ohne jeden Erfolg, Früchte zu mumifizieren.

Kein Wissenschaftler konnte es verstehen oder erklären. Es war aber da, greifbar und wirklich.

(© Cristina Aldea)

Mumifiziertes Obst

Während des Abendessens griff ich, unbeobachtet von beiden, nach meinem trockenen steinharten mumifizierten Hühnermagen und legte ihn auf den Tisch. Augenblicke später fragte ich:

„Was ist das hier auf dem Tisch?“

Beide bemusterten das Stück, aber keiner wusste was es war. Auch der herbeigerufene Kellner, der erklären sollte, was dieses unbekannte Stück auf dem Tisch zu suchen hatte, war ratlos. Er meinte nur, dass sie so etwas in der Küche nicht hätten und er nicht wüsste, wie dieser komische Gegenstand auf den Tisch gekommen sei. Er beteuerte immer wieder, dass nicht er ihn serviert hätte und ich behauptete gesehen zu haben, dass der Kellner ihn auf den Tisch gelegt hatte.

Als ich spürte, dass der Spaß zu weit ging, dass der arme Kellner fast um seinen Arbeitsplatz fürchten musste, löste ich das Rätsel auf und erklärte den beiden Wissenschaftlern, dass es sich um einen mumifizierten Hühnermagen handele.

Der Herr, der mich und seinen Assistenten zum Abendessen eingeladen hatte, empfand mein Verhalten als Beleidigung. Er konnte es nicht verkraften, dass ich, ein so junger Mann, der sein Sohn sein konnte, ihn mit diesem Hühnermagen so grausam hinter das Licht geführt hatte. Ich glaube er war eher über sich selbst verärgert, weil er nicht erkennen konnte, dass es sich hierbei um einen mumifizierten Hühnermagen handelte.

Lange Zeit hörte ich nichts mehr von ihm. Als ich meinen ersten Vortrag über mumifizierte Sachen vorbereitete, lud ich ihn ein und ließ ihn sogar ins Programm eintragen in der Hoffnung, dass er seine Meinung, die eines Wissenschaftlers, über dieses Phänomen äußert. Ich war darauf gefasst, dass er mich sogar vor meinem Publikum zerfleischen würde. Es hätte mir aber nichts ausgemacht, weil ich in meinen Konferenzen jedem das Recht einräume, seine Meinung frei zu äußern. Es wäre doch sehr langweilig, wenn alle die gleiche Meinung hätten.

Das Publikum wartete ungeduldig auf ihn und war enttäuscht, dass er trotz zugeschickter Einladung nicht erschienen war. Auch ich war ihm böse. Er hätte doch wenigstens absagen können. Schade, dass ihm sein persönlicher Stolz wichtiger war als alles andere.

Sollte er aber dieses Buch trotzdem irgendwann lesen, möchte ich ihn an dieser Stelle herzlichst grüßen und ihm alles Gute wünschen. Ich würde mich freuen, wieder einmal von ihm zu hören.

Ich habe diese mumifizierten Gegenstände fotografiert, habe Dias davon gemacht, Hunderte von Personen haben sie bei meinen Konferenzen oder in meinem Büro gesehen und angefasst. Ich hatte sie in der Vitrine meiner Bibliothek und merkte erst viel zu spät, dass sie von Insekten befallen und zerfressen wurden. Es tat mir ausgesprochen leid und ich war sehr traurig, aber ich musste sie fortwerfen. Ein Glück, dass ich noch meine Dias davon habe.

Bald danach gelangte ich zu der Schlussfolgerung: Wenn ich die Fähigkeit besitze, mit meiner Energie Fleisch oder Früchte zu mumifizieren, könnte ich doch eigentlich auch in der Lage sein, mit dieser Methode bestimmte Krankheiten zu blockieren, zu behandeln oder sogar zu heilen.

Schon als Kind fühlte ich, dass ich heilen kann. Es stimmt, dass ich mehrere Heilungen durchgeführt habe. Nach etwa zwei Jahren beschloss ich aber damit aufzuhören, weil ich ja selbst nicht über eine sehr gute Gesundheit verfüge. Jedes Mal, wenn ich jemanden heilte, spürte ich, dass ich sehr viel Energie verliere und konnte so auf keinen Fall weitermachen. Mit meinen Behandlungen half ich vielen Leuten, sie spürten und sahen die Ergebnisse und das machte sie glücklich, aber ich büßte im Laufe der Zeit meine Energie ein. Wie waren die Leute enttäuscht, als sie erfuhren, dass ich keine Heilungen mehr mache!

Der Augenblick kam, in dem ich einen wichtigen Entschluss fassen musste, denn in der Parapsychologie kann man nicht alles, was zu dieser Wissenschaft gehört, machen, sonst läuft man Gefahr, nicht gut zu arbeiten. Ich gelangte zum Entschluss mich ausschließlich auf das Hellsehen, auf das Schreiben, auf meine Vorträge, meine Bücher, auf Rundfunk- und Fernsehsendungen zu konzentrieren und meine Tätigkeiten entsprechend darauf zu stützen.

Zu Beginn meiner übersinnlichen Tätigkeit interessierte ich mich für alles, was es auf diesem Gebiet gab. Manchmal kamen sogar viele verschiedene Interessensgebiete zusammen, wie zum Beispiel Numerologie, Psychokinese, Spiritismus, Astrologie, Magie und andere, denn ich wollte so schnell wie möglich alles wissen, alles auf einmal lernen und erfassen. Erst viel später verstand ich, dass ich einiges weglassen musste. Es war sehr schwer für mich, weil mich alles aus diesem Bereich unheimlich interessierte. Ich machte aus meinem Hobby, aus meiner großen Leidenschaft, meinen Beruf.

Das Pendel interessierte mich, die Kristallkugel interessierte mich, auch die Tarotkarten interessierten mich, jedoch alles, was ich mir auf diesem Gebiet mit größter Hingabe aneignete und was ich praktizierte, raubte mir im Laufe der Zeit sehr viel Energie. Im täglichen Leben können wir die Energie, die wir ständig verbrauchen, nicht sehen, ich konnte diese Energie jedoch wahrnehmen, sie spüren, förmlich sehen wie sie aus mir austrat. Ich schlief viel zu wenig, las und lernte viel zu viel, arbeitete fast ununterbrochen und war durch den hohen Energieverlust ständig müde, manchmal lustlos und für Krankheiten sehr anfällig.

Die Parapsychologie ist eine regelrechte Herausforderung. Sobald man sich in diesen geheimnisvollen Gefilden bewegt, in sie eindringt, auf diesem Weg schreitet, zu dem die meisten Menschen gar keinen Zugang finden, muss man auch entsprechend ausgestattet, entsprechend gerüstet sein und geleitet werden. Ich wurde nie geleitet, denn ich war immer allein und wollte so tief wie möglich in diese Bereiche eindringen, so schnell wie möglich alles wissen und erlernen.

Allmählich erwarb ich die für mich damals höchste Erfahrung und im Alter von nur achtzehn Jahren eröffnete ich mein Büro. Ich musste alles allein machen, weil ich niemanden hatte, der mir helfen konnte. Gern hätte ich mir damals bei jemandem Rat geholt. Es war aber niemand da. Selbstverständlich machte ich auch eine ganze Reihe Fehler, aber es gelang mir trotzdem immer wieder, mich selbst aufzufangen und zu kontrollieren, so dass ich stets ganz allein aus allem, wenngleich ich es nicht immer verstand, herauskam.

Wenn man das, was man tut, auch wirklich liebt und mit Leidenschaft tut, so wie ich es tat und auch heute noch tue, wenn man sich in einer Situation befindet, in der man vorankommen und viel wissen will, stellt das für mich den größten Reichtum, die größte Genugtuung dar, die ein Mensch irgendwann erreichen kann.

Wenn man im Leben nicht neugierig ist, wenn man sich nicht für alles interessiert, wie kann man sich dann bilden? Im Leben muss man immer, im positiven Sinne, neugierig sein, um die Sachen verstehen zu können, um weiterzukommen. Man sollte nicht vergessen, dass Wissen etwas ist, was man sich aneignen kann und einer, der ein bestimmtes Niveau erreichen will, muss sich viel Wissen aneignen. Das gilt für jeden Beruf. Wenn der Mensch jedoch nicht ausreichend Willen und Ausdauer besitzt, um sich Wissen anzueignen, wird er nicht weiterkommen.

Derjenige der Willen hat, wird es schaffen, derjenige, der Wissen hat, wird es schaffen, derjenige, der hinter die Dinge des Lebens blicken kann, wird es auch schaffen und eines Tages werden diese Menschen allen anderen voraus sein.

Eines Tages wird der Schüler seinen eigenen Lehrer überholen.

Ich habe mir ohne die Hilfe von irgendjemandem, ganz allein auf mich selbst gestellt, mein eigenes Reich geschaffen. Alles was ich gelernt habe, habe ich ganz allein gelernt. Ich hatte niemanden, der mir zur Seite stand oder mir half meine Fähigkeiten auszubauen.

Als ich bekannt gab, dass ich mir ein Büro einrichten möchte, rieten mir alle davon ab, keiner, aber auch kein einziger, war dafür. Sie versuchten mit allen nur erdenklichen Mitteln mich zu entmutigen. Ich habe es aber trotzdem gemacht.

Alle sagten damals, dass es niemals funktionieren würde, es hat funktioniert und läuft heute noch.

Ich wollte ein Buch schreiben, alle belächelten es und meinten, dass es niemals gut gehen würde. Ich habe sogar mehrere Bücher geschrieben und sie waren in kurzer Zeit ausverkauft.

Ich wollte Vorträge halten, auch hier sagten alle, dass es nicht funktionieren würde. Ich habe mehrere Vorträge gehalten und hatte Erfolg.

Als ich mein zweites Buch geschrieben habe, hörte ich wieder alle sagen:

„Gut, das erste ist verkauft worden, Du hattest Glück, aber das zweite wird niemand kaufen."

Und siehe da, es wurde gut verkauft.

Dann folgte ein drittes und ein viertes und so weiter…

Ich fühle genau, wenn etwas geht oder nicht und wenn ich fühle, dass es geht, dann lasse ich nicht davon ab und führe entschlossen durch, was ich mir vorgenommen habe.

Wie in jedem Beruf gibt es auch in meinem Leute, die neidisch, eifersüchtig und missgünstig sind. Ich halte mich grundsätzlich davon fern und schütze mein Privatleben so gut es geht. Heute spüre ich die negative Haltung der Leute mir gegenüber fast gar nicht mehr, ich bleibe unparteiisch und gleichgültig. Nur Leute, von denen ich spüre, dass sie mir gut gesinnt sind, dass sie mir mit positiven Gefühlen entgegentreten, lasse ich an mich heran. Mit solchen Leuten habe ich dann eine intensive und interessante Kommunikation, die für beide Seiten gewinnbringend ist.

Im Leben gibt es nicht nur das Gute oder nur das Böse. Die ganze Welt ist bivalent aufgebaut. Das heißt, es gibt immer beides zusammen.

In einer wunderbaren Welt mit nur positiven, netten, wohlgesinnten Menschen zu leben, ist gar nicht möglich und wäre auf Dauer auch uninteressant. In der Welt gibt es Gegensätze, damit wir auf die Probe gestellt werden und uns stets weiter entwickeln können. Gegensätze gibt es auch in der Parapsychologie. Ich bin stets bereit anderen zu helfen, damit sie sich wohl fühlen, sie an die Hand zu nehmen und ihnen den für sie richtigen Weg zu weisen, ihnen zu ermöglichen, die negativen, schlechten Ereignisse und Lebenserfahrungen, das Leid und den Kummer zu vergessen oder von sich zu weisen.

Ich hätte ja auch den anderen Weg einschlagen können: Die Leute zu betrügen, sie auszunehmen, ihnen Schlechtes, Negatives zu tun, also schwarze Magie anzuwenden. Das alles hat mir aber nie zugesagt, denn ich fühle nur dann eine besondere Genugtuung, mein Herz erfüllt sich nur dann mit großer Freude, wenn ich jemandem etwas Gutes getan habe, wenn ich jemandem helfen konnte.

In der Parapsychologie kann man leicht auf die schiefe Bahn gelangen, denn die negative Spirale dreht sich viel schneller und zieht einen auf die schlechte Seite, in die schwarze Tiefe. Jemand, der die Kraft und Stärke nicht besitzt, sich vom Schlechten, vom Negativen abzuwenden und Gutes, Positives zu tun, kann sehr schnell und sehr leicht ins Negative abrutschen. Die negative Seite ist die des Teufels, des Satans, der schlechten Geister, die alles tun, um uns in ihren Bann zu ziehen, denn ihre Aufgabe besteht darin, das Schlechte, das Negative mit Hilfe eines Mediums zu verbreiten. Ein Medium kann auf diese Weise unendlich viel Schlimmes anrichten, was von Marabouts und Zauberern bekannt ist. Wenn man in Satans Universum eintaucht, liefert er einem massenhaft Schlechtes, Negatives, Schlimmes.

Von Anfang an war ich auf der Seite des Guten und im Gegensatz zu einigen meiner Kollegen, werde ich nie auf die andere Seite wechseln, denn ich verspüre, wie ich schon sagte, eine unermessliche Genugtuung anderen zu helfen, anderen Gutes zu tun.

Wenn jemand zu mir kommt und sagt: „Herr Riolo, dank Ihnen konnte ich einen Unfall vermeiden, dank Ihnen bin ich wieder gesund geworden, dank Ihnen konnte ich wieder eine Arbeit finden, Sie waren der, der mir den richtigen Weg gezeigt hat, um mir zum Beispiel ein Haus zu kaufen, um auf falsche Freunde zu achten" oder „was Sie mir vorausgesagt haben, ist genau eingetroffen", dann ist das doch wunderbar.

Die Anerkennung, die Tatsache, dass die Leute in dieser Art bezeugen und bestätigen, dass ich übersinnliche Fähigkeiten auch wirklich besitze, ist für mich das Wunderbarste, das es gibt und bestärkt mich in meinem Glauben, dass ich Verschiedenes nicht nur für mich sondern auch für andere sehen und empfinden kann, also, dass ich diese sonderbaren Fähigkeiten, welche die meisten Menschen nicht besitzen, auch wirklich habe. Ich bin in diese Welt mit dieser Gabe hineingeboren worden, weil ich hier auf dieser Welt eine Mission erfüllen muss.

Es ist gut, dass nicht alle Menschen derartig ausgestattet sind, dass nicht alle Menschen diese Fähigkeiten besitzen, denn wenn alle Menschen hellsehen könnten, voraussagen könnten, anderen helfen könnten, wie würde unsere Welt dann aussehen?

Es gibt Leute, die nichts empfinden, es gibt Leute, die Intuition haben und solche, die eine Gabe, eine Fähigkeit besitzen. Es gibt sehr viele Leute mit Intuition, man sollte es aber auf keinen Fall mit einer Gabe, einer Fähigkeit, verwechseln. Ebenso gibt es Leute, die sehr oft und in vielen Lebenslagen etwas Übersinnliches empfinden, andere wieder nur unter ganz bestimmten Umständen oder äußerst selten.

Bei einem Hellseher funktioniert diese Fähigkeit ständig. Es gibt Momente, in denen sie sich stärker, ausgeprägter entfaltet und andere Momente, in denen sie ein wenig zurücktritt und im Hintergrund bleibt. Sie ist aber trotzdem ständig vorhanden.

Ich denke, dass eines der großen Probleme unseres Jahrhunderts darin besteht, dass das Hellsehen heute zu einem Phänomen geworden ist, das seit einigen Jahrzehnten, ich meine seit über fünfzig Jahren, modern ist und dass viele Leute glauben, übersinnliche Fähigkeiten zu besitzen und sich in der Lage sehen, diese auch anzuwenden und zu praktizieren. Diese Fähigkeiten werden aber von über uns stehenden astralen Wesen, von Energien, bestimmt und wenn man mit einer solchen Gabe geboren wird, ist es sicher nicht umsonst. Alles hat eine Bestimmung, einen klaren Zweck. Wenn man diese Gabe besitzt, kann man sie entweder für sich behalten und für sich selbst nutzen oder für andere einsetzen, die nicht über solche Fähigkeiten verfügen. Wer eine solche Gabe oder Fähigkeit geschenkt bekommen hat, sollte sie auf keinen Fall in sich bewahren, ja sogar verstecken, sondern sie für andere nutzen. Es lohnt sich immer anderen zu helfen.

Für mich persönlich ist es so, dass ich diese Gabe, diese Fähigkeit als eine Mission betrachte, die für andere eingesetzt werden muss. Das Hellsehen ist ein so wichtiger Bestandteil meines Lebens geworden, dass ich auch dann, wenn ich nur für kurze Zeit verreise, den ständigen Drang verspüre Leute zu beraten, ihnen zu helfen, ihnen beizustehen. Es ist eine Notwendigkeit, eine Kraft, die mich zu den Leuten hinzieht.

Deshalb nehme ich immer meine Tarotkarten, einige Bücher und sonstige Hilfsmittel auf Reisen mit, damit ich alles sofort bei der Hand habe, wenn es gebraucht wird. All dieses ist für mich zu einer lebenswichtigen Notwendigkeit geworden.

Pascals eigene Erlebnisse

Auch dieses Kapitel ist genauso niedergeschrieben worden, wie es von Pascal gelebt und erzählt wurde. Ich würde es nie wagen etwas von mir Erfundenes zu schreiben. So etwas würde meinem Ansehen äußerst schaden. Nun folgen Pascals eigene Erlebnisse, seine eigenen Worte:

Viele Leute meinen, dass es nicht gut sei, die Zukunft im Voraus zu kennen. Meiner Meinung nach ist es besser, wenn man weiß was auf einen zukommt, denn nur so kann man einiges verhindern und vermeiden, nur in Kenntnis der Zukunft, kann man in das eigene Schicksal eingreifen und den besseren Weg suchen. Wenn man ein zukünftiges Ereignis kennt, wird man versuchen den Ablauf dieses Ereignisses so zu verändern, wie es für einen selbst am besten ist. Es gibt Leute, die dank Hellsehen einen Unfall vermeiden oder eine Krankheit vorbeugen konnten, die vor hohen Geldverlusten oder Katastrophen jeder Art bewahrt werden konnten.

Das Hellsehen ist eine göttliche Gabe, die es den Leuten ermöglicht ihren Weg zu finden. Man darf keine Angst davor haben und muss sich mit den Tatsachen direkt konfrontieren. In der Welt gibt es Hellseher, damit alle anderen Menschen, die diese Fähigkeiten nicht besitzen, einen Nutzen davon tragen. Leute, die sagen, dass sie nicht an das Hellsehen glauben, beweisen damit nur, dass sie engstirnig und ängstlich sind, ja sogar unhöflich anderen gegenüber. Es geht nicht darum, ob es etwas Übersinnliches gibt oder nicht, es geht darum, sich damit auseinanderzusetzen, denn es sind hinreichend Ereignisse geschehen und Beweise erbracht worden, aus denen jeder schlussfolgern kann, dass es so etwas gibt. Die Leute finden beim Hellseher eine Lichtquelle für ihr Leben, die sie sonst nirgends finden können und warum sollten sie diese Hilfe nicht für sich in Anspruch nehmen? Es ist aller höchste Zeit endlich damit aufzuhören, diese Dinge von sich zu weisen, ja sogar zu verteufeln. Heute ist das Hellsehen nicht mehr wie in früheren

Zeiten, ein Teufelswerk, ein Tabu, es ist eine Hilfe, eine Wohltat für die Menschen. Ich weise ausdrücklich darauf hin, dass ich hiervon die Magie ausschließe. Warum sollten die Menschen nicht von unseren Fähigkeiten profitieren, diese zu ihren Gunsten nutzen? Der Mensch ist wie Thomas der Ungläubige, er glaubt nur das, was er auch sehen und fühlen kann, alles andere weist er ab oder verdammt es ins Reich der Fantasie.

Jede Woche mache ich die Erfahrung, dass Leute zu mir kommen und sobald sie mich sehen, schon behaupten, dass sie an all das nicht glauben, dass sie all dem sehr skeptisch gegenüberstehen. Etwas glauben sie schon, sonst würden sie nicht bei mir vor der Tür stehen. Oder ist es pure Neugier, die sie zu mir bringt, ja sogar die Absicht, mir beweisen zu wollen, dass ich mich irre und sie doch Recht haben, wenn sie meinen, dass alles Humbug ist? Sobald ich beginne ihnen einige Sachen aus ihrer Vergangenheit zu sagen, bemerke ich, wie sich ihr Gesichtsausdruck verändert, wie sie sich darüber wundern, wieso und woher ich so etwas weiß und wie ihre entschlossene Skepsis der Verwunderung weicht, wenn ich ihnen anschließend die Zukunft voraussage. Fast immer verlassen sie dann mein Haus verdutzt und verwundert, kommen aber garantiert in Monaten oder Jahren wieder, wenn sich meine Voraussagen, die sie während der Beratung sorgfältig notieren, erfüllt haben. Meine Absicht ist es überhaupt nicht, aus hartnäckigen Skeptikern überzeugte Gläubige zu machen. Jeder kann denken und glauben, was er will, es freut mich aber immer wieder, wenn es mir gelingt, den Leuten die Augen für etwas zu öffnen, das sie nicht direkt sehen oder betasten können, ihnen damit zu zeigen, dass es zwischen Himmel und Erde noch sehr viel mehr gibt, wovon wir viel zu wenig wissen.

Alles, was es in der Welt gibt, ob materiell, spirituell, natürlich oder übernatürlich, hat einen Sinn, einen Zweck und auch wenn wir vieles davon nicht mit eigenen Augen sehen oder mit unseren Händen berühren können, heißt es noch lange nicht, dass es nicht existieren muss.

Hellsehen existiert, es kann aber nur von einigen befähigten Leuten praktiziert werden, um den andern hilfreich unter die Arme zu greifen und alle, die nicht daran glauben oder nichts davon wissen wollen, sollten doch wenigstens ein wenig Anstand haben und höflich bleiben.

Ich bin sehr froh, dass sich meine Freundin Cristina für meine Arbeit interessiert und bereit war, meine Gedanken, meine Erlebnisse und Erfahrungen aufzuschreiben. Sie ist sehr skeptisch und wann immer sich eine Gelegenheit bietet, versucht sie mich auf die Probe zu stellen, denn als Mathematikerin hat sie einen sehr rationalen, wissenschaftlichen Verstand. Sie kennt meine Familie, viele meiner Freunde und auch einige meiner Kunden. Wir haben zusammen viel erlebt, haben mehrere interessante Reisen gemacht und viel gelacht.

Hier möchte ich nun einige Erlebnisse mit meinen Freunden und Kunden erzählen, an die ich mich noch gut erinnern kann.

Radio Contact

Eines Tages bat mich der Journalist Marc Gérardy von „Radio Contact" zusammen mit dem bekannten Moderator Alain Bronckart eine Sendung zu machen. Ich lernte Alain kennen, der sein „Contact Magazine" schon seit langem mit großem Erfolg im Rundfunk sendet und wir besprachen den Ablauf unserer zukünftigen gemeinsamen Sendung. Meine Aufgabe bestand darin, während der Sendung Anrufe von Zuhörern entgegenzunehmen und deren Fragen direkt über den Äther zu beantworten, also meine üblichen Beratungen an den Kunden über Rundfunk weiterzugeben. Alain sollte die Sendung moderieren.

Das Projekt gefiel mir, es interessierte mich vor allem, weil ich es für eine regelrechte Herausforderung hielt, Zuhörer zu beraten, ihnen zu helfen, ohne sie zu sehen. Außerdem betrachtete ich diese so erfolgreiche und bekannte Sendung, ehrlich gesagt, auch als eine Möglichkeit zur Erhöhung meines Bekanntheitsgrades. Man sollte nicht vergessen, dass ich damals kaum zwanzig Jahre alt war.

Ich ließ mir etwas einfallen, um meine Karten so schnell wie möglich legen zu können, weil ich ja vor dem Mikrophon keine Zeit hatte nachzudenken. Auch befürchtete ich Fehler in den Voraussagen zu machen, weil ich die Person am anderen Ende der Telefonleitung nicht sehen konnte. Ich begann fleißig zu üben und entwickelte eine schnelle einfache Technik, die es mir ermöglichte, prompte Antworten zu geben.

Anfang Juni 1995 saß ich zum ersten Mal vor dem Mikrophon und war auf Sendung.

Alain Bronckart glaubte nicht so recht an Übersinnliches, er war ziemlich skeptisch und betrachtete diese Themen eher mit gebührendem Abstand. Trotzdem hatte er Vertrauen zu mir, glaubte an mich und arbeitete mit großer Professionalität, wofür ich ihm heute noch sehr dankbar bin.

Unter mehreren tausend Anrufern wurden aufgrund des Zufallsprinzips einige wenige ausgesucht, die mir ihre Fragen stellen oder ihre Probleme schildern konnten.

Die erste Anruferin hieß Nadja und ich sagte ihr, dass sie eine große Enttäuschung in der Liebe hatte, was sie bejahte.

„Ihre Enttäuschung liegt aber einige Monate zurück und nun denken Sie an einen anderen Mann, der groß ist und schwarze Haare hat, der schon zwei Trennungen hinter sich hat, dem Sie sich aber mit Sicherheit in kurzer Zeit nähern werden.“

„Wieso wissen Sie das, wie machen Sie das?“

Alain Bronckart blieben die Worte weg.

Ich fuhr fort und sagte Nadja:

„Ich sehe aber auch etwas ganz anderes hier, dass Sie sehr beschäftigt.“

„Ja, ja, Sie haben Recht“... und Alain unterbrach uns mit der Bemerkung, dass man nur eine einzige Frage stellen dürfe, dass nur ein Problem pro Person behandelt werden könne, weil viele Zuhörer darauf warten auch an die Reihe zu kommen und riet Nadja eventuell zu einem späteren Zeitpunkt in der Redaktion anzurufen.

Nach mehreren Wochen gelang es Nadja erneut in die Sendung geschaltet zu werden. Ich erkannte sie sofort und erinnerte mich auch an ihr Problem. Alain ließ sie mir die Frage stellen, die sie in der ersten Sendung nicht mehr stellen durfte.

Ich spürte direkt wie froh sie darüber war und freute mich auch ihr nun endlich sagen zu können, was sie so gern wissen wollte.

Ich nahm meine Karten zur Hand und zog fünf Karten für sie, legte sie nebeneinander auf den Tisch vor mein Mikrophon und als ich sie nacheinander umdrehte, sagte ich Nadja:

„Ihr Bruder hat Schwierigkeiten, er ist blockiert, er befindet sich in einem Raum, aus dem er nicht hinauskann.“

Alain plagte die Neugierde und er fragte spontan:

„Was sehen Sie genau, sagen Sie alles was Sie sehen.“

„Was ich sehe, möchte ich hier nicht vor so vielen Zuhörern sagen, es könnte sein, dass es viel zu intim ist und auch die Fragestellerin nicht wünscht, dass alle mithören.“

Alain winkte ab, was heißen sollte, dass ich diese Anruferin nach der Sendung nochmals in der Leitung haben werde, selbstverständlich ohne Zuhörer.

Nach der Sendung sprach ich erneut mit Nadja, nannte ihr den Anfangsbuchstaben des Vornamens ihres Bruders und sagte ihr, dass ihr Bruder im Gefängnis sei.

„Oh, mein Gott, das ist ja furchtbar, wieso konnten Sie das wissen, Sie kennen uns ja gar nicht."

„Ihr Bruder sitzt im Gefängnis wegen einer Dummheit, die er aufgrund von falschen Freunden und einem schlechten Umgang begangen hat."

„Es stimmt, ein anderer hat ihn dazu verleitet und nun sitzt er im Gefängnis."

„Glauben Sie, dass er noch lange sitzen muss?"

„Es ist nicht sehr lange, aber anderthalb bis zwei Jahre mit Sicherheit."

Tage später erhielt ich einen Brief aus dem Gefängnis. Es war ein Dankschreiben.

Der Bruder saß noch knapp zwei Jahre im Gefängnis und Nadja ist heute eine meiner treuesten Kundinnen.

Wieder einmal befand ich mich mit Moderator Alain Bronckart im Studio auf Sendung. In unmittelbarer Nähe stand, wie so oft, unser Regisseur Patrick. Plötzlich fragte Alain ins Mikrophon:

„Was sehen Sie für Patrick, unseren Regisseur?"

„Ich sehe einen Unfall, den ich nicht genau beschreiben kann, ich sehe einen Schaden am Auto, aber nur einen Blechschaden."

Die im Studio Anwesenden verkniffen sich ein schadenfrohes Grinsen, weil es sich um ihren Vorgesetzten handelte.

Patrick selbst wollte es nicht recht glauben und dachte, dass ich mir während der Sendung einen Spaß erlaubt hätte.

Eine Woche später, auf den Tag genau – unsere Sendung lief jeden Dienstag – erschien Patrick mit trauriger Miene und erzählte uns, dass er gerade eben einen Verkehrsunfall hatte und dass, Gott sei Dank, nur Blechschaden entstanden sei.

Selbstverständlich musste ich es über den Äther weitergeben und den Zuhörern sagen, dass meine Voraussage eingetroffen war.

Nach etwa anderthalb Jahren beendete ich meine Tätigkeit bei „Radio Contact“ zum Leidwesen vieler Zuhörer.

Fabrikant Todarello

Was ich jetzt erzähle, stellt für mich ein Ereignis von besonderer Bedeutung dar.

Im Sommer 1999 rief mich der Journalist Jean Paul Dubois von RTBF (Rundfunk und Fernsehen im französischsprachigen Raum Belgiens) an und sagte mir, dass er mich sprechen müsste, weil er mich für eine am 22. Dezember 1999 auszustrahlende Sendung haben möchte. Ich zögerte anfangs ein wenig, weil ich skeptisch und vorsichtig bin und dann überredete er mich doch für einen Termin, an dem wir alles genau besprechen sollten.

Ein paar Tage später erschien Dubois mit einer ganzen Gruppe Mitarbeiter, um für eine Fernsehsendung über Wahrsagerei und Übersinnliches eine Reportage über mich zu drehen. Was die Fernsehleute aber am meisten interessierte, war eine ganz normale Beratung bei mir im Büro zu filmen, um nach Ausstrahlung der Sendung die Zuschauer zu einer Gesprächsrunde zu bewegen.

Wir besprachen die Einzelheiten, ich willigte ein und im September sollten die Dreharbeiten beginnen.

Es war das erste Mal, dass ich während der Beratung mein Büro für Fernsehaufnahmen öffnete und der Öffentlichkeit Einsicht in meine Arbeit gewährte. Nun musste sich noch ein Kunde von mir bereit erklären, seine intimsten Angelegenheiten der breiten Öffentlichkeit zugänglich zu machen. Ich zerbrach mir den Kopf wen ich einladen könnte, um ihn vor laufender Kamera zu beraten, ihm seine Fragen zu beantworten, ihm vielleicht sogar Sachen sagen zu müssen, die man nur ungern vor Publikum sagt. Wer würde das mit sich machen lassen?

Nach mehreren gescheiterten Versuchen gelang es mir einen Unternehmer dafür zu gewinnen. Herr Todarello, Inhaber der Firma Alto, eines Betriebs zur Herstellung von Kunststofftüren und –fenstern in Grâce Hollogne sagte freundlicherweise zu und akzeptierte eine Live-Beratung vor laufenden Kameras und gaffenden Leuten.

Anfang September erschienen die Fernsehleute erneut bei mir und verwandelten mein Büro sowie Teile meiner Wohnung in ein regelrechtes Fernsehstudio.

Herr Todarello saß in meinem Büro und ich begann die gewohnte Beratung, jedoch diesmal vor laufenden Kameras.

Ich sah in den Karten eine zukünftige erhebliche Vergrößerung seines Unternehmens und konnte verschiedene Pläne sehen, auf denen diese Erweiterung klar und deutlich dargestellt war. Ich sah viele Teile aus Glas, viel Glas, eine enorme Veranda mit riesigen Glasfenstern.

Der Unternehmer wunderte sich und ich noch viel mehr als er mir sagte, dass er die Zeichnungen für die geplante Vergrößerung seiner Fabrik gerade im Auto hätte und dass an dem zu errichtenden Gebäude ein riesiger Vorbau in der Art einer Glasveranda vorgesehen sei.

Ich weise darauf hin, dass wir vorher über sein Vorhaben überhaupt nicht gesprochen hatten und dass er schockiert, ja sogar völlig durcheinander war, als er meine Voraussage vernahm.

Er holte die Pläne aus dem Auto, die genauso aussahen, wie ich sie aus den Karten gesehen und beschrieben hatte.

Obwohl ich in Bezug auf das Gelingen meiner Beratung unter den gegebenen Umständen Bedenken hatte und glaubte, dass ich mich von grellen Scheinwerfern angestrahlt und vor laufenden Kameras nicht richtig konzentrieren könnte, ja sogar befürchtete, dass meine Voraussagen fehlerhaft sein könnten, gelang es mir trotzdem viel besser als ich dachte.

RTBF strahlte die Sendung am 22.12.1999 aus und wiederholte sie am 29.12.1999.

Die Erweiterung des Unternehmens begann im Jahr 2001 und war 2002 abgeschlossen.

Für die Geschichten, die ich jetzt erzählen möchte, würde ich die Überschrift *Lotto* wählen. Es war Ende 1991 oder Anfang 1992 als eines Tages mein Freund Andrea zu mir kam. Ich legte ihm die Karten und sah, dass eine radikale Veränderung in seinem Leben stattfinden wird, dass alles, was bis dahin zu seinem privaten und beruflichen Leben gehörte, nun eine vollkommen andere Wendung nehmen werde. Als ich ihm das mitteilte, sah er mich mit großen Augen an und verstand nicht so recht, was ich damit meinte.

„Dein Leben wird sich von nun an grundlegend verändern, denn ich sehe hier, dass sehr viel Geld auf dich zukommt."

Er lachte höhnisch und glaubte mir kein Wort.

„Du wirst viel Geld erhalten, das jedoch nicht aus deiner Arbeit, aus irgendeiner Versicherung, einer Erbschaft oder aus einer Erstattung vom Finanzamt herrührt, sondern das du von einem Glücksspiel bekommst."

Er lachte so sehr, dass ich auch lachen musste, obwohl ich genau wusste, dass ich Recht hatte. Er war fest davon überzeugt, dass ich ihm diese witzige Voraussage nur deshalb gemacht hätte, damit wir etwas zum Lachen haben.

Erst mehrere Monate später, im August 1992 kehrte Andrea eines Abends sehr spät von einer Hochzeitsfeier nach Hause zurück und hatte keine Lust mehr den wöchentlichen Lottoschein zu prüfen. Am nächsten Tag traute er seinen Augen nicht, als er bemerkte, dass seine Zahlen bei der *Lotterie Nationale* gezogen wurden. Er gewann über 17 Millionen BEF (etwa 450.000 Euro), ein Riesenbetrag, der sein gesamtes Leben umkrempelte.

Andrea ist ein einfacher Fabrikarbeiter, er hat sechs Kinder und hatte es nicht immer leicht im Leben, so dass dieser Geldsegen ihm sehr gelegen kam.

Auf seinem Schicksalsweg war der Lottogewinn schon vorbestimmt, ich musste ihn nur darauf hinweisen seinen Lottoschein regelmäßig auszufüllen und abzugeben, was er auch gewissenhaft tat.

Dieses Ereignis beeindruckte ihn so sehr, dass er bis heute keine einzige wichtige Entscheidung trifft, ohne sich vorher meinen Rat einzuholen.

Eine Kundin ließ sich wie immer von mir beraten und plötzlich sagte ich ihr, dass ich einen größeren Geldbetrag in Form eines Gewinns sehe.

Sie konnte mit dieser Voraussage nichts anfangen und sich auch nicht vorstellen, was sie zu bedeuten hatte. An einen Gewinn dachte sie schon gar nicht, weil sie noch nie im Leben an irgendeinem Glücksspiel teilgenommen hatte. Eines Tages jedoch kam sie durch Zufall auf den Gedanken ein Rubbellos zu kaufen und gewann damit 50.000 BEF (etwa 1.250 Euro).

Vor Glück strahlend stand sie kurz danach bei mir vor der Tür und überbrachte mir die freudige Nachricht. Ich wunderte mich nur, wieso sie so wenig gewonnen hatte, wo ich doch einen erheblich höheren Betrag spürte. Erst als wir das Kleingedruckte auf der Rückseite des Loses lasen, verstanden wir, dass zu diesem Gewinn auch die Teilnahme an einer Fernsehsendung gehörte, in der man an einem Glücksrad drehen musste und den angezeigten Betrag zusätzlich erhalten sollte.

Da sie bedürftig war, freute sie sich so sehr über den Gewinn, dass sie die Zusatzchance vollkommen übersah.

Ich überredete sie zum Fernsehen zu gehen und ihre Chance wahrzunehmen, was sie auch tat. Sie erschien am Bildschirm, drehte am Glücksrad und gewann weitere zwei oder drei Millionen belgische Franken.

Obwohl ich zu ihrem Gewinn mit nichts beigetragen habe, außer, dass ich ihr ihn angekündigt hatte, bestand sie darauf den mitgebrachten Sekt entgegenzunehmen, was mir ziemlich peinlich war.

Hunderte kommen zu mir in der Hoffnung, die Lottozahlen zu erfahren, die ich leider keinem geben kann, weil ich sie selbst nicht kenne. Diese beiden Kunden, die gewonnen haben, dachten jedoch überhaupt nicht an einen Gewinn. Ist das nicht komisch?

Ich habe noch nie bei einem Glücksspiel gewonnen und weiß auch, dass ich nie gewinnen werde. Bei einigen Leuten aber sehe ich die Chance für einen Gewinn im Lotto oder bei einem Glücksspiel, genauso wie ich einen Unfall, eine Krankheit oder ein freudiges Ereignis vorhersehe oder spüre. Ich mache sie dann darauf aufmerksam, damit sie sich auf das Ereignis konzentrieren und vorbereiten können. Es muss aber nicht immer ein Lottogewinn sein, es kann auch Geld sein, das aus anderen Quellen, wie zum Beispiel aus einer Erbschaft, einem Verkauf oder von anderswo, kommen kann.

Manche haben größere Chancen als andere und ich glaube, dass im Leben nichts zufällig passiert. Ich freue mich für jeden, der sein Leben auf irgendeine Art verbessern kann.

Um auf meinen Freund Andrea, den Glückspilz, zurückzukommen: Nach seinem Riesengewinn bat er mich jedes Mal um Rat, wenn er eine wichtige Entscheidung treffen musste. So auch an dem Tag, an dem er erneut zu mir kam und ich ihm voraussagte, dass er einen zweiten Gewinn machen werde.

Glaubte er mir zum ersten Mal schon nicht, machte er sich diesmal lustig über meine Voraussage. Doch auch jetzt hatte ich Recht: Er gewann ein zweites Mal, aber nur einige hunderttausend belgische Franken, nicht mehr so viel wie damals.

Erst vor kurzem legte ich ihm wieder die Karten und traute meinen Augen nicht. Ich sah einen erneuten beträchtlichen Gewinn auf ihn zukommen, der ebenfalls eintraf.

Ich glaube, dass meine hellseherischen Fähigkeiten dazu beitragen können, das Schicksal von Leuten zu ändern. Der Hellseher weiß, was in der Zukunft geschehen wird, was auf einen zukommen wird und ist in der Lage negative Ereignisse abzuschwächen oder sogar abzuwenden. Es gibt auch Situationen, in denen es nicht möglich ist, etwas zu verändern, also dem Leben eine andere Richtung zu geben. Ich glaube an das Schicksal. Jeder Mensch hat sein eigenes Schicksal. Der Hellseher kann es aber sehen, er kann es lesen und kann daraus gute oder schlechte Nachrichten übermitteln.

Im Dezember 1994 fuhr ich nach Italien zusammen mit meinem Freund Andrea, dessen Frau Santina und meiner Großmutter.

Es war schönes Wetter und ich war ganz allein zu Hause, weil alle wegen Weihnachtsbesorgungen im Dorf unterwegs waren. Ich hatte Langeweile und freute mich, als mein Onkel mit einem Freund plötzlich vor der Tür standen. Der Freund schlug mir vor, mit ihnen wegzufahren, weil sie mir etwas Besonderes zeigen wollten.

Es handelte sich um ein Haus in den Bergen.

Als sie mir das sagten, begann ich mich sehr unwohl zu fühlen, verspürte etwas Merkwürdiges, das ich gar nicht beschreiben kann und begann Schweißausbrüche zu kriegen. Ich fragte mich, weshalb ich solche Zustände hatte. Sie bemerkten das, sahen sich grinsend an und bestanden nun erst recht darauf, mich unbedingt hinzuführen.

Ich zog meine Jacke an und wir fuhren los.

Wir fuhren auf steilen Serpentinen in die Berge und je näher wir kamen, umso unruhiger wurde ich. Sie sahen mir an, dass mit mir etwas nicht stimmte und fragten mich, ob sie umkehren sollten, was ich trotzig verneinte. Ich musste dieses Haus sehen, es erreichen, ich fühlte mich davon regelrecht angezogen. Plötzlich erblickte ich hoch in den kahlen dunklen Bergen ein komisches Ding, das aus der Entfernung wie eine Hütte anmutete. Die gesamte Umgebung hatte etwas Besonderes, etwas Unheimliches, ja sogar Beängstigendes an sich, so dass man sich in einem Gruselfilm zu befinden glaubte. Mit abnehmender Entfernung wurde die Hütte immer größer und in unmittelbarer Nähe konnte man sehen, dass man es mit einem überaus merkwürdig gebauten Haus, mit einer kleineren Villa, zu tun hatte.

Keiner von uns hatte jemals ein so komisches Haus gesehen, das von jeder Seite betrachtet, eine vollkommen unterschiedliche Architektur aufwies. Ein Haus ohne Persönlichkeit, mit vielen Gesichtern, ohne Geometrie, ohne Ecken und Winkel, doch voller gerader und schiefer Fenster, Türmchen, Vorbauten und Dächer, Arkaden und Gitter, aber trotzdem ein Haus, eine kleine Villa, ja sogar fast ein merkwürdiges Schloss aus gelben Mauerziegeln, das vor nicht einmal so langer Zeit gebaut wurde. Ich stand davor und versuchte mir vorzustellen, was sich der Architekt oder der Hausbesitzer dabei gedacht hatten, als sie ein solches Gebilde 1974 in die Landschaft setzten, in die es überhaupt nicht hineinpasste. Wenn es von draußen so verschnörkelt aussah, wie sollte es innen aussehen? Hatte es überhaupt vernünftige Räume, hätte man darin überhaupt wohnen können? Wer hatte dafür eine Baugenehmigung erteilt?

Direkt vor dem Haus bemerkten wir, dass es sogar unbewohnt war. Es gehörte einem reichen älteren Herrn aus der Gegend, der es aus einer Laune heraus bauen ließ und nach Fertigstellung auf der Schwelle der Eingangstür tot umfiel. Obwohl er sich zeit seines Lebens bester Gesundheit erfreute, verstarb er unerwartet und keiner wusste woran. Seit fast dreißig Jahren steht es nun einsam und verlassen in der makabren Landschaft und wird von den Leuten gemieden, da diese darin Geister und Spukgestalten vermuten. Erstaunlicherweise ist es jedoch überaus gut erhalten, die dort herrschenden Wetterbedingungen scheinen ihm wenig anzuhaben.

Der Gedanke schoss mir durch den Kopf, so schnell wie möglich wegzufahren und an einem anderen Tag mit Fotoapparat und Aufnahmegerät zurückzukommen, um alles genauer und besser prüfen und dokumentieren zu können.

Wir fuhren ins Dorf zurück und mir ging es langsam besser. Zu Hause angekommen, beschlossen wir am nächsten Tag mit voller Ausrüstung erneut zu dem Haus zu fahren.

Gesagt, getan. Die Autokolonne mit Nonna, mit Tanten und Onkels, mit einigen Freunden und deren Ehefrauen, setzte sich in Bewegung in Richtung unseres bizarren Studienobjektes, das es zu erforschen galt.

Einige aus unserer Gruppe, die im nahegelegenen Dorf zu Hause sind, kennen das Haus seit es besteht und kennen auch die darüber verbreiteten Schauermärchen. Es heißt, dass man nach dem Tod des

Besitzers Elio di Zio versucht hatte, das verwunschene Haus zu verkaufen, es aber aus welchen Gründen auch immer, nie dazu gekommen war. Auch heute noch hängt über der Eingangstür ein großes Schild mit den Worten „Zu verkaufen" gefolgt von einer Telefonnummer, über die man Auskunft erhalten könne. Jeder Versuch diese Telefonnummer zu wählen scheiterte kläglich, weil sich niemand meldete.

Ich wollte das Haus unbedingt betreten, um mit eigenen Augen zu sehen, was eigentlich dort los ist. Alle anderen wollten sich so schnell wie möglich von diesem Ort entfernen und flehten mich an, mein Vorhaben umgehend aufzugeben, was ich schließlich auch tat.

Trotzdem ließ ich nicht locker und brach am nächsten Tag mit Nonna, deren Schwester Concetta, meinem Freund Andrea und dessen Ehefrau Santina erneut auf, um das Abenteuer voll auszukosten. Unser nagelneuer schwarzer VW Passat, in dem wir zusammengepfercht saßen, kroch die steilen Serpentinen empor und näherte sich unaufhaltsam dem Ziel. Wieder verspürte ich furchtbares Herzklopfen und wieder musste ich meine Begleiter anflehen mit mir zusammen das verwunschene Haus zu betreten.

Wir fassten Mut und schritten gemeinsam über die Schwelle der offenen Eingangstür. Aus dem Inneren drang ein komisches, dumpfes, fremdartiges Geräusch, gemischt mit Schreien und Jammern in unsere Ohren, manchmal vernahmen wir anhaltendes Klirren, als ob Scheiben zu Bruch gingen und zögerten weitere Schritte zu machen. Ich spürte die Anwesenheit von Geistern, von Wesenheiten, von Seelen Verstorbener, die überall herumspukten, ich spürte einen eiskalten Luftzug und eine Kraft, die uns förmlich aus dem Haus stieß.

Wir schritten durch verschiedene Räume, die an Katakomben erinnerten und versuchten so schnell wie möglich wieder ins Freie zu gelangen. Auf einem Sims sah ich einen gelben Mauerziegel, den ich unbemerkt unter meine Jacke schob in der Absicht ihn mitzunehmen, um ihn meinem Publikum zu zeigen, da ich in einem zukünftigen Vortrag über dieses komische Haus berichten wollte.

Jetzt, wo ich das erzähle, kommt mir die Gänsehaut.

Wir stiegen alle in unseren Passat und fuhren ab. Andrea saß am Steuer und konnte das ständig ausscherende Fahrzeug nicht mehr beherrschen. Allein ich kannte den Grund für dieses gefährliche Verhalten: Die das Haus bewohnenden Wesenheiten wollten auf keinen Fall, dass ich ihnen etwas wegnehme und verhinderten unsere Abreise auf ihre Art. Nun musste ich den Diebstahl beichten und Nonna schrie aus voller Kehle:

„Zurück, fahr sofort zurück, er muss den Mauerziegel zurückbringen!“

Andrea gehorchte, wendete und wir fuhren immer noch schlendernd zum verwunschenen Haus zurück, wo ich den schweren Stein auf eine kleine Mauer legte. Im selben Augenblick flog ein großer pechschwarzer Vogel kreischend von nirgendwo in die Lüfte und verschwand vor unseren Augen.

Wir gelangten schließlich ins Dorf. Danach konnte ich nicht schlafen und wurde in der Nacht mehrfach von einer unsichtbaren Hand berührt, Nonna hörte Schreie, Santina fiel einige Stufen hinunter und verletzte sich - Gott sei Dank - nur leicht, Andrea fühlte sich den ganzen Abend schlecht und musste sich am nächsten Tag mitten im winzigen Dorf von der Polizei dreimal kontrollieren lassen. Alles Ereignisse, die wir uns nicht anders erklären konnten, außer, dass wir ein wenig zu stark in die Welt der Geister eingedrungen waren.

Trotzdem beschlossen wir am nächsten Tag wieder hinzufahren, um dem dortigen Geheimnis auf die Spur zu kommen. Diesmal fuhren wir zu viert zum verwunschenen Haus, also Andrea, seine Frau Santina, Nonna und ich. Tante Concetta wollte auf keinen Fall wieder hinfahren und blieb zu Hause.

Wir liefen um das Haus herum und versuchten zu ergründen, was eigentlich da vor sich geht. Vor einem kleinen Fenster, das in einen dunkeln Raum führte, blieb Andrea stehen und sagte plötzlich:

„Pascal, schau mal, was da liegt.“

Auf der Fensterbank lag ein wunderschönes beigefarbenes steinernes Ei, das niemand von uns vorher bemerkt hatte, obwohl wir uns mehrmals unter diesem Fenster bewegten.

„Hast du es hingelegt?" fragte Andrea erstaunt.

„Du machst wohl einen Scherz mit mir."

Nonna und Santina befanden sich zu dem Zeitpunkt irgendwo hinter dem Haus und außer uns war kein anderer Mensch dort. Wir versuchten das Phänomen des Eis zu klären. Es gelang uns aber nicht.

„Andrea, bitte sag es niemandem, aber ich werde dieses Ei mitnehmen."

„Mach dir keine Sorgen, ich sage nichts."

Wir liefen noch einige Schritte hin und her und plötzlich rief mich Andrea, der sich im Hof befand, zu sich mit der Bemerkung:

„Schau dir das an, wie ist das hierhin gekommen?"

Mitten im Hof lag ein altes, schon sichtlich abgenutztes Buch mit sehr schmutzigen Blättern und dem Titel „Geheimnis des Reichtums", das wir sofort fotografierten und aufhoben, um es mitzunehmen.

Ich machte noch einige Fotos von dem Haus aus verschiedenen Entfernungen und Winkeln, um alles genau zu dokumentieren. Dafür verwendete ich meine ganz gewöhnliche Kamera und einen Film mit 24 Aufnahmen. Sehr bald hatte ich die ersten 18 Fotos im Kasten, stellte mich nun selbst vor das Haus und bat Andrea mich zu fotografieren. Andrea griff zu meinem Fotoapparat und als er versuchte ein Foto von mir zu machen, funktionierte es nicht.

„Du hast den Film restlos verknipst", sagte er spöttisch, um mir zu zeigen, dass ich mich mit Fotografieren nicht auskenne.

„Das kann doch nicht sein, der Film hat 24 Aufnahmen!" raunzte ich ihn an und dachte, dass ich mich vielleicht beim Kauf des Films geirrt hätte.

Etwas enttäuscht und traurig darüber, dass ich keine weiteren Fotos machen konnte, nahm ich ihm den Fotoapparat aus der Hand und steckte ihn in die mitgebrachte Tasche.

Wir fuhren zurück ins Dorf mit kostbarem Gepäck in Form eines steinernen Eis und eines alten scheinbar vollkommen unbrauchbaren Buches.

Ich lief sofort zum Fotografen, um Abzüge von meinen Fotos in Auftrag zu geben und als ich zum vereinbarten Termin im Laden stand, um sie abzuholen, entschuldigte sich der Fotograf höflich und erklärte mir, dass er mit dem Labor Schwierigkeiten hatte und die Fotos deshalb noch nicht fertig seien. Am nächsten Tag konnte er mir meine Fotos immer noch nicht aushändigen, weil mein Film angeblich nicht auffindbar war. Mir gefiel das überhaupt nicht, weil ich eigentlich nicht wieder zum Geisterhaus aufbrechen wollte. Dreimal hatten wir einen Termin für das Abholen der Fotos und dreimal kam ich umsonst, weil man den Film nicht finden konnte. Mir platzte der Kragen.

Einige Tage später bat ich Andrea mich zum Fotografen zu begleiten, um nach meinen Fotos zu sehen. Wir gingen gemeinsam hin und staunten nicht schlecht als uns der Fotograf einen Umschlag mit unseren Fotos vor die Nase hielt und sagte:

„Wenn ich gewusst hätte, was Sie da fotografiert haben, hätte ich Ihnen die Bilder nicht entwickelt."

Wir bohrten nach und wollten wissen, was er damit meinte, er ließ sich jedoch auf ein derartiges Gespräch nicht ein und gab uns anstandsvoll zu verstehen, dass es an der Zeit sei seinen Laden zu verlassen, was wir auch umgehend gehorsam taten.

Zu Hause angekommen, konnten wir es kaum erwarten uns die Fotos anzusehen und sie natürlich auch allen anderen zu zeigen. Als ich den Umschlag öffnete, verschlug es mir die Sprache: Darin waren 27 Fotos! Es war absolut nicht möglich neun Fotos mehr zu haben als ich eigentlich gemacht hatte. Auch wenn der Film 24 Aufnahmen gehabt hätte, wären vielleicht höchstens 26 Fotos herausgekommen aber keinesfalls 27. Niemand konnte sich diese neun zusätzlichen Fotos erklären und das Mysterium wurde noch größer, als wir bemerkten, dass auf den Fotos Motive waren, die wir nicht fotografiert hatten, ja nicht einmal fotografieren konnten. Diese besagten neun zusätzlichen Fotos zeigten das Haus aus verschiedenen Blickwinkeln und Entfernungen, aus verschiedenen Perspektiven und Positionen, die wir nie eingenommen hatten, ja sogar so, als ob es aus der Luft fotografiert wurde.

In Lüttich zeigte ich die Fotos mehreren Fachleuten und Architekten, die alle nicht verstanden, wie dieses Haus eigentlich gebaut war. Abgesehen davon, dass der Bau keinerlei Architekturstil hat, keinerlei Logik folgt, geschieht etwas sehr Merkwürdiges: Wenn man zum Beispiel das Foto eines Teils des Hauses ansieht, kann man eine bestimmte Anzahl von Türen, Fenstern, kleinen Vorbauten, Türmchen oder Dächern erkennen. Derselbe Teil des Hauses einige Meter weiter oder versetzt aufgenommen, zeigt eine unterschiedliche Anzahl der genannten Elemente, so dass man mit bestem Willen nicht begreifen kann, wie dieses verwunschene Haus in Wirklichkeit aussieht. Mit anderen Worten, es sieht auf jedem Bild anders aus.

Das steinerne Ei, von dem niemand etwas wusste, legte ich zu Hause in Belgien an einen von mir hierfür bestimmten Platz. Jedes Mal, wenn ich es mir ansehen wollte, fand ich es an einer anderen Stelle. Es wechselte ständig seinen Platz und ich musste es stets an den unmöglichsten Stellen meines Zimmers suchen. Erst nach sehr langer Zeit beruhigte es sich endlich und blieb dort, wo ich es hinstellte. Trotzdem bleibt dieses Phänomen des wandernden Eis für mich unerklärlich und geheimnisvoll.

Mit dem zweiten mitgenommenen Gegenstand, also dem alten Buch, das im Hof lag, geschah ebenfalls etwas Mysteriöses. Ich hatte das offene Buch im Hof des verwunschenen Hauses fotografiert und bemerkt, dass es einige an Blut erinnernde Flecken hatte. Tage später kam mir der Gedanke das Buch aus dem Koffer, in den ich es für die Reise nach Belgien gelegt hatte, herauszuholen, um ein wenig darin zu schmökern, in der Hoffnung den Geheimnissen des Reichtums auf die Schliche zu kommen. Ich blätterte neugierig die vergilbten schmutzigen Blätter um und wunderte mich, dass die Blutflecken fast nicht mehr zu sehen waren und dass an deren Stelle nun gräuliche, wie Schimmel aussehende Flecken traten, die sich von der Mitte des aufgeschlagenen Buches über die Seiten nach außen hin abschwächten. Beim genaueren Betrachten erkannte ich in den Flecken das Gesicht Jesus. Eigene Fantasie oder vielleicht doch ein göttliches Zeichen?

Manche interpretierten diese Flecken sogar als das Gesicht des Teufels.

Dieses verwunschene geheimnisvolle Haus und alles, was uns im Zusammenhang damit passiert war, hinterließen mächtig Spuren in mir, so dass ich es kaum erwarten konnte, einige meiner Freunde um mich zu versammeln und ihnen darüber zu berichten.

Der Abend kam und meine Freunde saßen dicht aneinander im Wohnzimmer in Erwartung die unheimliche Geschichte über das verwunschene Haus zu hören. Ich trug Fotos und alle mit dem Haus in Verbindung stehenden Gegenstände zusammen und begann unter den erwartungsvollen, neugierigen und gleichzeitig ängstlichen Blicken der Anwesenden zu erzählen, als es im Zimmer plötzlich dunkel wurde und es keinem gelang, den Stromausfall zu beheben. Damit war unser Abend gelaufen, meine Freunde gingen nach Hause und ich musste einen Elektriker holen.

Im Jahr 1998, also vier Jahre später, fuhr ich erneut nach Italien und auch zu dem verwunschenen Haus. Es stand immer noch unbewohnt, verlassen und vergessen in der Landschaft, sah aber ganz anders aus als damals, als ich es zum ersten Mal sah, so dass ich es kaum wiedererkannte. Der Zahn der Zeit hatte an den Mauern genagt und das Haus wurde baufällig, fast eine Ruine.

Es war im März 2001. Eines Tages erschien bei mir eine Familie aus Südfrankreich, aus der Nähe von Carcassonne, also von sehr weit. Ich legte die Karten und sagte:

„Ich sehe, dass Sie ein Umzug beschäftigt. Ich sehe ein schönes ziemlich großes Haus in einer sehr ruhigen Lage von mehreren Bäumen umgeben. Das ist Ihr Traum, aber ich sehe dort Sachen, die nicht in Ordnung sind."

Die Dame sah mich verwundert an und sagte:

„Monsieur, Sie lesen wie in einem offenen Buch, machen Sie bitte weiter, denn Sie werden sicher auf das stoßen, was mich interessiert."

„Ich sehe ein weißes Haus mit sehr großen Fenstern, ich sehe es aber so, als ob es aus zwei Teilen besteht, so als ob es geteilt sei."

Das Haus ist in L-Form gebaut und hat zwischen den beiden Teilen einen Durchgang.

„Madame, ich sehe, dass Sie in Ihrem Traumhaus nicht sehr glücklich sind, sie sind nervös, gestresst, sie schlafen schlecht und essen wenig."

„Das ist es ja, das Haus hat uns über 1,5 Millionen Francs (etwa 500.000 Euro) gekostet und nun haben wir Probleme damit. Ich bitte Sie, Monsieur Riolo, helfen Sie uns, denn wir sind von so weit zu Ihnen gekommen, weil wir glauben, dass nur Sie uns helfen können."

„Madame, das Problem liegt am Haus selbst. Es sind aber nicht die Möbel, auch nicht die Wände des Hauses, ich sehe ein Problem im untersten Geschoss, also im Keller. Ist es möglich, dass der Keller aus drei abgeteilten Bereichen besteht?"

Der Sohn zuckte zusammen:

„Holàlà, wie machen Sie das? Wieso können Sie wissen, wie unser Haus aussieht? Ich wollte meine Mutter sogar abhalten hierher zu kommen, weil ich diese lange Reise zu Ihnen als pure Verrücktheit angesehen habe. Ich bin sehr beeindruckt von Ihnen, Monsieur."

Die Dame griff ein und fragte:

„Was ist im Keller?"

„Ein Problem."

„Vielleicht eine Wasserader, elektrische Leitungen oder steht das Haus auf einem ehemaligen Friedhof?"

„Nein, Madame, nichts dergleichen. Ich sehe eine große Schachtel von etwa 30x50 cm, die etwas enthält. Sie sieht aus wie ein großer Schuhkarton oder so."

„Sind Sie sicher?"

„Ganz sicher. In der besagten Schachtel befindet sich etwas, das sehr negative Schwingungen auf Pflanzen und Tiere und auf alle im Haus lebenden Personen sendet."

„Sie haben sicher Recht, denn unsere Haustiere verhalten sich komisch, sie sind unruhig und nervös, unsere Vögel sind im Käfig gestorben, unsere Pflanzen sind eingegangen. Wo nur sollen wir suchen?"

„Ich kann Ihnen das nicht genau sagen, aber ich sehe eine Zahl und dort, wo Sie eine Zahl sehen, dort müssen Sie graben."

Die Familie fuhr nach Hause und rief mich an, um mir mitzuteilen, dass sie sofort nach ihrer Ankunft alle in den Keller gegangen seien, um die Zahl zu suchen, von der ich sprach. Über einer der drei Türen zu den drei Kellerbereichen stand tatsächlich eine kaum lesbare Zahl: VI.

In diesem Bereich des Kellers war der Fußboden nicht gefliest, er bestand aus abgetretener Erde, also war das Graben leichter möglich.

Die Familie machte sich an die Arbeit und grub fleißig nach der von mir beschriebenen Schachtel. Sie hatten schon über drei Viertel des Bodens umgegraben, überall Löcher in den Boden gemacht, aber immer noch nichts gefunden und schon fast die Hoffnung aufgegeben. Als beinahe der gesamte Boden aufgewühlt war, stießen sie plötzlich auf etwas Hartes. Sie dachten es sei ein Mauerziegel oder ein Stück Zement.

Eine Stunde später war die Schachtel vollständig ausgegraben. Sie sah aus wie ein großer Schuhkarton und war aus Metall und Holz gefertigt.

Schweißgebadet und in furchtbarer Angst liefen sie zum Telefon, um mir mitzuteilen, was sie gefunden hatten, trauten sich aber nicht die Schachtel zu öffnen.

„Sie haben keine andere Lösung als die Schachtel zu öffnen", sagte ich.

„Was könnte darin sein?"

Ich konzentrierte mich auf den Inhalt, legte meine Tarotkarten und fand heraus, dass sich darin ein Brett befand, das mit dicken langen mit der Spitze nach oben zeigenden Nägeln bestückt war und sehr negative Schwingungen abgab. Ich sah außerdem auch ein Foto und es schien, als ob die Nägel gegen die Person auf dem Foto gerichtet waren: Eindeutig eine Handlung aus dem Bereich der schwarzen Magie!

Als sie das hörten gerieten sie in Panik und riefen noch weitere Personen zu Hilfe, um die Schachtel nicht allein aus dem Keller tragen zu müssen.

Zu sechst fassten sie Mut und stiegen in den Keller, um das verwunschene Objekt nach oben zu befördern. Sie mussten die Schachtel leider mit einem Werkzeug mit Gewalt öffnen, weil man nicht sehen konnte wie sie verschlossen war.

Als sie die Schachtel geöffnet hatten, fanden sie darin ein schon reichlich vermodertes Brett, in dem sechs lange Nägel steckten und nicht ein Foto, wie ich es vermutete, sondern die Zeichnung einer Person, der diese Magie galt.

Ich riet ihnen an die Stelle im Keller, wo das Corpus delicti lag, Salz zu streuen, die Schachtel sofort so weit wie möglich vom Haus zu bringen und sie irgendwo dort, wo Wasser war, fortzuwerfen.

Sie taten alles genau so, wie ich es ihnen riet und seither leben sie in ihrem Traumhaus ganz normal, sind nicht mehr nervös, schlafen und essen normal und auch ihren Haustieren und Pflanzen geht es wieder gut.

Nichts geschieht zufällig und was mich bei diesem Fall irritiert, ist, dass über der Tür „VI" stand, dass in dem vermoderten Brett genau sechs Nägel steckten und dass die Leute, ohne es zu wissen, zu sechst die Schachtel aus dem Keller trugen. Dreimal die Sechs, also 666: Die Zahl des Teufels!

Seit diesem Ereignis bin ich im gesamten Ort dieser Familie bei Carcassonne bekannt. Viele Dorfbewohner möchten mich sehen und um Rat bitten.

Irgendwann werde ich ihnen vielleicht den Wunsch erfüllen.

Die verwunschene Puppe

Eines Tages rief mich meine Freundin und Kollegin, die Hellseherin Maggie, an und sagte mir, dass sie einen Fall kenne, den ich ihr zu klären helfen könnte. Sie erzählte mir, dass es sich dabei um eine ganz normale gutbürgerliche junge Familie handele, die eine achtjährige Tochter hätte und dass dieses Kind große Probleme habe. Die Kleine hatte ständig Angstzustände und wollte sich um nichts in der Welt in ihrem Zimmer aufhalten und schon gar nicht darin schlafen.

Die Eltern konnten sich das Verhalten ihrer Tochter nicht erklären und versuchten alles, um diesem Zustand ein Ende zu bereiten. Es muss aber gesagt werden, dass beide Eltern überzeugte Atheisten sind und von paranormalen, also übersinnlichen und unerklärlichen Dingen, überhaupt nichts halten.

Ich überlegte und beschloss, mich der Herausforderung zu stellen, jedoch nur unter der Bedingung, dass die Kleine nicht zu Hause sei.

Gesagt, getan. Eines Tages als sich das kleine Mädchen in der Schule befand, fuhr Maggie mit mir zu der besagten Familie. Ich wusste gar nichts über das Haus, kannte nicht einmal die Anschrift, als wir aber in die betreffende Straße einbogen, zeigte ich Maggie sofort wohin wir gehen mussten.

„Das ist das Haus", sagte ich Maggie und zeigte mit dem Finger auf ein Haus in dieser Straße.

Sie wunderte sich sehr: „Das ist es, genau das, aber woher weißt du es?"

Ein bestimmtes rötlich angestrichenes Haus in dieser Straße strahlte enorme Energien aus und ich sah es von einer besonders starken Aura umgeben. Es konnte nur das sein.

Je mehr wir uns dem besagten Haus näherten, umso stärker verspürte ich innere Unruhe, Nervosität und sogar eine Art Müdigkeit, Schlappheit. Ich fühlte mich unwohl und spürte eine komische unbeschreibliche Kraft, die mir sehr unangenehm war.

Maggie klingelte und nachdem man uns die Tür öffnete, traten wir ein.

„Guten Tag, ich bringe euch hier Herrn Riolo."

„Guten Tag, Monsieur, wir haben schon viel von Ihnen gehört. Es ist uns eine besondere Ehre, dass Sie die Güte hatten sich hierher zu begeben. Hoffentlich finden wir gemeinsam eine Lösung, damit unsere Tochter wieder ihr Zimmer betritt."

Das junge Paar machte einen netten sympathischen Eindruck und ich spürte, dass beide skeptisch aber sehr anstandsvoll und korrekt sind.

Wir nahmen im Wohnzimmer Platz und als ich mich auf den Stuhl setzte, sagte ich plötzlich:

„Das Kinderzimmer ist hier genau über uns, genau über meinem Kopf."

Der überaus skeptische Hausherr erbleichte und seine Stimme zitterte, als er meine Frage bejahte.

Ich erklärte den Anwesenden, dass ich schon auf der Straße etwas Merkwürdiges gespürt hatte, was jetzt, seitdem ich eingetreten war, noch viel stärker auf mich wirkte.

Wir beschlossen ans Werk zu gehen und ich machte alle darauf aufmerksam, dass Dinge passieren könnten, die Angst machen. Das junge Ehepaar sah sich mit fragenden, aber auch neugierigen Blicken an. Wir stiegen die Treppe hoch und gingen auf das Kinderzimmer zu. Je näher ich kam, umso mehr wurde mir unwohl. Ich kann diesen furchtbaren Zustand gar nicht beschreiben, es war auf jeden Fall etwas sehr Unangenehmes.

Keiner wollte als erster das Kinderzimmer betreten und Maggie meinte, dass es besser sei, wenn ich es täte, damit ich die Energien besser aufnehmen könnte. Ich trat in das sehr kleine Zimmer des Mädchens und wurde von einem furchtbar starken Luftzug umgeben. Sehr kalte Luft wechselte sich mit warmer Luft ab, obwohl kein Fenster offenstand und es eigentlich keinen Durchzug geben konnte.

Im Zimmer befanden sich sehr wenig Sachen: Das Bett des Kindes, ein kleiner Schreibtisch, ein Schrank und einige Stofftiere. Auf einem aus Weidenruten geflochtenen Sessel saß eine etwa 50 - 60 cm große, sehr alte Puppe, die wie eine lebende Person aussah. Sie bestand, wenn ich mich nicht irre, aus Holz, das Gesicht war aus einer gummiartigen Substanz gegossen.

Ich begann einige Gebete zu sagen, mein Pendel schwingen zu lassen, Räucherstäbchen anzuzünden und meine Gedanken darauf zu konzentrieren, um herauszufinden was in diesem Zimmer nicht in Ordnung war.

Die komische Puppe sah mich mit ihren großen Augen an und ich hatte das Gefühl, dass etwas mit ihr passieren würde. Ich starrte sie an und sah, dass sie mir zuzwinkerte. Ich traute meinen Augen nicht und versuchte mich selbst zu überzeugen, dass ich aus Übermüdung etwas gesehen hatte, was gar nicht sein konnte. Oder war es vielleicht nur meine Fantasie, die mir einen Streich gespielt hatte? Ich bemühte mich die Beherrschung zu behalten und mir nichts anmerken zu lassen, um den anderen Anwesenden keinen Schrecken einzujagen.

Maggie erzählte mir später, dass sie das Zwinkern der Puppe auch gesehen hatte, wollte aber aus den gleichen Gründen auch nichts sagen.

Wieder verspürte ich etwas, was mir zu verstehen gab, dass erneut etwas passieren würde. Um die Anwesenden nicht zu verschrecken, bat ich sie das Zimmer zu verlassen. Die Eheleute sahen sich verwundert an, bewegten sich aber nicht von der Stelle. Plötzlich verzerrte sich das Gesicht dieser komischen Puppe, sie stellte sich auf und blieb starr aufgerichtet mit den Füssen am Sesselrand stehen.

Maggie schrie hysterisch auf und rannte davon, die Frau des Hauses wurde kreidebleich, konnte sich nicht mehr bewegen und kein Wort herausbringen, während der skeptische Hausherr ohnmächtig zu Boden sank. Mit etwas Mühe gelang es mir alle zu beruhigen. Ich war der einzige, der noch aufrecht stand.

Nun wusste ich genau, weshalb sich das kleine Mädchen weigerte ihr Zimmer zu betreten. Alles lag an der verteufelten Puppe, in der ein negativer Geist wohnte und deshalb musste sie, so schnell wie möglich, beseitigt werden.

Der Hausherr hatte den Mut die Puppe auf den Rasen hinter das Haus zu tragen und wir folgten ihm. Wir wickelten die Puppe in mehrere Zeitungen und zündeten sie an. Die Zeitungen brannten aber die Puppe blieb unversehrt. Nicht einmal ihr Kleid wollte brennen. Wir versuchten es mehrmals, konnten aber gegen das Schlechte, das in ihr saß, nicht angehen. Nun bat ich den Hausherrn mir einige meiner Räucherstäbchen zu holen und konzentrierte mich erneut auf das Negative in der Puppe, während die anderen immer wieder versuchten die Puppe anzuzünden. Plötzlich hatten wir Erfolg. Die Puppe begann zu brennen und während die Flammen um sie herum loderten, erhoben sich ihre Hände zum Gesicht und wir sahen wie aus ihren Fingern lange Nägel austraten, mit denen sie ihr ganzes Gesicht zerkratzte. Nach kurzer Zeit war alles abgebrannt, außer ihrer kleinen Schuhe, die wir im Garten vergruben.

Vor dem Fortgehen bat ich die verängstigten, erschrockenen, in Panik geratenen Leute, sich gegenüber ihrer Tochter nichts anmerken zu lassen und erklärte ihnen, dass nun alles in Ordnung sei.

Ich wollte sofort nach Hause, um mich auszuruhen, denn dieses Ereignis hatte mir wegen der großen Anstrengung nicht nur die Kräfte geraubt, sondern mich auch um einige Pfunde erleichtert.

Einige Tage später rief die Mutter der Kleinen an und berichtete mit Freude, dass das Kind an diesem Tag aus der Schule direkt ins Kinderzimmer gelaufen sei. Obwohl es dort noch nach Räucherstäbchen roch und die Puppe nicht mehr auf ihrem alten Platz saß, bemerkte die Kleine wahrscheinlich nichts. Seither hält sie sich gern in ihrem Zimmer auf und wenn es Abend wird, versucht sie nicht mehr nach Ausreden zu suchen, um nicht in ihrem Bett schlafen zu müssen.

In der Zwischenzeit ist das Kind herangewachsen und hat sich ganz normal entwickelt.

Maggie, die Hellseherin

Dieses ist die Geschichte von Maggie, meiner Kollegin, meiner guten Freundin, eine nette fröhliche, ständig zu Späßen aufgelegte Hellseherin mittleren Alters. Sie berät vorwiegend Freunde und Bekannte.

Jeder Besuch von Maggie bereitet mir große Freude, da wir immer viel erzählen und lachen.

Im Sommer 2000 erschien Maggie wieder einmal bei mir und fragte:

„Pascalino, was siehst du heute für mich?“

„Wart ab!“

Ich legte für sie dreizehn Tarotkarten auf den Tisch und sah eine fatale Krankheit.

„Maggie, ich sehe etwas Unangenehmes für dich.“

Sie grinste und spottete und nahm mich überhaupt nicht ernst.

„Du sollst aufpassen, du hast Probleme mit dem Herzen.“

„Mit dem Herzen, das kann doch nicht sein, ich bin gesund und munter und war noch nie krank“, erwiderte sie noch spöttischer.

„Maggie, ich mache keinen Spaß, bitte geh zu einem Arzt und lass dich untersuchen.“

„Pascalino, wenn du meinst, werde ich es tun.“

Anfang des Jahres 2001 während ich in meinem Büro vor einem Kunden saß, klingelte plötzlich das Telefon und am anderen Ende der Leitung meldete sich Marie-Rose, Maggies beste Freundin.

„Pascal, ich habe eine sehr schlechte Nachricht für dich.“

Ich zuckte zusammen, ich ahnte Schlimmes.

„Maggie ist tot.“

„Marie-Rose, sag mir, dass es nicht wahr ist, sag mir, dass du schwindelst.“

„Nein Pascal, es ist wahr, Maggie ist heute Morgen an einem Herzinfarkt gestorben.“

„Sie sollte doch zu einem Arzt gehen und sich untersuchen lassen, das hatte sie mir versprochen.“

„Ihr Mann hatte sie zu einem Arzt geführt, dort angekommen verweigerte sie jedoch die Untersuchung."

Ich allein weiß, wie schwierig es für mich war, mich auf den mir gegenübersitzenden Kunden zu konzentrieren.

Das Grundstück

Im Jahr 1997 kam ich auf den Gedanken, ein Haus für mich zu bauen. Bevor ich jedoch zum Hausbau übergehen konnte, musste ich ein Grundstück kaufen, wie es bei einer solchen Gelegenheit üblich ist. Ich begann Zeitungsinserate zu durchforsten und fand schließlich ein entsprechendes Grundstück, setzte mich mit dem Inserenten in Verbindung und stellte mich sogleich in Begleitung eines Bekannten, der sich mit Grundstücken und Häuserbau bestens auskennt, sofort dort ein, um das besagte Grundstück zu besichtigen. Wir unterhielten uns freundlich interessiert und stellten viele Fragen, um alles zu erfahren, was man über ein zu erwerbendes Grundstück normalerweise erfahren möchte, doch als der Verkäufer den Preis nannte, stutzte ich: „Sind Sie sicher, dass dieses der richtige Preis ist? Ich glaube dieser Preis ist nicht korrekt."

Der Verkäufer wunderte sich über meine Äußerung und begann seine Ausführungen zu dem Grundstück noch viel genauer zu erläutern. Er pries die Lage, die Anbindung an wichtige Straßen, den wunderbaren Boden und alles, was man an einem Grundstück überhaupt finden kann, mit regelrechtem Werbegeschick an. Ich ließ jedoch nicht locker und fragte erneut:

„Monsieur, sind Sie auch wirklich sicher, dass der von Ihnen genannte Preis der richtige ist?"

„Sie stellen mir nun schon zum zweiten Mal diese Frage. Was denken Sie, wollen Sie mir unterstellen, dass ich nicht im Stande sei, meine Arbeit professionell zu machen?"

„Nein, aber nein" erwiderte ich irritiert.

Mein Begleiter, der Fachmann auf diesem Gebiet, wunderte sich über mein Verhalten und flüsterte mir zu:

„Weshalb fragst du nun schon zum zweiten Mal, ob der Preis auch korrekt ist? Hör doch damit auf, du verärgerst den Herrn nur!"

Bevor wir uns vom Verkäufer verabschiedeten, konnte ich mich nicht beherrschen und fragte zum dritten Mal:

„Monsieur, sind Sie auch wirklich sicher, dass dieses der richtige Preis ist?“ worauf der Herr erwiderte:

„Monsieur, wenn Sie das Grundstück nicht interessiert, lassen Sie es bleiben, ich habe genug Interessenten dafür. Sie glauben doch nicht wirklich, dass ich meine Arbeit unkorrekt mache oder sogar, dass ich Sie betrügen will?“

„Nein, aber nein, Monsieur, ich habe das Gefühl, als ob der von Ihnen genannte Preis nicht stimmen würde.“

Trotz des schlechten Gefühls in Bezug auf den Preis, unterschrieb ich nicht ganz überzeugt einige Papiere und wir vereinbarten einen Termin zur endgültigen Abfassung des Kaufvertrags, an dem wir uns in etwa zwei Monaten vor dem Notar treffen sollten.

Ich erschien beim Notar in Begleitung meiner Mutter und als er uns sah, bat er uns sofort in sein Büro. Dort erklärte er uns, dass der vom Verkäufer genannte Preis leider stark unter dem zulässigen Verkaufspreis liegt und das Grundstück eigentlich etwa dreimal so viel koste. Es klang, als ob er sich für den Fehler entschuldigen wollte. Ganz vorsichtig und darauf gefasst, dass ich den Kauf ablehne, fragte er:

„Wollen Sie das Grundstück nun trotzdem kaufen?“

„Ja natürlich!“ und wir unterzeichneten die entsprechenden notariellen Schriftstücke.

Zu Hause angekommen, rief ich den Verkäufer des Grundstücks sofort an und teilte ihm mit, dass der von ihm genannte Preis nicht korrekt war. Er wollte es nicht glauben und meinte, dass ich einige Minuten warten solle, er riefe zurück. Eine halbe Stunde später klingelte das Telefon, er entschuldigte sich mehrfach und wunderte sich, wieso ich das gewusst hatte. Als ich ihm sagte, dass ich Hellseher sei, verstummte die Stimme am anderen Ende der Telefonleitung für einige Augenblicke. Da ich ihn auch mit dem Hausbau beauftragte, wollte er den ihm unterlaufenen peinlichen Fehler gutmachen und räumte mir einen großzügigen Rabatt ein.

Einer meiner Bekannten teilte mir mit, dass er beabsichtige in der Nähe von Messina, also auf Sizilien, eine Villa zu bauen. Ich freute mich für ihn und fragte, ob er die Pläne der Villa schon hätte. Eine Woche später erschien er mit den Plänen seines Traumobjekts und erklärte mir jede Einzelheit. Er war überglücklich und man konnte ihm die Freude von den Augen ablesen.

Als er für einen kurzen Augenblick zur Toilette ging, erlaubte ich mir, die vor mir liegenden Pläne genauer zu untersuchen. Ich konzentrierte mich und sah einen kleinwüchsigen, dunkelhaarigen Mann, den ich genau beschreiben konnte und als großen Betrüger fühlte. Wenn man mich nicht danach fragt oder ausdrücklich bittet, sage ich nicht immer alles, was ich sehe und weil dieser Kunde mich nicht bat, ihm eine Analyse seiner Pläne zu machen, sagte ich nichts.

Einige Tage später stand er wieder mit seinen Plänen unterm Arm vor meiner Haustür und bat mich ihm die Karten zu legen.

„Vor ein paar Tagen habe ich den Vertrag unterzeichnet" ließ er mich stolz wissen.

„Du hast was, den Vertrag unterzeichnet?"

„Ja, wie denkst du darüber?"

„Erlaube mir, dass ich mich einen Augenblick auf deine Villa konzentriere und dann werde ich es dir sagen."

Ich sah, dass er einem Betrüger aufgesessen war, dass er mit der Unterzeichnung des Vertrags viele Millionen Lire verlieren werde, wusste aber nicht wie ich ihm das beibringen sollte. Er war so froh und glücklich und ich konnte ihm den Traum von seiner Villa im Paradies nun nicht wie eine Seifenblase zum Platzen bringen.

Ich fasste Mut und sagte:

„Pierre, ich habe eine schlechte Nachricht in Bezug auf deine Traumvilla."

„Willst du mich verarschen?"

„Nein, Pierre, du sollst auf gar keinen Fall weitere Gelder in dieses Projekt stecken, denn deine Villa wird nie gebaut."

Er verstummte und nach einer längeren Pause versuchte er mich davon zu überzeugen, dass alles ordnungsgemäß verlaufen sei, dass auch schon alles unterzeichnet und unter Dach und Fach sei.

„Mach was du willst, an deiner Stelle würde ich überhaupt nichts mehr tun, denn du wirst alles verlieren und dann Jahre brauchen bis du dich wieder erholt hast."

„Pascal, ich glaube was du mir sagst, aber bedenke, dass ich nun von diesem Vertrag nicht mehr zurücktreten kann, da alles schon längst im Gange ist."

Ich bot ihm an, wenn ich mich einmal in Italien befinde, auf seiner Baustelle in Sizilien vorbeizuschauen, was er mit großer Begeisterung annahm, weil er sicher war, dass ich mich geirrt hatte.

Der Tag kam, ich fuhr in die Ferien zu meiner Familie nach Italien und auch in die Nähe von Messina, wo Pierre seine Baustelle hatte. Der Ort war paradiesisch. Als ich mich der Baustelle näherte, spürte ich Betrug, großen Betrug und wusste sofort, dass dieses Haus nicht einmal in mehreren Jahren fertiggestellt sein wird.

„Es ist das erste Mal, dass du dich irrst" sagte er immer wieder.

Nach einem guten Essen und einer Flasche Rotwein fuhr ich heim.

Es vergingen einige Monate bis ich Pierre wieder zu Gesicht bekam. Er war wütend, aufgebracht und nervös.

„Du hattest Recht, seit Wochen gelingt es mir nicht den Baustellenleiter ausfindig zu machen, die Arbeiten wurden eingestellt und alles kostet mein teueres Geld."

Der Baustellenverantwortliche war mit dem gesamten Geld verschwunden und Pierre um sein Geld betrogen.

Heute, nach etwa zehn Jahren, liegt die Baustelle brach und alles, was bis dahin gebaut wurde, verkommt und verrottet in der Natur.

In der Zwischenzeit hat die Polizei den Betrüger gefasst und es wurde ein Strafverfahren gegen ihn eingeleitet.

Hätte mir Pierre damals nur geglaubt...

Dieser Fall beweist wieder einmal, dass es sich lohnt einen Hellseher zu befragen, bevor man über wichtige Dinge im Leben entscheidet.

Nachdem ich einen gewissen Bekanntheitsgrad erreicht hatte, versuchte ein Verleger sich mehrfach mit mir in Verbindung zu setzen, was ihm nur sehr schwer gelang, da meine Telefonnummer in keinem Telefonbuch verzeichnet ist.

Schließlich rief er an und bat mich um einen Termin, bei dem er mich fragte, ob ich gewillt sei, ein Buch über Voraussagen zu schreiben, das wegen der bevorstehenden Jahrhundertwende sicher sehr gefragt sein werde.

Ich verlangte eine kurze Bedenkzeit und gelangte zur Schlussfolgerung, dass ein solches Buch eigentlich nicht uninteressant wäre. Einige Tage später rief ich ihn an und teilte ihm mit, dass ich einwillige.

Nun begann ich mich voll und ganz auf das Buch zu konzentrieren, schrieb Tag und Nacht und legte meine ganze Energie hinein. Ständig saß ich vor meiner Kristallkugel, starrte sie an und konzentrierte mich auf die zukünftigen Ereignisse, in dem ich das Jenseits um Hilfe bat. Die Voraussagen flossen mit einer solchen Leichtigkeit und Geschwindigkeit, dass ich mit dem Schreiben einfach nicht mehr nachkommen konnte. Überall wo ich mich befand, sei es im Restaurant, in einem Geschäft, auf der Straße oder in meinem Badezimmer, ständig trafen neue Voraussagen ein. Täglich erhielt ich eine ganze Menge und wenn es mir gelang einige schnell aufzuschreiben, wunderte ich mich später, als ich die Notizen las, was ich da überhaupt geschrieben hatte. Es schien alles so unmöglich, so unwirklich, weil ich bis dahin noch nie eine derartige Erfahrung gemacht hatte.

Mit jedem Tag der verging, wurde mein Buch dicker, da sich die Voraussagen über Politik, Medizin, Forschung, Entdeckungen, Sport, Naturkatastrophen, Terrorismus und kriegerische Auseinandersetzungen mehrten. Bis zum Schluss gelang es mir über fünfhundert Voraussagen aufzuschreiben.

Bald begann ich jedoch zu spüren, dass der Verleger eigentlich nicht meine Voraussagen, sondern nur einen materiellen Gewinn aus meinem Buch erzielen wollte und dass die Spirale, in der ich mich drehte, immer schneller wurde, was mich anspornte alles nur erdenklich Mögliche zu tun, um das mit großer Mühe und viel Aufwand geschriebene Buch auch verlegt zu sehen.

Da meine Anstrengungen umsonst waren, wandte ich mich an einen zweiten Verleger, der nicht viel davon hielt und mich überhaupt nicht unterstützen wollte.

Eigentlich wusste ich das schon im Voraus, versuchte aber trotzdem mein Buch Prophezeiungen für Belgien und andere Länder herauszubringen.

Das Manuskript des Buches zeigte ich Cristina, die als einzige Einsicht in die von mir gemachten Prophezeiungen erhielt. Sie las es mit großem Interesse, war aber sehr traurig, dass ich es nicht veröffentlichen konnte, vor allem weil die von mir vorausgesehenen Ereignisse einzutreffen begannen.

Einige Voraussagen, die mir jetzt spontan einfallen waren folgende:

Was die Medizin anbelangt, hatte ich vorausgesagt, dass man eine abgetrennte Hand und später sogar zwei, annähen würde.

Für den belgischen Prinzen Philippe hatte ich vorausgesagt, dass er in einer sehr nahen Zukunft eine schöne junge intelligente Frau adliger Abstammung treffen werde, was zur Zeit meiner Voraussage überhaupt nicht in Frage zu kommen schien. Einige Monate später wurde Mathilde seine Frau. Heute ist Philippe König von Belgien.

Ich sah mehrere Flugzeugabstürze, Naturkatastrophen und sah auch Konflikte zwischen Israel und Palästina sowie große Probleme mit arabischen Terroristen.

Eigentlich bin ich nicht einmal sehr traurig, dass mein Buch nicht herausgekommen ist, es tut mir nur leid, dass es mir nicht möglich war der Menschheit mitzuteilen, was sie zu erwarten hat. Wenn man mich dabei ernst genommen hätte, hätte man sicher einige Katastrophen vermeiden können.

Aber was soll's, aus allem kann man etwas lernen.

Das gynäkologische Problem

Eines Tages empfing ich in meinem Büro eine sehr gut aussehende, gepflegte, elegante Dame, die mich um eine allgemeine Beratung bat. Als ich ihre Gesundheit analysierte, sah ich ein Problem gynäkologischer Art.

„Wieso habe ich ein gynäkologisches Problem? Das kann überhaupt nicht sein, ich bin doch kerngesund!“ wunderte sich die Dame, die ich damals zum ersten Mal sah.

„Herr Riolo, bitte legen Sie mir die Karten noch einmal und sehen Sie genau nach, was dieses für ein Problem sein kann.“

Ich versuchte es noch einmal, weil sie mich darum bat und wieder sah ich, dass sie schon seit zwei oder drei Monaten ein gynäkologisches Problem hatte, von dem sie scheinbar nichts wusste. Ich sah, dass sie auf einem Eierstock ein Gebilde, eine Art Zyste hatte und sich deshalb sofort einer ärztlichen Untersuchung unterziehen musste.

Sie sah mich verwundert an und begann plötzlich laut zu lachen:

„Es kann nicht sein, Sie irren, Herr Riolo, es kann nicht wahr sein, mein Ehemann ist Arzt, er ist Gynäkologe.“

Wieder wies ich darauf hin: „Ich bin kein Arzt, ich spüre aber, dass Sie am Eierstock etwas haben, glauben Sie mir, die Karten zeigen es mir genau. Lassen Sie sich bitte untersuchen.“

Unser Hin und Her ging noch eine ganze Weile weiter bis wir zu einem anderen Thema übergingen. Ich sagte kein einziges Wort mehr zu ihrem Eierstock.

Als sie ihrem Ehemann das Ergebnis meiner Untersuchung mitteilte, tröstete er sie mit den Worten:

„Chèrie, mach dir keine Sorgen, bei mir bist du in den besten Händen.“

Nach einigen Monaten begann sich die Krankheit bemerkbar zu machen, es ging ihr von Tag zu Tag schlechter und die Unterleibsschmerzen hörten trotz der Behandlung ihres Ehemannes nicht auf.

Eines Tages, als sich ihr Ehemann auf einer Tagung befand, bekam sie unerträgliche Schmerzen und fuhr allein ins Krankenhaus. Die Untersuchung ergab einen Unterleibskrebs, der sofort operiert werden musste. Am gleichen Tag kam sie unter das Messer, man entfernte ihr alle vom Geschwür in Mitleidenschaft gezogenen Organe und einige Monate später stand sie wieder vor meiner Haustür.

Mit gesenktem Kopf sagte sie nur:

„Hätte ich damals geglaubt, was Sie mir gesagt hatten, wäre es bestimmt nicht so weit gekommen. Vielleicht hätte man mir die Eierstöcke retten können und ich hätte sogar noch ein Kind bekommen können."

Am meisten betroffen war Herr Doktor, der Facharzt für Gynäkologie, der bis heute nicht verstehen kann, wieso ich ihre Krankheit bemerkt hatte und er nicht.

Während einer Beratung saß eine Dame vor mir, die mit einem bedeutenden Politiker verheiratet ist, also aus einem wohlhabenden mit Macht ausgestatteten Umfeld kommt. Diese besondere, hochmütige, ja fast ein wenig spießige Frau, zeigte sich sofort hoch beeindruckt von meinen Fähigkeiten und versprach, von nun an regelmäßig bei mir zu erscheinen. Jedes Mal, wenn sie kam, stellte sie mir Fragen, die ich nur beantworten sollte und verlangte nie von mir, ihr eine allgemeine Voraussage zu machen. Auf diese Art vertiefte ich mich nicht in ihr Privat- und Liebesleben.

Eines Tages fragte sie mich, ob ich auch ihren Ehemann beraten könnte, wies jedoch darauf hin, dass er sehr eifersüchtig und komisch sei und auch, dass er an Voraussagen und dergleichen überhaupt nicht glaubt.

Da es sich dabei um einen bekannten belgischen Politiker handelte, freute ich mich darauf, ihn persönlich kennenzulernen und sagte zu.

Der Politiker erschien mit eigenem Fahrer und einem Leibwächter, die während meiner Beratung draußen warteten.

Ich weiß nicht wie es geschah, aber weil ich öfter bedeutende Persönlichkeiten aus der Politik berate, machte ich in dem Augenblick als ich ihn sah, nicht die Verbindung zu der mir schon bekannten Dame, seiner Ehefrau, über deren Privatleben ich nichts wusste, wie eben gesagt.

Der manierliche Herr saß vor mir und als ich die ersten Karten auf den Tisch legte, fragte ich:

„Kann es sein, dass Ihre Frau ein Doppelleben führt?"

„Pardon, ein Doppelleben, was meinen Sie damit?" wunderte er sich und wurde etwas ungehalten.

„Ich meine, dass Ihre Frau vielleicht einen anderen Mann hat" erwiderte ich nichts ahnend und stets auf die Wahrheit bedacht.

„Monsieur, wissen Sie überhaupt was Sie da sagen? Nein, auf keinen Fall, Sie irren sich gewaltig, das kann nicht sein!"

Seine Stimme wurde immer entschlossener und ich bemerkte, dass ihn meine Aussage beunruhigte.

„Ich bitte um Entschuldigung, aber ich sehe hier in meinen Karten einen jungen dunkelhäutigen Mann, einen sehr jungen sogar, der bei Ihnen irgendeine Arbeit verrichtet."

„Monsieur, unter den gegebenen Umständen ist es besser, wenn wir die Beratung sofort abbrechen, denn was Sie mir da sagen, kann nicht stimmen" schrie er mich wütend an, so dass ich mich sogar beleidigt fühlte.

Er zog nervös ab und erst viele Monate später bekam ich ihn und seine Frau erneut zu Gesicht.

Was geschah in der Zwischenzeit?

Der Herr Politiker wollte mir anfangs nicht glauben, war aber doch ein wenig beunruhigt und beschloss der Wahrheit nachzugehen.

Er erzählte seiner Frau, dass er über das Wochenende für mehrere Tage dienstlich ins Ausland müsse, kaufte eine Flugkarte, packte seinen Koffer und ließ sich zum Flughafen fahren. Dort stornierte er den Flug und mietete sich in ein nahegelegenes Hotel ein. Über Mobiltelefon bat er seinen Leibwächter die Villa zu beobachten und ihm über jede Bewegung Bericht zu erstatten.

Außer seiner Ehefrau befand sich nur noch der etwa zweiundzwanzigjährige dunkelhäutige Gärtner auf dem Anwesen.

Der Freitag verging, die Nacht brach ein und der junge Gärtner verließ die Villa immer noch nicht.

Der Leibwächter übermittelte akribisch seine Beobachtungen, obwohl sich am Freitag und Samstag nichts veränderte, also absolut nichts geschah.

Am Samstagabend begann der Politiker die Geduld zu verlieren. Er verließ das Hotel und schlich unbeobachtet zu seiner Villa. Am Eingangstor entschärfte er die Alarmanlage und betrat sein Anwesen. Die Wachhunde bellten nicht, da sie ihr Herrchen erkannten. Durch die Haustür klang dröhnende Diskomusik. Er entschärfte auch hier die Alarmanlage und als er das Schlafzimmer betrat, traute er seinen Augen nicht: Seine geliebte Ehefrau in Lack und Leder gekleidet, in hohen Stiefeln mit einer Peitsche in der Hand, lag neben dem jungen Gärtner im Ehebett.

Der Gärtner verschwand mit höchster Geschwindigkeit aus dem Zimmer und der Hausherr rief ihm nach: „Morgen werden wir uns darüber unterhalten!“

„Weshalb hast du mich zu einem Hellseher geschickt?“ fragte der Politiker seine Ehefrau.

„Was hat der Hellseher mit dieser Sache zu tun?“

„Von dem Hellseher habe ich erfahren, dass du einen Geliebten hast.“

„Das kann nicht wahr sein, denn der wusste ja gar nichts über mein Privatleben. Wir haben nie darüber gesprochen.“

„Du konntest dir ja denken, wenn du mich zum Hellseher schickst, dass dieser mir sagen wird, dass du einen Geliebten hast.“

„Ich glaube dir nicht, dass du es vom Hellseher weißt, der wusste es ja selbst nicht.“

Der Ärger über das Ereignis mit dem Geliebten war vergessen und beide kamen erneut getrennt zu mir.

Der Herr entschuldigte sich wegen seines unhöflichen Verhaltens und ließ mich verstehen, dass ich mit meiner Voraussage Recht hatte, was ihn sehr beeindruckte.

Die Dame fragte mich, wieso ich ihrem Mann über den Geliebten erzählen konnte, da sie sicher war, dass ich es gar nicht wusste, weil wir nie darüber gesprochen hatten.

Ich sagte ihr, dass es mir beim Besuch ihres Ehemannes gar nicht bewusst war, dass es sich um ihren Mann handelte und dass ich den Leuten immer das sage, was ich in den Karten sehe, außer wenn ich merke, dass mein Gegenüber es nicht verkraften kann. Wenn sie einen Geliebten hat, warum schickt sie mir dann ihren Ehemann?

Diese Geschichte ist zum Glück gut ausgegangen, weil beide Verständnis für einander hatten. Seither waren sie mehrmals bei mir, aber immer getrennt und ohne Angst, dass ich wieder etwas Unangenehmes verraten könnte, weil es nun keine Geheimnisse mehr zwischen ihnen gab.

Es war vor etwa 10 Jahren, als eine Frau bei mir um einen Termin nachsuchte. Am vereinbarten Tag erschien sie mit ihrer Tochter bei mir und erzählte mir, dass sie alles hätten, was ein Mensch benötigt, um glücklich zu sein: Zwei wunderbare Kinder, eine gutgehende Firma, ausreichend materielle Mittel zum Leben, ja sogar beachtlichen Reichtum. Es bestand keinerlei Grund sich Sorgen zu machen.

Die Frau erklärte mir, dass sie nur wegen der mitgebrachten Tochter bei mir sei.

„Was ist denn los mit Ihrer Tochter?" erkundigte ich mich.

„Monsieur Riolo, ich ziehe es vor, Ihnen nichts zu sagen und bitte Sie einfach mal nachzusehen. Vielleicht finden Sie es selbst heraus."

Ich legte meine Tarotkarten und sah darin den Teufel, einige schlechte Geister und auch das Mädchen, das mir gegenübersaß.

„Was sehen Sie, Monsieur?"

„Ich sehe, dass Ihre Tochter große Probleme hat, die mit Geistern zu tun haben."

Beide starrten verwundert ins Leere und fingen an zu weinen.

„Wie ist das möglich, dass Sie es sehen, obwohl wir Ihnen überhaupt nichts davon erzählt haben? Niemand hat es uns bis heute geglaubt."

In den Karten sah ich eine Art schlechte Geister.

„Was ist das?" wollte die Frau wissen.

Ich traute mich nicht einmal nähere Einzelheiten preiszugeben, weil ich den beiden keinen Schrecken einjagen wollte. Sie bestanden aber darauf, alle Einzelheiten zu erfahren.

„Sie können sich nicht einmal vorstellen, was meine Tochter durchmacht!"

Mit zitternder Stimme erzählte mir die Frau, dass ihre Tochter nachts durch das Zimmer geschubst wird, aus einer Ecke in die andere fliegt, dass sie von unsichtbaren Händen angefasst und missbraucht wird. Wenn man zu ihr ins Zimmer geht, findet man sie in unbeschreiblichen Positionen vor.

„Lieber Monsieur, bitte helfen Sie uns, ich zahle alles, was Sie von mir verlangen, helfen Sie uns diesem Spuk ein Ende zu bereiten", flehte sie mich an.

„Ich bin Hellseher und Medium, ich bin kein Hexer, aber ich werde alles versuchen, was in meiner Macht steht, um Ihnen zu helfen. Dafür müssen Sie keinen einzigen Franc bezahlen."

Ich begann mich auf die Geister zu konzentrieren, die der Tochter seit mehreren Jahren Ärger bereiteten und spürte, dass das gesamte Haus, in dem sie wohnten, von derartigen Geistern umgeben war.

Plötzlich erhob sich das Mädchen vom Stuhl, stellte sich aufrecht vor mich und sagte entschlossen und sichtbar erleichtert: „Herr Riolo, nun sind sie alle weg."

Ich freue mich, dass ich ihr helfen konnte, dass ich diese unheilbringenden Geister aus ihrer Nähe vertreiben konnte und dass sie seither ein ganz normales Leben führen kann.

Die Mutter befürchtete, dass die Geister zurückkehren werden. Da es sich um eine italienische Familie handelte, zogen sie es vor, Belgien für immer zu verlassen und in die Abruzzen zu ziehen.

Einmal, als ich in den Ferien meine Familie in Italien besuchte, kam ich in die Nähe des Ortes, in dem sie wohnen und stattete ihnen einen unangemeldeten Überraschungsbesuch ab. Sie trauten ihren Augen nicht, als ich vor der Tür stand, umarmten und küssten mich und baten mich herein.

Immer wieder bedankten sie sich bei mir für das, was ich für ihre Tochter getan hatte und ich freute mich, dass es mir wieder einmal gelungen war einem Menschen zu helfen.

Am 27. oder 28. Mai 1999 hatte ich einen plötzlichen Gedankenblitz. Er betraf meine in Italien, in der Nähe von Pescara lebende, neunundsiebzigjährige Großtante Concetta. Sie ist eine meiner Lieblingstanten, denn jedes Mal, wenn ich in Italien Ferien machte, kümmerte sie sich liebevoll um mich und wich mir fast nie von der Seite. Wir verbrachten schöne Tage zusammen, gingen aufs Feld, in den Weingarten, in den Wald, um Pilze zu suchen und hatten viel Spaß miteinander. Ich habe wirklich sehr schöne Erinnerungen an diese Zeit.

Wie eben gesagt, hatte ich plötzlich einen Gedankenblitz: Ich sah einen offenen Sarg vor einer großen Tafel und in diesem Sarg lag meine liebe Tante Concetta.

Der Gedanke, dass Tante Concetta im Sarg liegen könnte, ließ mir keine Ruhe und ich rief meine Oma an: „Nonna, ich habe deine Schwester Concetta im Sarg gesehen. Ist etwas passiert?"

„Um Gottes Willen, meinst Du wirklich, dass es wahr sein könnte?", schrie Nonna entsetzt ins Telefon.

Am 1. Juni wurde es Wirklichkeit.

Ich sagte sofort meine Termine ab und flog mit Nonna nach Italien. Es war ihr erster Flug. Wir landeten in Rom und fuhren dann mit dem Zug nach Pescara, um von dort in das Dorf Penne zu gelangen, wo unsere Familie wohnt.

Da in Italien die Toten aus hygienischen Gründen schon am nächsten Tag beerdigt werden müssen, trafen wir gerade noch rechtzeitig zur Beerdigung ein. Wir betraten das Zimmer, in dem Concetta aufgebahrt war und als ich sie im offenen Sarg vor mir liegen sah, lief es mir kalt den Rücken hinunter: Sie sah genauso aus, wie ich sie Tage vorher, als sie noch am Leben war, in meinem Geiste gesehen hatte. Sie war auch genauso angezogen wie ich es noch vor ihrem Tod meiner Oma beschrieben hatte. Auch die Tafel mit einem Kreuz, wie es in Italien Brauch ist, stand an dem von mir schon in Gedanken gesehenen Platz. Ich war schockiert, aber auch gleichzeitig erleichtert, denn ich wusste ja schon einige Tage vorher, was mich erwartet und war somit in der Lage mich auf dieses furchtbare Ereignis seelisch einzustellen.

Drei Tage später landeten wir wieder in Belgien. Nonna war zufrieden, weil sie bei der Beerdigung ihrer Schwester gewesen sein konnte und ich war zufrieden, weil ich genau weiß, dass es Tante Concetta dort, wo sie nun ist, sehr gut geht.

Nonnas Treppensturz

Es war im Herbst 2000. Meine Großmutter befand sich auf einer Kreuzfahrt, plötzlich erkrankte meine kleine Cousine Ornella an einer sehr schweren Krankheit und kam ins Krankenhaus. Die Ärzte bezeichneten ihren Zustand als sehr kritisch und mussten Ornella wegen eines Blutgerinnsels am Gehirn operieren. Die ganze Familie war außer sich, Nonna unterbrach umgehend ihre Kreuzfahrt und kehrte nach Hermée zurück. Ich wusste, dass Nonna zurückkehren würde und fuhr zu ihr. Als ich ihr Haus betrat, befand sie sich im oberen Stockwerk und machte sich für den Krankenhausbesuch, den wir zusammen abstatten sollten, zurecht. Alle anderen waren schon im Krankenhaus und wir sollten so schnell wie möglich nachkommen.

Nonna rief von oben:

„Pascal, bist du es? Ich komme sofort hinunter!"

Als sie das sagte, dachte ich gerade an meine kleine kranke Cousine, hielt plötzlich inne und staunte über das, was nun in meinen Gedanken erschien: Ich sah Nonna die etwa zwanzig rötlichen Marmorstufen in ihrem Haus herabstürzen. Ich wusste, dass es geschehen wird und drehte mich sofort um, in der Hoffnung sie davor warnen zu können. Als ich mich zur Treppe wandte, sah ich auch schon Nonna die harten Stufen mit lautem Geschrei hinunterfallen. Keine andere in ihrem Alter hätte diesen furchtbaren Sturz unbeschadet überstanden, nur meine Nonna. Unten angekommen, rappelte sich die alte Frau auf und ein wenig später saßen wir im Auto und fuhren ins Krankenhaus. Ich ärgerte mich darüber, dass mir der Gedankenblitz diesmal ein wenig zu spät gekommen war und ich keine Gelegenheit mehr hatte, das erahnte Unheil abzuwenden.

Die kleine Bettnässerin

Eines Tages erschien eine Kundin bei mir und meinte, dass sie mit meiner Beratung immer sehr zufrieden war und dass sie nun vorhabe, mich etwas zu fragen, entschuldigte sich jedoch weil sie glaubte, sich wegen ihres Anliegens schämen zu müssen.

„Das ist doch kein Problem, erzählen Sie mir bitte worum es geht, wenn ich kann, helfe ich Ihnen sehr gern."

Sie begann mir zu erzählen, dass ihre fünfjährige Tochter Bettnässerin sei. Ich legte meine Karten und sah, dass die Kleine Probleme hatte. Sie schlief sehr unruhig und hatte Angstzustände. Die verzweifelte Mutter wollte unbedingt wissen, ob das irgendwann aufhöre, ob ihre Tochter nicht vielleicht doch schwer krank sei und fragte höflich, ob sie das Kind einmal mitbringen könne, was ich natürlich erlaubte.

Ich gab ihr einen neuen Termin und sie erschien pünktlich bei mir mit ihrer kleinen Tochter. Da ich das Kind nicht noch mehr in Angst und Schrecken versetzen wollte, sagte ich kein einziges Wort zu ihrem Anliegen, legte meine Karten und ließ die Kleine im Glauben, dass ich gern Karten spiele. Ich las in den Karten, dass dieses Problem wirklich existiert und auch, dass es noch einige Jahre bestehen werde. Ich konzentrierte mich und bat die Geister von verstorbenen Angehörigen der Kleinen mir zu helfen und ihr das Bettnässen abzugewöhnen.

Die Kleine verstand nicht, dass es um sie ging. Ich ließ sie ruhig sitzen und sprach fast kein Wort mit ihr, ich ignorierte sie sogar, nur um ihr nicht zu verstehen zu geben, dass es sich eigentlich um sie handelte. Auch mit der Mutter sprach ich wenig, damit das Kind nicht verstehen konnte, worum es geht.

Bevor sie gingen sagte ich der Mutter:

„Machen Sie sich keine Sorgen, es wird alles gut. Warten Sie bitte zwei Tage und dann werden Sie sehen, dass ein kleines Wunder geschieht."

Ich bat sie aber bis zu einem gegebenen Zeitpunkt, den ich ihr nannte, nicht mit mir in Kontakt zu treten.

Sie versprach alles genau zu befolgen.

Ich weiß es selbst nicht, ich kann es mir auch nicht erklären wieso es funktioniert hat, aber es hat funktioniert. Die Seelen der verstorbenen Angehörigen des Kindes standen mir helfend bei und das Kinderbett blieb trocken. Die überglückliche Mutter hielt es in ihrer Freude nicht mehr aus und rief vorzeitig bei mir an, um mir die freudige Nachricht mitzuteilen. Ich unterbrach sie so schnell ich konnte, erinnerte sie daran, dass unsere Vereinbarung eine andere war und bat sie mich erst in zwei Wochen anzurufen, um mir das Ergebnis mitzuteilen. Zwei Wochen verstrichen und die Frau rief an, wollte mir aber am Telefon nicht erzählen was passiert war und bat mich, sie erneut zu empfangen. Sie kam diesmal ohne ihre kleine Tochter und erzählte mir, dass für sie ein Wunder geschehen war. Das Kind nässte nicht mehr ins Bett, die Wäsche blieb trocken und die Waschmaschine musste nicht mehr von morgens bis abends laufen. Wenn die Kleine Drang verspürte, wachte sie nachts auf und ging brav allein zur Toilette. Die Mutter sprach sie darauf an und sie erzählte ihr, dass ich sie wecken und zur Toilette schicken würde.

Es wunderte mich, dass sie mich im Schlaf sah. Sie hatte mich doch nur einmal kurz in meinem Büro gesehen und ich hatte mit ihr kaum mehr als zwei Worte gewechselt.

Dieser Fall ist ein gutes Beispiel dafür, dass ein Medium nicht nur hellsehen kann, nicht nur voraussagen kann, sondern auch in der Lage sein kann, zu bestimmten Zeitpunkten Dinge zu verändern. Ich betone aber, dass es sich dabei keinesfalls um Magie handelt, sondern nur um starke Konzentration.

François

Im Februar 1999 erschien ein etwa dreißigjähriger Herr aus Frankreich bei mir, der mich aus einer Fernsehsendung kannte und sagte:

„Herr Riolo, ich sehe, dass Sie noch sehr jung sind, aber ich habe volles Vertrauen zu Ihnen und trete an Sie heran mit einem für mich lebenswichtigen Problem. Ich war bis jetzt noch nie bei einem Wahrsager und glaube eigentlich nicht recht an so etwas. Ich bin zurzeit arbeitslos, weil ich unglücklicherweise meine Arbeitsstelle verloren habe, möchte aber sehr gern wieder irgendwo Fuß fassen, da ich eine ganze Menge guter Ideen und Vorschläge im Kopf habe."

Ich holte meine Karten heraus und nach einer Weile sagte ich zu ihm:

„François, Ihre Situation wird sich innerhalb kurzer Zeit von Schwarz auf Weiß ändern."

„Ich hoffe es sehr, denn ich kann mir nicht vorstellen längere Zeit ohne Arbeit zu sein."

„Ich spüre, dass sich Ihr Leben grundlegend verändern wird und glauben Sie mir, Monsieur, es ist weder Einbildung noch sind es Worte, mit denen ich Sie trösten möchte.

Sie gelangen hoch hinauf, Sie werden eine Tätigkeit ausüben, bei der Sie eine verantwortungsvolle Position bekleiden, Ihr Leben wird sich von Grund auf verändern."

„Bitte sagen Sie mir Genaueres dazu, ich möchte mehr darüber wissen."

„Ich sehe hier, dass innerhalb von etwa sechs Monaten eine erhebliche Veränderung in Ihrem Leben eintritt, weil Sie etwas tun werden, das eine große Herausforderung für Sie darstellt. Es handelt sich um einen Plan, den Sie umsetzen werden."

„Wie soll das gehen? Ich verfüge doch über keinerlei finanzielle Mittel. Es stimmt aber, ich habe wirklich einen großen Plan im Kopf, dessen Umsetzung ich mir jedoch wegen fehlender notwendiger Mittel überhaupt nicht vorstellen kann."

„Ich sehe viele Sachen, viele Gegenstände, die auf Regalen liegen."

François zuckte zusammen, begann zu zittern und streckte mir seinen Arm entgegen, um mir seine Gänsehaut zu zeigen.

„Sie müssen aber vorher ein Papier unterschreiben und dann haben Sie zwei Möglichkeiten: Entweder Sie akzeptieren und alles wird funktionieren oder Sie wollen es nicht, was Sie dann finanziell noch weiter zurückwirft. Machen Sie sich keine Sorgen, es wird gut."

Sechs Monate später rief mich François an und teilte mir hocherfreut mit, dass er zum Zweck der Existenzgründung über das Arbeitsamt ein zinsloses Darlehen von etwa 12.000 Euro erhalten hatte, dafür natürlich ein Papier unterschreiben musste, dass er einen kleinen Laden gemietet hätte und nun Haushaltsgeräte und Werkzeug verkaufe.

Seine Stimme klang glücklich und zufrieden.

Weil er ein fleißiger sympathischer Mann ist, wird er reichlich Kundschaft haben und seinen Kredit pünktlich zurückzahlen können.

Einige Monate später an einem Samstagnachmittag stand François wieder vor meiner Tür, sichtlich ermüdet von der vielen Arbeit im Laden und der langen Reise. Trotzdem strahlte er über das ganze Gesicht als er mich sah.

Er erzählte mir begeistert von seinem Laden und platzte fast vor Stolz. Als ich meine Tarotkarten ausbreitete und ihm mitteilte, dass er den Laden nicht mehr lang haben wird, sackte er förmlich in sich zusammen und ich bemerkte wie ihn eine unendliche Traurigkeit und Verzweiflung überkam. Schnell griff ich ein: „Sie werden den Laden nicht mehr behalten können, weil Sie einen viel größeren Laden haben werden, einen besseren."

Sein Kopf schnellte hoch und seine Augen öffneten sich ganz weit und strahlten:

„Das kann doch nicht wahr sein!"

„Doch, das ist wahr, in zwei oder drei Monaten werden Sie einen neuen, viel größeren Laden irgendwo an einem anderen Ort eröffnen und sogar mit mehreren Personen arbeiten. Eine neue große Herausforderung kommt auf Sie zu, Monsieur."

„Das kann ich kaum glauben! Ich habe doch für diesen Laden eine Menge Papiere unterzeichnet, habe viele Verbindlichkeiten aufgenommen, wie soll ich jetzt alles sausen lassen? Nein, Monsieur, ich glaube Sie sind verrückt."

François zog ab, ohne jedoch von meinen Worten überzeugt zu sein.

Etwa sechs Wochen später rief François besorgt bei mir an und teilte mir mit, dass der Vermieter das Haus, in dem er sein Ladenlokal gemietet hatte, zu verkaufen beabsichtige und ihn aufgefordert hätte, trotz der bestehenden Verträge auszuziehen. Rechtlich gesehen hätte er bis Vertragsende seinen Laden weiterführen können, er war aber von meiner Voraussage so überzeugt, dass er widerstandslos das Feld räumte.

Ich verstärkte meine Aussage erneut und erinnerte ihn daran, dass er an einem anderen Ort ein viel größeres Lokal mieten und seinen Laden eröffnen würde.

Genau zehn Tage später erhielt ich die Nachricht von ihm, dass er in einer Entfernung von etwa 10 km, also in einem anderen Ort, ein entsprechendes Lokal zur Miete gefunden hatte. Diese Geschäftsräume seien aber so groß, dass er seine gesamten Ersparnisse und noch von der Mutter geliehenes Geld dafür einsetzen musste.

Ich hoffte nur, dass meine Voraussage auch richtig war, denn diesmal stand die Existenz eines Menschen und noch viel mehr auf dem Spiel. Trotzdem hatte ich aber ein gutes Gefühl.

François eröffnete seinen neuen großen Laden und stellte sogar zwei Arbeitskräfte ein.

Einige Wochen später klingelte bei mir das Telefon. Eine verzweifelte zittrige Stimme hauchte angsterfüllt in den Hörer:

„Alles ist wunderschön aber meine Kunden bleiben aus. In unmittelbarer Nähe ist ein Laden, der das Gleiche verkauft. Ich weiß nicht wie ich meinen Verbindlichkeiten nachkommen werde. Was soll ich tun?"

„Beruhigen Sie sich, François“ versuchte ich ihn zu trösten, „in den ersten Wochen werden Sie Höhen und Tiefen durchlaufen, Sie werden hart kämpfen müssen, aber dann wird alles wieder gut.“

Diese negative Stimmung bestand in der Tat nur wenige Wochen, der kundenschluckende Konkurrent musste aus familiären Gründen schließen und die kaufwilligen Leute des kleinen Ortes liefen François die Türen ein.

Heute besitzt François vier Läden an verschiedenen Orten, hat über dreißig Mitarbeiter, eine verantwortungsvolle Tätigkeit und ist glücklich und zufrieden.

Er ist mir unendlich dankbar, ich tat jedoch nichts anders als ihm das zu sagen, was ich in den Karten gesehen und gespürt hatte.

Jessica

Eines Tages kam meine Cousine Jessica, um mich bei meiner Großmutter zu besuchen, wo ich mich sehr oft aufhielt und fragte mich: „Was machen wir heute?“

„Wir könnten ja ein wenig spazieren gehen.“

Es war sehr kalt, die Straßen waren menschenleer. Wir gingen beide auf dem kleinen Feldweg, der zum Friedhof führt. Weit und breit war niemand zu sehen. Plötzlich tauchte vor uns auf dem Weg ein älterer Mann mit einem langen grauen Ledermantel und einem großen Hut aus dem Nichts auf. Da gibt es keine einzige Seitenstraße, man kann nur geradeaus gehen. Wir wunderten uns woher er kam, wollten umkehren, machten aber trotzdem noch einige Schritte in Richtung des Mannes, der sich vor uns förmlich auflöste und verschwand.

Seither gingen wir nie wieder auf diesem Feldweg.

Da ich an meinem Buch *L'univers ha ses mystéres (Das Universum hat seine Geheimnisse)* arbeitete, bat ich meine Cousine, das Manuskript am Computer zu tippen. Jessica kam so oft sie konnte und setzte sich an meinen Computer.

Es war am Montag, am 25. Juni 2001. Sie schrieb wie gewohnt mein Manuskript in den Computer, als ich plötzlich neben ihr stand und einen Gedankenblitz hatte: Ich sah ein Baby und teilte es Jessica mit.

„Pascal, was meinst du mit dieser Aussage?“

„Ich sehe dich als schwangere Frau.“

„Das kann nicht sein, es ist gar nicht möglich, ich lebe schon seit einem Monat von meinem Freund getrennt.“

Die neunzehnjährige Jessica wohnte seit der Trennung wieder bei ihrer Mutter und hatte deshalb auch mehr Zeit sich um mein Buch zu kümmern.

„Lass diese dummen Bemerkungen und stör mich nicht, weil ich schreiben möchte“, sagte Jessica abweisend.

Ich verließ den Raum und bald danach hatte ich meine Voraussage vergessen bis zu dem Sonntag, dem 1. Juli, als Jessica mich anrief, um mir mitzuteilen, dass sie am nächsten Tag leider nicht zu mir kommen könnte, um weiter zu schreiben.

„Bist du krank, fühlst du dich nicht gut?" fragte ich besorgt und merkte, dass Jessica zögernd reagierte.

„Nichts dergleichen, es geht mir gut. Als du mir damals sagtest, dass ich schwanger sei, konnte ich es nicht glauben. Es hat mich aber tagelang beschäftigt, so dass ich mich gestern einem Schwangerschaftstest unterzogen habe."

Augenblicke des Schweigens vergingen bis eine zaghafte, fast kindliche, Stimme leise erklang:

„Pascal, du hattest Recht, ich bin schwanger."

Ich musste mich hinsetzen und spürte wie sich die Welt um mich drehte.

„Es kann doch nicht sein!"

Und doch, es war so.

Ich freute mich für Jessica, für das Kind, dessen Taufpate ich sein sollte, aber noch viel mehr, weil Jessica sich mit ihrem Freund erneut versöhnt hatte und beide wieder zusammen wohnten.

Alles verlief normal, Jessica war glücklich und wir freuten uns alle auf das Baby.

Ein paar Tage später überkam mich ein schlechtes Gefühl in Bezug auf Jessicas Schwangerschaft, ich ahnte Schlimmes, sagte es aber niemandem, weil ich mir selbst nicht erklären konnte, was es eigentlich war.

Kurz danach klingelte mein Telefon. Es war Jessica, die zum ersten Mal im Leben bei mir um Rat nachsuchte, was mich nicht wenig überraschte.

„Pascal, bitte, kannst du mir etwas zu meinem Baby sagen? Ich fühle mich nicht sehr gut, habe schon einen Termin beim Arzt, habe furchtbare Angst."

Jessica klang sehr besorgt und ich wunderte mich darüber, dass sie mich um Hilfe bat, was sie bis dahin niemals vorher getan hatte.

Ich versprach ihr meine Karten zu befragen und sie dann über das erzielte Ergebnis telefonisch zu informieren.

Augenblicke später breitete ich meine Tarotkarten für Jessica aus und traute meinen Augen nicht: Im Bauch meiner Cousine sah ich das kleine Wesen, bekam aber einen heftigen Schock als mir die Karten verrieten, dass dieses kleine Wesen nicht mehr am Leben war. Das Kind tat mir sehr leid und ich bedauerte Jessica, weil ich mir ihre Enttäuschung, ihre Traurigkeit und Hoffnungslosigkeit vorstellte. Ich wusste nicht, wie ich ihr das sagen sollte obwohl ich mein Versprechen, ihr das Ergebnis telefonisch mitzuteilen, halten musste. Trotzdem brachte ich es nicht übers Herz sie anzurufen.

Einige Tage später klingelte das Telefon. Meine Mutter antwortete und ich hörte sie sagen: „Jessica, ich werde ihn fragen, ob er etwas für dich getan hat."

Nun konnte ich nicht mehr kneifen und musste mich den Tatsachen stellen, ich nahm meiner Mutter den Hörer aus der Hand und sagte nur:

„Bitte, bitte, geh so schnell du kannst in ein Krankenhaus und lass dich sofort untersuchen."

Jessica befolgte meinen Rat, ging ins Krankenhaus und dort stellte man fest, dass sie ein totes Kind unter ihrem Herzen trug. Da sie aber rechtzeitig vorstellig wurde, konnte man ihr problemlos helfen.

Sie war mir überaus dankbar, weil ich sie ins Krankenhaus geschickt hatte, da sie von selbst nie auf diesen Gedanken gekommen wäre.

Gregorys Reise

Mein Freund Gregory hatte zusammen mit zwei anderen Freunden eine Reise nach Spanien, nach Alicante, geplant. Sie mieteten eine Villa und freuten sich unheimlich über die bevorstehenden Ferientage. Da in Gregorys neuem Auto jedoch noch Platz für eine vierte Person war, fragten sie mich, ob ich nicht mitfahren möchte. Ich überlegte eine Weile und dachte, ich sollte mal in die Karten sehen, um zu erfahren, ob auch alles gut abläuft. Ich sah eine große schneeweiße Villa, ich sah die sie umgebenden Bäume, ich konnte die Räumlichkeiten und natürlich auch alle entsprechenden Örtlichkeiten beschreiben. Mit anderen Worten: Ich wusste genau, wo diese Villa lag und auch wie sie aussah, obwohl keiner von uns sie bis dahin gesehen hatte. Natürlich wollten meine Freunde wissen, wie die Ferien verlaufen werden und ich beschrieb ihnen ihre zukünftige Unterkunft, also die von ihnen gemietete Villa, ganz genau. Als die von der Reisegesellschaft zugeschickten Bilder eintrafen, wurden meine Freunde bleich als darauf genau die Villa zu sehen war, die ich ihnen vorher beschrieben hatte.

Mein Gedächtnis hatte die Villa genau fotografiert schon bevor die anderen sie überhaupt gesehen hatten.

Immer wieder baten sie mich mitzufahren, ich wiegelte aber höflich ab, weil ich wusste, dass auf dieser Reise ein unangenehmes Ereignis eintreten wird.

Nach langem Bohren und Fragen sagte ich Ihnen, dass ich Schwierigkeiten mit Gregorys neuem Auto sehe.

„Ist es ein Unfall? Passiert etwas Furchtbares?“ wollten sie unbedingt wissen und ich erwiderte:

„Nein, nein es ist kein Unfall, es ist aber fast wie ein Unfall.“

„Was siehst du genau? Sag uns, was du siehst!“

„Es wird etwas, wie ein Unfall stattfinden, der aber vom Auto selbst ausgeht. Ich fühle, dass etwas passieren wird, das wie eine Explosion aussieht, etwas, das eure Reise erheblich erschweren und verlängern wird. Das Ereignis wird in der Nähe einer Grenze stattfinden."

„Was redest du da für einen Unsinn? Das Auto ist ganz neu, es kann doch noch nicht kaputt gehen. Willst du uns auf den Arm nehmen?"

Niemand wollte meine Voraussage ernst nehmen, alle freuten sich auf die gemeinsamen Ferien, den Strand, die Abende in den Bars und die schönen spanischen Mädchen.

Alles verlief wie geplant. Sie fuhren zu dritt durch Belgien und Frankreich und jubelten trotz großer Müdigkeit, als sie um fünf Uhr morgens die spanische Grenze erreichten. Einige Kilometer hinter der Grenze, also schon in Spanien, explodierte plötzlich der Motor des funkelnagelneuen Autos. Nun begannen die Probleme: Sie mussten Hilfe suchen, die Versicherung anrufen, eine Werkstatt finden, den Wagen abschleppen lassen, Hotelzimmer buchen und natürlich sehr tief in die Tasche greifen.

Gregorys Mutter brachte ihren Mercedes nach Spanien und stellte ihn den Jungen zur Verfügung. Auf diese Weise konnten sie nun die gemietete und anfangs noch gar nicht genutzte Villa erreichen.

Das nachträglich durchgeführte technische Gutachten erbrachte den Beweis, dass es sich bei dem Fahrzeugschaden um einen Fabrikationsfehler handelte, den die Herstellerfirma kostenlos behob.

Seither habe ich das Vertrauen dieser Jungen gewonnen und sie kommen regelmäßig um sich von mir beraten und helfen zu lassen.

Voraussage für einen Freund

Am 10. März 2001 erschien einer meiner Freunde bei mir und als ich ihm die Tür öffnete, sagte ich sofort: „Du wirst an dem und dem Tag in die Ferien fahren, und zwar nach Kroatien."

„Woher weißt du das?"

Es stimmte genau. Ich sagte ihm außerdem:

„Fahr bitte nicht mit deinem Auto zum Flughafen, denn es wird eine Panne haben und du wirst das Flugzeug verpassen."

Er war sehr misstrauisch, glaubte mir nicht so recht, nahm aber trotzdem sein eigenes Auto, das er von seinem Bruder zum Flughafen fahren ließ.

Wieder einmal hatte ich Recht: Auf der Autobahn blieb sein Auto stehen, er verpasste sein Flugzeug und musste über sieben Stunden am Flughafen herumsitzen bis er einen anderen Flug nach Kroatien bekam.

In der Absicht einen Vortrag zu organisieren, wandte ich mich an eine junge Frau mit der Bitte den Empfang der Besucher hierfür zu übernehmen. Ich kannte sie schon länger, da sie bei meinen Vorträgen manchmal mitgeholfen hatte.

Mehrere Monate vorher sah ich für diese Frau ein Ereignis, das ihr Leben von Grund auf verändern würde und teilte es ihr mit.

Sie wunderte sich und meinte:

„Pascal, ich lebe schon immer allein, ich war nie verheiratet und auch sonst funktioniert es bei mir nicht mit Partnerschaften. Wieso soll ich nun plötzlich Glück haben?"

„Barbara, ich sehe einen großen Mann für Dich, einen Mann in Uniform, der andere beschützt, kann aber nichts Näheres über dessen Tätigkeit sagen. Mach Dir keine Sorgen, es wird alles wunderbar."

Für mich war die Sache damit erledigt.

Trotzdem möchte ich hier bemerken, dass vor längerer Zeit ein Kunde um eine Beratung bei mir nachsuchte. Ich legte ihm die Karten, wie ich das jedes Mal mache und Charles erfuhr, dass er in mehreren Monaten eine junge blonde blauäugige Frau treffen würde, die, wie die Karten mir zeigten, ein ziemlich glückloses Leben führt und aus einem osteuropäischen Land stammt.

„Charles, Sie werden mit dieser Frau sehr glücklich und sehr bald wird sich Nachwuchs bei Ihnen einstellen. Sie werden wahrscheinlich zwei Kinder haben."

Charles verließ mich sichtlich skeptisch und ich bekam ihn nicht mehr zu Gesicht.

Die Vorbereitungen für meinen Vortrag begannen und wie immer heuerte ich bei einer Sicherheitsfirma Leibwächter an. Die Firma schickte mir zwei Männer. Einer kam auf mich zu, lächelte mich an und fragte:

„Monsieur Riolo, erkennen Sie mich nicht mehr?"

Ich stutzte einen Augenblick und erkannte Charles, den ich bestimmt zwei Jahre nicht mehr gesehen hatte. Er sollte also an diesem Abend während meines Vortrags mein Leibwächter sein.

Alles verlief wie immer.

Die beiden lernten sich während meiner Konferenz kennen und aus einem Flirt wurde bald große Liebe. Ich wusste aber gar nichts davon, weil sich keiner von ihnen traute es mir zu sagen.

Einige Jahre später erfuhr ich, dass die beiden zusammengezogen waren, dass sie sehr schnell geheiratet und auch schon Nachwuchs hatten.

Ich freue mich für diese junge glückliche Familie, die in der Zwischenzeit schon ein zweites Kind hat und bin glücklich, wenn ich sehe, dass meine Voraussagen eintreffen. Übrigens: Charles, der große stattliche Mann, ist Angestellter einer Sicherheitsfirma und die blonde blauäugige zierliche Barbara stammt aus Polen.

Eines Tages kam ein junger Mann zu mir ins Büro und bat mich ihn zu beraten. Ich sah ihn zum ersten Mal und sagte ihm, dass er irgendwo arbeitet, wo er Sachen aufstellen muss, damit diese auf die Kunden einen guten Eindruck machen. Ich spürte, dass er mit Sachen arbeitet, die ästhetisch angeordnet, die Kunden zum Kauf animieren sollen. Charly lächelte und verriet mir, dass er in der Obst- und Gemüseabteilung eines großen Supermarktes tätig sei, wo er die zu verkaufende Ware schön und für die Kunden ansprechend aufstellt.

„Sie werden aber nicht mehr lange dort bleiben“ sagte ich entschlossen.

„Das kann doch nicht wahr sein, ich bin erst seit sehr kurzer Zeit dort und gedenke auf gar keinen Fall von dort wegzugehen.“

Charly verließ mich sichtlich unzufrieden über die für ihn unangenehme Voraussage und einige Wochen später erschien er erneut bei mir.

„Sie hatten Recht, mir wurde vor kurzem ohne Angabe von Gründen gekündigt. Ich bin sicher, dass ich meinem Vorgesetzten nicht besonders gefallen habe.“

Ich sah für ihn eine andere Arbeitsstelle an einem ganz anderen Ort, ja sogar außerhalb von Belgien, eine viel interessantere Arbeit, die ihm mehr Einsatz und Verantwortung abverlangt, ihm aber viel mehr Genugtuung verschafft, eine Arbeit, die mit vielen Reisen verbunden ist, eine Arbeit, bei der auch ein anderer Mann eine wichtige Rolle für ihn spielen wird.

Charly konnte es kaum fassen und hakte immer wieder nach:

„Sind Sie sicher, Herr Riolo?“

Er verschickte seine Bewerbungen und nach kurzer Zeit erhielt er die Zusage für die Anstellung in einer international tätigen Firma, wo er sofort, trotz seines jungen Alters, von einem Mann unterstützt, zum Abteilungsleiter ernannt wurde und sich seither ständig zwischen Italien und Maastricht bewegt.

Charly kommt weiter zu mir, ist überaus glücklich und kann es kaum fassen, welche Wendung sein Leben genommen hat und ich freue mich, dass es für ihn so gut ausgegangen ist.

Sylvie, eine etwa fünfundzwanzigjährige Frau, erschien nach Terminvereinbarung bei mir im Büro und bat mich um eine Beratung. Ich sah in den Karten, dass sie verheiratet ist, dass sie einer beruflichen Tätigkeit nachgeht und in einem Haus wohnt, in dem sich zurzeit eine Baustelle befindet.

„Herr Riolo, Sie lesen in mir wie in einem offenen Buch“ bemerkte sie überwältigt.

„Sie arbeiten in der Gastwirtschaft.“

„Es stimmt, ich bin Köchin und bin in einem großen Restaurant in Teilzeit beschäftigt.“

„Sie sind verheiratet.“

Ich sah, dass ihr Mann in seiner Kindheit geschlagen und misshandelt wurde und nun selbst ein sehr aggressiver, gewalttätiger Mensch geworden war. Ich sah, dass in ihrem Haus eine Baustelle ist und überall viel Staub liegt.

Sie bejahte alles und erzählte mir, dass sie einen Bauernhof gekauft hätten und den gerade renovieren.

„In einem Jahr werden Sie aber nicht mehr verheiratet und auch nicht mehr in diesem Haus sein. Sie werden auch nicht mehr im Restaurant arbeiten.“

„Sie sind mir sehr sympathisch, Monsieur, aber wenn Sie mir so etwas sagen... Wir sind seit knapp einem Jahr verheiratet, haben eben das Haus gekauft und auch auf der Arbeit fühle ich mich sehr wohl. Was Sie da sagen, kann doch nicht stimmen“ meinte sie etwas verwirrt.

„Madame, denken sie nicht daran, leben Sie Ihr Leben, leben Sie Ihr Leben wie es kommt und wenn es wirklich so geschehen sollte, wie ich es Ihnen jetzt gesagt habe, kommen Sie bitte wieder und erzählen es mir.“

„Bitte sagen Sie mir etwas Genaueres darüber“ flehte sie mich an.

„Ich sehe einen Mann, einen gutaussehenden und ziemlich reichen Mann, in den Sie sich unsterblich verlieben werden.“

„Monsieur Riolo, Sie sind ein sympathischer junger Mann, aber glauben Sie nicht, dass Sie in Ihren Voraussagen ein wenig zu weit gehen?“

„Wenn es wirklich so geschehen sollte, bringen Sie mir eine Flasche Champagner mit“ sagte ich, als ob ich mit ihr eine Wette abschließen wollte.

Sie verließ mein Büro in der Überzeugung nie wieder bei mir aufzukreuzen, weil sie sicher war, dass sich meine Voraussage nicht erfüllen wird.

Nach etwa einem Jahr kam ein bekannter Künstler in das Nobelrestaurant, in dem Sylvie als Köchin arbeitete und weil ihm das Essen gut schmeckte, wollte er sich bei der Köchin persönlich bedanken. Einen Monat lang ging er täglich zum Essen hin.

Mit der Zeit entwickelte sich zwischen den beiden eine heftige Sympathie, die in Liebe ausartete. Sylvie verließ ihren Mann, das gemeinsame Haus und auch die Arbeit im Restaurant, die sie an der Seite des wohlhabenden Künstlers entbehren konnte. Ihr ganzes Leben änderte sich von Grund auf und nun besuchen sie mich jedes Mal, wenn sie nach Belgien kommen.

Beim ersten gemeinsamen Besuch kam sie nicht wie abgemacht, mit einer Flasche, sondern brachte mir eine ganze Kiste vom allerbesten Champagner.

Der Tod auf der Straße

Es war an einem Samstag im März. Wie immer besuchte ich am Samstag meinen Vater. Diesmal jedoch holte er mich ab und brachte mich zu sich. Ich weiß nicht wieso, aber plötzlich begann ich den Tod zu spüren. Ich spürte, dass jemand sterben würde und beschäftigte mich in Gedanken damit. Ich stellte mir viele Fragen und konnte von diesem Gedanken nicht abkommen. Überall lauerte der Tod. Das erzählte ich meinem Vater, der mich skeptisch ansah und aufforderte diese blöden Gedanken sein zu lassen und das Gesprächsthema zu wechseln. Ich versuchte über andere Dinge zu sprechen, konnte aber den Gedanken an den Tod mit bestem Willen nicht von mir weisen. Ich wusste genau, dass jemand sterben würde, wusste aber auch, dass es sich nicht um jemanden aus meiner Familie oder meinem Bekanntenkreis handelte.

Der Tag näherte sich dem Ende und mein Vater schlug vor, mich nach Hause zu fahren. Myriel, seine Lebensgefährtin, nahm auf der Rückbank im Auto Platz. Auf einmal fiel es ihr ein, dass sie noch einige Kleinigkeiten benötigte. Sie bat meinen Vater vor einem Laden anzuhalten, um schnell einkaufen zu können. Sie stieg aus und ging in den Laden, während ich mit meinem Vater im Auto wartete.

Vor uns lag eine überaus verkehrsreiche Straße, auf der Autos in alle Richtungen fuhren. Wieder spürte ich den Tod, hob den Kopf und sah wie ein älterer Herr mit seinem Auto von der rechten Fahrbahn schnurgerade auf die linke wechselte. Ich erschrak, zuckte zusammen und konnte mir nicht erklären, weshalb er dieses unmögliche und vollkommen unlogische Manöver durchgeführt hatte. Im gleichen Augenblick sah ich ein Motorrad, auf dem ein junger Mann im Blaumann saß, auf ihn zukommen. Der junge Mann flog einige Meter durch die Luft und blieb ausgestreckt und regungslos auf der Straße liegen. Der sofort herbeigeeilte Notarzt konnte trotz Wiederbelebungsversuche nur noch den Tod des Familienvaters feststellen, auf den Frau und zwei Kinder zu Hause warteten.

Leider war diesmal das, was ich vorausgesehen hatte, etwas furchtbar Schlimmes und schlimme, negative Voraussagen brennen sich viel tiefer in meine Seele ein, als positive. Gern würde ich in solchen Augenblicken den Betroffenen helfen, kann aber manchmal überhaupt nichts tun, obwohl ich genau weiß und genau spüre, was auf sie zukommt.

Es freut mich immer, wenn ich die Karten richtig gedeutet habe. Bei den meisten Kunden weiß ich gar nicht, ob sich meine Voraussagen erfüllen, ob die von mir wahrgenommenen Ereignisse auch wirklich eintreffen, weil ich keine Rückmeldung erhalte und außerdem merke ich mir nur selten, was ich voraussage, so dass ich dann, wenn ein Kunde vor mir sitzt, meistens nicht mehr weiß, was ich ihm bei den vorherigen Beratungen gesagt habe. Die Kunden selbst erinnern mich oft daran, indem sie mir erzählen, dass ich mit der oder jener Voraussage Recht hatte und wecken somit meine Erinnerung an das betreffende vorausgesagte Ereignis.

Selbstverständlich freue ich mich über jede zutreffende Voraussage.

Natürlich kann ich mich auch irren, kann ich Fehler machen, denn ich bin doch auch nur ein Mensch. Meine Tätigkeit macht mir aber sehr viel Spaß, ich mache sie sehr gern, weil ich weiß, dass ich den Menschen damit helfen kann, wenngleich meine Voraussagen nicht immer positiv ausfallen. Das Negative, das Schlechte, kann auch hilfreich sein, weil man weiß, was einen erwartet. Man kann sich darauf einstellen und wird nicht plötzlich und unerwartet von dem schlimmen Ereignis überrascht. Sobald ein Mensch mir gegenübersitzt, spüre ich wie weit ich gehen kann, in wie fern er eine positive oder negative Aussage verkraften kann und handele dann entsprechend.

Am Freitag, dem 15. Juni 2001 befand ich mich auf Einladung von Cristina in der Stadthalle von Bonn, Bad Godesberg. Cristina leitet dort seit vielen Jahren eine Gruppe, die aus etwa vierundfünfzig interessierten Personen jeden Alters, jeden Berufs oder Beschäftigung besteht. Sie nennen sich Godesberger Treffen und kommen einmal im Monat zusammen. Fast immer werden Wissenschaftler, Forscher, Sachbuchautoren, Künstler und andere aus Deutschland und aus dem Ausland eingeladen, die dann über interessante Themen sprechen oder ihre Vorträge halten und ihre Bücher präsentieren. Bei ausländischen Gästen dolmetscht Cristina, die mehrere Sprachen spricht. So auch an diesem Freitagabend.

Alles verlief einwandfrei, ich fühlte mich ausgezeichnet, erzählte dem Publikum über mich und meine Erfahrungen und beantwortete viele Fragen. Wir sprachen über Wahrsagerei, über Hellsehen und Heilungen, über Hypnose, Magie und Verbindungen zum Jenseits, kurzum über alles, was das Publikum von mir wissen wollte.

Plötzlich meldete sich eine Dame zu Wort und wollte von mir wissen, ob ich in der Lage sei, mir selbst zu helfen, für mich Dinge vorauszusehen, mich bei auftretenden Krankheiten selbst zu heilen. Als sie das fragte, antwortete ich ihr etwas, an das ich mich mit bestem Willen nicht mehr erinnere, da ich in dem Augenblick geistig nicht mehr anwesend war.

Wie ich schon sagte, ich erfreue mich nicht unbedingt bester Gesundheit, es geht mir aber nicht schlecht. In dem besagten Augenblick jedoch, sah ich mich in einem Krankenhaus und sollte mich einem chirurgischen Eingriff unterziehen, was ich noch nie im Leben über mich ergehen lassen musste. Dieser Gedanke ließ mich an dem Abend nicht mehr los und während der gesamten Reise von Bonn nach Lüttich, dachte ich ständig daran.

Keiner wusste von diesem Ereignis und einige Tage später wurde ich sehr krank. Ich bekam furchtbare Halsschmerzen, eine eitrige

Mandelentzündung, die trotz Antibiotika nicht abklang. Die Ärzte beschlossen, mir die Mandeln zu entfernen. Nun verstand ich meine eigene Voraussage, die ich damals an dem Abend in Bonn nicht interpretieren konnte.

Am 7. August 2001 wurden mir im Krankenhaus St. Joseph in Lüttich die Mandeln entfernt.

Meine Erlebnisse mit Pascal

Oma Emilia

Zwei Monate nachdem Pascal mir zum ersten Mal die Tarotkarten gelegt und gedeutet hatte, suchte ich erneut bei ihm um einen Termin nach, da ich nun doch begann, langsam an seine Fähigkeiten zu glauben, weil sich die mir im Juli 1993 gemachten Voraussagen zu erfüllen begannen.

Wir saßen uns am Tisch gegenüber und nachdem ich mein Geburtsdatum auf ein Stück Papier geschrieben hatte, forderte er mich auf eine gewisse Anzahl von Karten aus den eben von ihm gut gemischten Tarotkarten zu ziehen. Ich gab mir die größte Mühe mich zu konzentrieren und befolgte seine Anweisungen gewissenhaft.

Pascal breitete die Karten auf dem Tisch aus und begann sie für mich zu deuten. Ich spürte regelrecht, wie sich die Atmosphäre im Raum anzuspannen begann, schenkte dieser Tatsache aber aus Gründen meiner Unwissenheit um solche Dinge, keinerlei besondere Aufmerksamkeit.

Er begann mir Verschiedenes zu sagen, was ihm die Karten über mich im Allgemeinen preisgaben, als er plötzlich ganz bleich wurde und eine erschreckend starre Miene aufsetzte. Wie in Trance sagte er irritiert:

„Hier ist jemand, der sich zwischen uns stellt und mit einer gewissen Tita sprechen möchte."

Mir kam die Gänsehaut, aber ich versuchte so gut es ging mich zusammen zu nehmen und meine Angst und Panik zu unterdrücken. Ich spürte wie mein ganzer Körper bebte und hörte mich mit schwacher Stimme fragen:

„Wer ist hier? Wer will eine gewisse Tita sprechen?"

„Es ist Emilia, kennst du eine Emilia?"

Wie sollte ich Emilia denn nicht kennen? Ich kannte doch nur eine Emilia: Es war meine liebe Großmutter väterlicherseits, die 1971 im

Alter von 97 Jahren sanft und leise entschlief. Sie war schon am 28. Dezember 1944 bei meiner Geburt dabei, päppelte mich auf und sorgte sich um mich, weil ich ein Siebenmonatskind war und auch noch mitten im strengen Winter das Licht der Welt erblickte, nachdem meine Mutter an Kindbettfieber erkrankte und fast gestorben wäre.

Lebenslang war ich Oma Emilia sehr verbunden, verbrachte als Kind die Ferien bei ihr und besuchte sie auch später so oft ich konnte. Die große schlanke, gutaussehende Ehefrau des Senators war in mancher Hinsicht mein Beispiel im Leben. Von ihr lernte ich gute Manieren und vor allem, dass man als Frau im Leben seine Persönlichkeit und seinen Stolz nie aufgeben soll.

Als Oma am 7. September 1971 ihre schönen blauen Augen für immer schloss, war ich bei ihr. Im Laufe der Jahre spürte ich manchmal ihre Anwesenheit, wollte es aber nie so recht wahrhaben.

Nun sollte sich meine Oma nach so vielen Jahren über Pascal bei mir melden? Das Herz sprang mir vor Aufregung fast aus der Brust und ich überlegte einen kurzen Augenblick was ich ihr sagen könnte. War sie es aber auch wirklich? Woher wusste Pascal ihren Namen? Nie hatte ich bei Pascal ein Wort über meine Oma verloren. Woher wusste er, dass Oma mich immer Tita nannte?

In mir entstand ein Durcheinander von Gefühlen und Gedanken, die ich in der großen Aufregung und Freude gar nicht mehr ordnen konnte. Ich wollte alles von ihr wissen, sie vieles fragen, sie vielleicht sogar einiges bitten, wusste aber nicht, wo ich anfangen und was ich zuerst fragen sollte.

Da ich daran glaube, dass sie mir in schwierigen Situationen aus dem Jenseits hilft, dachte ich sofort daran, was ich für sie tun könnte. Sollte ich für sie beten?

Pascal sagte ruhig ohne jeglichen Gesichtsausdruck:

„Du sollst nicht für mich beten, denn dort wo ich bin, geht es mir gut, ich kann dein Gebet nicht gebrauchen. Wenn du aber etwas für mich tun willst, leg mir bei deinem nächsten Besuch zu Hause sieben rosa Rosen auf das Grab.“

Jetzt erst wurde mir bewusst, dass meine Oma über Pascal mit mir kommunizierte, denn er sprach in ihrem Namen, so als ob sie direkt auf meine Fragen antworten würde. Ich stellte die Fragen aber doch nur in Gedanken! Wie war so etwas möglich?

Ich saß starr vor Pascal und ohne mich zu bewegen, stellte ich erneut in Gedanken einige Fragen an meine Oma Emilia, die sie mir über Pascals Stimme auch prompt beantwortete.

„Wo ist mein Vater?" dachte ich und Pascal sagte:

„Mircea ist nicht bei mir. Er ist mit mehreren anderen aus dem Jenseits in Jugoslawien, um weiteres Blutvergießen zu verhindern. Die Leute dort bringen sich gegenseitig um und das muss verhindert werden."

Hier möchte ich nur anmerken, dass mein Vater mit Vornamen wirklich Mircea hieß und am 27. August 1951 verstorben ist. Oma Emilia hatte sich nach dem Tod ihres Sohnes eigentlich nie erholen können und bis an ihr Lebensende deswegen sehr gelitten. Auch tobte zu der Zeit, als ich bei Pascal war, der Krieg in Jugoslawien.

„Bald werden im Osten neue Staaten entstehen. Dort sind große Unruhen, die noch lange anhalten werden. Im Osten werden noch viele Leute sterben. Mircea wird mit seinen Freunden aus dem Jenseits versuchen Frieden zu stiften."

Auf meine in Gedanken ausgedrückte Bitte „kannst du mir bitte helfen", die wahrscheinlich jeder von uns an einen lieben Verstorbenen stellen würde, bekam ich als Antwort:

„Du brauchst keine Hilfe von mir, du kommst sehr gut allein zurecht. Ich beschütze dich und sehe was du tust. Ich bin bei dir und bin stolz auf dich, auf das, was du geleistet hast und wie du dich im Leben durchschlägst."

Diese Aussage ging mir durch Mark und Bein, erfreute mich und nahm mir sofort jede Angst vor dem Tod, vor dem Jenseits oder den Wesenheiten, die ich manchmal zu spüren glaube.

Pascal saß immer noch bleich und regungslos vor mir und fuhr fort:

„Ich freue mich sehr, dass ich heute über diesen jungen Mann mit dir in Verbindung treten konnte und verspreche dir, mich bei dir noch zu melden. Ich möchte dir sagen, dass du mit deinem Geld sparsamer umgehen und nicht mehr so viel an andere verschenken solltest. Sei weniger großzügig, denn du hast selbst nicht viel und keiner wird es dir danken.“

Was sie hier sagte, stimmte genau. Ich bin immer sehr großzügig und gebe anderen alles was ich nur kann, auch wenn mir dabei fast nichts mehr übrigbleibt. Oft schon versuchte ich mich zu ändern, wenn es aber dann darauf ankommt, schaffe ich es einfach nicht. Sollte ich Oma nun versprechen mich diesbezüglich zu ändern? Lieber nicht, denn ich hätte mein Versprechen sowieso nicht halten können und sie vielleicht nur enttäuscht.

Ich saß immer noch unbewegt vor Pascal, starrte gespannt in sein bleiches ausdrucksloses Gesicht und erschrak bei dem Gedanken, dass er aus der Trance, in die ihn die Anwesenheit meiner Oma Emilia versetzt hatte, vielleicht nicht mehr richtig erwachen würde.

Nachdem ich noch einige Gedanken mit Oma wechselte, bedankte sie sich bei mir, verabschiedete sich und verschwand. Pascal schüttelte leicht den Kopf, zuckte zusammen so als ob er eben aus einem tiefen Schlaf erwachte und sah mich erstaunt an. Als ich ihm erzählte, was gerade vorgefallen war, konnte er sich an gar nichts erinnern und staunte nicht schlecht über das, was ich zu berichten hatte.

Im September 1995, also genau zwei Jahre nach meinem Besuch bei Pascal, bei dem ich zum ersten Mal mit Oma Emilia kommunizierte, fuhr ich zusammen mit meinem Neffen Marc im Auto nach Siebenbürgen. Wir feierten 750 Jahre seit der Gründung unserer Heimatstadt Sebeş (Mühlbach).

Der Gedanke an meine Oma, die in Sebeş beerdigt ist, ging mir nicht mehr aus dem Kopf und ich versuchte wo ich nur wußte, dass jemand Blumen im Hof oder Garten hatte, sieben rosa Rosen für ihr Grab aufzutreiben. Ich bat unsere Freunde und Bekannte um Blumen für den Friedhof, scheute es aber zu sagen, dass ich eigentlich nur sieben rosa Rosen wollte. Sicherlich hätte man mich gefragt, weshalb gerade sieben und warum ausgerechnet rosa Rosen. Was hätte ich dann sagen sollen? Auch ein großer Strauß anderer bunter Blumen wäre doch wunderschön gewesen. Ich begann langsam zu verzweifeln, ließ aber nicht locker, weil ich meiner Oma den bescheidenen Wunsch unbedingt erfüllen wollte und mußte. Kein einziger Blumenladen der Stadt hatte rosa Rosen, sonst hätte ich sofort sieben davon gekauft.

Warum eigentlich genau sieben und nicht acht oder neun, warum nicht viel mehr oder sogar weniger? Das fragte ich mich mehrfach und kann es mir nur so erklären: Die Zahl Sieben ist in unserer Familie stets mit negativen Ereignissen, mit Katastrophen, Unfällen und Todestagen verbunden, ich könnte sagen, es ist eine Unglückszahl. Im Laufe der Zeit bin ich sogar ein wenig abergläubisch gegen die Sieben geworden. An Tagen wie dem siebenten, dem siebzehnten oder siebenundzwanzigsten des Monats kommt fast immer etwas Negatives vor: Leichtes Unwohlsein, ein kleiner Unfall, ein Brief vom Finanzamt, ein Streitgespräch mit jemandem usw. Am 27. August 1951 verstarb mein Vater, am 27. August 1964 hatte ich einen schweren Motorradunfall, am 27. Oktober verlor einer meiner Cousins sein rechtes Bein bei einem Autounfall, am 17. Oktober verstarb mein Onkel Haro, der übrigens am 7. September geboren war, am 27. April hatte ich einen Autounfall... Ich könnte diese Liste mit Sicherheit beliebig fortführen.

Meine Oma Emilia, der ich die sieben rosa Rosen bringen sollte, ist am 7. September 1971 verstorben. Wen wundert es noch, dass sie genau sieben rosa Rosen wollte?

Nach mehrfachen Bemühungen bekam ich endlich einen schönen Blumenstrauß, in dem auch einige rosa Rosen waren. Diese waren aber leider sehr klein und sahen nicht besonders schön aus. Unglücklich über meine Rosen und unzufrieden mit der gesamten Situation, bat ich Oma in Gedanken um Verständnis, nahm sieben, die ich am schönsten fand, aus dem Strauß heraus und brachte sie zusammen mit meiner Schwester und ihrem Sohn zum Grab unserer Großmutter. Natürlich wussten die beiden nicht, was in mir vorging, denn ich versuchte, mir nichts anmerken zu lassen.

Wir gingen zum Friedhof und als wir uns Omas Grab näherten, dachte ich, mich trifft der Schlag! Auf dem mit einer schweren Zementplatte bedeckten Grab lagen sieben wunderschöne langstielige rosa Rosen! Ich legte meine kleinen ruppigen rosa Röschen beschämt daneben, machte ein Foto vom Grab und versuchte zu erfahren woher diese Blumen stammten. Keiner konnte es mir sagen und bis heute weiß ich nicht, wer ausgerechnet sieben rosa Rosen auf das Grab meiner Oma Emilia gelegt hatte. Zufall oder doch viel mehr?

Als ich wieder einmal bei Pascal im Arbeitszimmer saß und er mir auf einige Fragen antwortete, kamen wir auf meine Oma Emilia zu sprechen, von der Pascal behauptete, dass sie mein Schutzengel sei, was mir gar nicht missfällt.

Auf dem Tisch vor mir stand Pascals große Kristallkugel, die er manchmal zu Hilfe nimmt, wenn es die Situation erfordert. In dieser Kugel sieht er dann zukünftige Ereignisse, Bildnisse von verstorbenen oder lebenden Personen und teilt seinen Kunden das Erfahrene mit. Wir schenkten der Kristallkugel keine Aufmerksamkeit, nahmen sie wohl wahr, aber beachteten sie nicht besonders. Als wir auf meine Oma zu sprechen kamen, wobei ich mich nicht mehr genau erinnere in welchem Zusammenhang dieses geschah, begann plötzlich aus der Kugel ganz langsam Rauch aufzusteigen. Wir erschraken und dachten, dass in Pascals Büro ein Brand ausgebrochen sei. Der weiße, anfangs sehr dünne und langsam aufsteigende Rauch, verdichtete sich immer mehr und verbreitete sich in wenigen Minuten im gesamten Raum, dass wir uns kaum noch sehen konnten. Die Tatsache, dass der Rauch überhaupt keinen Geruch hatte, eher wie ein dichter Nebel aussah, brachte uns von dem Gedanken ab, dass es sich hierbei um einen Brand handeln könnte. Nach genau sieben Minuten löste sich der Rauch oder Nebel auf und die Luft wurde wieder klar und durchsichtig, so als ob überhaupt nichts geschehen war.

Wir versuchten das Phänomen zu deuten und redeten uns ein, dass es ein Zeichen meiner Oma Emilia war, die ja versprochen hatte, sich noch bei mir zu melden.

Pascals Kunden, wenn ich sie so nennen darf, verlangten mehrfach von ihm einen Vortrag über das Jenseits und ähnliche Themen. Er sagte zu und begann sich um die Reservierung des großen Saals im Palais des Congrès in Lüttich zu kümmern. Der Veranstalter versprach, den Saal für das letzte Wochenende im April 1995 für ihn freizuhalten. Wir telefonierten öfter miteinander und Pascal erzählte mir, dass er von dem ihm zugesagten Termin nicht sehr begeistert sei und das Gefühl hätte, den Termin verschieben zu müssen. Ich verstand, ehrlich gesagt, seine Bedenken überhaupt nicht und dachte, wenn er Bedenken hat, wird es sicher einen Grund dafür geben und er wird schon das Richtige tun.

Nach einigen Tagen rief mich Pascal erneut an und erzählte mir unter anderem, dass er eine Nachricht von meiner Großmutter erhalten hätte, die sich irgendwie auf seinen Vortrag und die Reservierung des Saales in Lüttich beziehe. Wir konnten beide diese komische Nachricht nicht richtig deuten und ließen es einfach auf uns zukommen.

Wenige Tage später klingelte mein Telefon und Pascal sagte begeistert:

„Stell dir vor, die haben mir die Saalreservierung im April storniert und mir den Saal für den 20. Mai fest zugesagt."

„Für den 20. Mai?"

Ich traute meinen Ohren nicht. Das war der Geburtstag meiner Oma und der fiel genau auf einen Freitag, also genau auf einen Tag, der für Pascals Vortrag wunderbar passte.

Wir waren glücklich über diesen Zufall. Oder war es doch kein Zufall?

Es war am Freitag, dem 20. Mai 1995. Der große Saal im Palais des Congrès in Lüttich war voll besetzt. Alle warteten ungeduldig auf Pascal. Als er von seinen Leibwächtern begleitet endlich erschien, begann das Publikum laut zu klatschen. Er stellte sich auf die Bühne und das Publikum verstummte, es hielt fast den Atem an, in Erwartung was nun weiter geschieht. Pascal stellte seine Gäste vor und bat sie der Reihe nach auf die Bühne. Ich saß vorn in der ersten Reihe und wie immer, musste auch ich die Bühne betreten. Da ich bei fast allen seinen Veranstaltungen dabei bin, kennt mich sein Publikum schon und wenn ich manchmal nicht dort sein kann, fragen viele nach mir.

An seinen sogenannten Vortragsabenden nehmen auch immer von ihm geladene Gäste teil, die über ihre mit Pascal gemachten Erfahrungen berichten. Ich werde stets als logisch denkender Mensch, als polyglotte Mathematikerin vorgestellt, die vorher nie an solches Zeug glaubte und die nun mit Pascal derartige Erfahrungen gemacht hat, dass ihr gesamtes Weltbild, ihre Lebensanschauung, aus den Fugen geriet, was ich auch stets brav bestätige. Übrigens, es ist nun mal so. Nur selten, wenn er Gäste hat, die nicht Französisch sprechen, helfe ich auch beim Dolmetschen, da dieses zu meinem Beruf gehört. Nur als kleine Nebenbemerkung: Ich dolmetsche fünf Sprachen simultan, spreche aber sieben. Fällt etwas auf? Wieder diese komische Sieben!

Bei diesen Veranstaltungen spricht Pascal meistens frei zu seinem Publikum und lässt auch die auf der Bühne an Tischen sitzenden Gäste frei sprechen. Danach kann das Publikum seine Fragen stellen, die gewissenhaft und höflich beantwortet werden. Aus diesen Gründen kann ein solcher Abend manchmal sogar bis zu drei Stunden dauern. Die Leute im Saal harren geduldig aus, weil sie das Thema sehr interessiert und ihnen Spaß macht.

An diesem Abend wurde, wie schon gesagt, auch über das Thema „Jenseits“ gesprochen. Die Gäste erzählten nacheinander über ihre Erlebnisse mit verstorbenen Familienangehörigen, über Geistwesen, Poltergeister und ähnliches. Plötzlich meldete sich eine Frau aus dem Publikum, die ihre Skepsis diesen Themen gegenüber offen ausdrückte und Pascal darum bat, allen einen Beweis dafür zu liefern, damit seine Aussagen auch glaubwürdig belegt werden können. Sie fragte Pascal, wieso er so etwas kann und sie, als ganz normale Frau, nicht.

Während Pascal von der Bühne aus versuchte der Frau eine plausible Erklärung zu geben, bemerkte ich plötzlich etwas ganz Komisches. Ich saß zusammen mit anderen Gästen auf der Bühne an einem langen Tisch, auf dem vor jedem Gast eine Flasche Mineralwasser und ein Glas stand. Einige hatten ihre Gläser mit Wasser gefüllt, um daraus zu trinken. Mein Glas stand neben der Flasche, jedoch umgekippt, also mit der Öffnung nach unten. Weil ich keine Notwendigkeit verspürte mir Wasser einzugießen, hatte ich es auch gar nicht berührt.

Ich saß auf der Bühne am Tisch vor dem Publikum und hörte Pascals Ausführungen gespannt zu. Im selben Augenblick, als er in der Mitte der Bühne ganz vorn stand, um der fragenden Frau eine Erklärung zu liefern, begann sich plötzlich mein Glas zu bewegen. Zuerst traute ich meinen Augen nicht und sah unter den Tisch im Glauben, dass es jemand vielleicht von unten bewegt. Ich stand auf und entfernte mich vom Tisch während alle ruhig saßen und Pascal zuhörten. Nun erlaubte ich mir, ihn sofort lautstark zu unterbrechen und zog dadurch die Aufmerksamkeit aller im Saal befindlichen Leute auf mein immer noch hin- und hergleitendes Glas. Irgendwie machte mir dieses Phänomen Angst, aber alle im Saal konnten sehen, wie es wie von Geisterhand geführt, in großen Bögen auf dem Tisch umherglitt bis es irgendwann stehenblieb.

Pascal musste seinem Publikum nun nicht mehr viel über die Existenz des Jenseits erklären, da ihm dieses ja offensichtlich und für alle gut sichtbar, im richtigen Augenblick zu Hilfe geeilt war.

Lange noch wurde an diesem Abend, auch im Foyer des Kongressgebäudes, über dieses Ereignis gesprochen und die so skeptische Frau aus dem Publikum hat ihre Ansichten über das Jenseits oder über Pascals Fähigkeiten sicherlich überdacht.

Als ich mich danach mit Pascal über das Geschehene unterhielt, machte er mir ein Geständnis:

„Als ich in Begleitung meiner Leibwächter den Saal betreten hatte, spürte ich etwas Unerklärliches in der Luft, das mich begleitete und als ich die Bühne betrat und auf das Publikum herabschaute, sah ich am Ende des mittleren Ganges, der zwischen den Stuhlreihen bis nach hinten zum Saalausgang führt, eine feinstoffliche Gestalt, eine Wesenheit, über dem Boden schweben. Ich erkannte sofort deine Großmutter. Wunder dich also nicht, dass sich gerade dein Glas bewegt hat. Sie war da und wollte uns helfen, sie wollte uns an diesem Abend zur Seite stehen, was ihr auch voll gelungen war. Als sie mir vor meinem Vortragsabend erschien, teilte sie mir mit, dass sie dabei sein werde. Jetzt erst verstehe ich ihre Nachricht. Wir müssen ihr dafür danken."

Pascal hatte meine Oma auf Fotos gesehen und sie deshalb sofort erkannt.

Hier möchte ich noch eine kleine Geschichte erzählen, die eigentlich nicht direkt mit Pascal in Zusammenhang steht, aber in Bezug auf meine Oma Emilia durchaus erwähnenswert ist.

Mit meinem damaligen Auto Lancia Dedra holte ich Lucio, einen befreundeten italienischen Fabrikanten, vom Flughafen Köln ab um ihm beim Besuch eines Großkunden im Raum Wuppertal als Dolmetscherin behilflich zu sein. Ich begleitete ihn öfter zu seinen Kunden und ließ ihn dann jedes Mal ans Steuer meines Autos, weil ich seinen Fahrkünsten voll und ganz vertraue, da er beruflich sehr viel Auto fährt.

Wir hatten unser Gespräch mit dem deutschen Großkunden beendet und wurden von diesem zum Mittagessen eingeladen. Er wollte uns etwas ganz Besonderes bieten und führte uns über mehrere Dörfer zu einem ihm bekannten guten Restaurant. Weil wir die Umgebung überhaupt nicht kannten, fuhr er auf der Landstraße in seinem dicken Auto vor und wir folgten ihm. Plötzlich wurde er geblitzt. Ich machte Lucio auf die Radarfalle aufmerksam und er versuchte noch schnell zu bremsen. Leider war es zu spät und der Radarblitz erwischte uns ebenfalls.

Nach wenigen hundert Metern mussten wir anhalten, da sich gerade ein Unfall ereignet hatte.

Weil es mein Auto war, musste ich mich nun auf eine Geldbuße wegen der Geschwindigkeitsüberschreitung gefasst machen. Irgendwann, ich hatte den Vorfall schon fast vergessen, flatterte mir der Bußgeldbescheid ins Haus. Im Umschlag lag ein behördliches Schreiben, das der Stellungnahme zum Geschehnis diente, eine Zahlungsüberweisung über 20,- DM und das mit dem Radargerät geschossene Foto. Ich nahm das Foto in die Hand, auf dem das Auto von der Fahrerseite in gesamter Länge abgelichtet war und erkannte ganz klar und deutlich Lucio am Steuer. Eigentlich saß ich auf dem Beifahrersitz, der jedoch aus Vertraulichkeitsgründen auf dem Foto nicht zu sehen war.

Ich stutzte: Saß jemand auf dem Rücksitz? Das konnte doch nicht sein, denn wir hatten niemanden mitgenommen und auf der Rückbank lagen neben Lucios Aktenkoffer und einigen Warenmustern, die er mitgebracht hatte, nur noch unsere Jacken. Oder doch? Man erkannte ganz klar das Gesicht einer hinter dem Fahrer sitzenden Frau, die zur Seite blickte.

Ich versuchte das Bildnis als eine Lichtspiegelung abzutun, was mich aber keineswegs überzeugte, denn eine solche Lichtspiegelung konnte es gar nicht geben. Was soll sich in der Scheibe der Hintertür gespiegelt haben? Das Gesicht einer Frau, die es auf der Landstraße gar nicht gab? Ich drehte das Bild hin und her und verspürte dabei ein gewisses Unbehagen, umso mehr, als mir das Gesicht dieser Frau sehr bekannt und vertraut war. Ich wagte es nicht einmal zu Ende zu denken, als ich meine Oma auf dem Bild erkannte.

(© Cristina Aldea)

Oma Emilia auf dem Rücksitz im Auto

(© Cristina Aldea)

Oma Emilia mit Enkelin Tita

Natürlich musste wieder Pascal herhalten. Als ich ihm das Bild zeigte, sagte er sofort, dass es meine Oma sei, die sich zu uns ins Auto gesellt hatte, um uns vor dem Unfall zu bewahren. Oma ist doch mein Schutzengel und auch diesmal hat sie mich voll beschützt, wofür ich ihr sehr dankbar bin. Leider ist das Radarbild auf Thermopapier gedruckt worden und hat sich im Laufe der Zeit ein wenig verändert.

Die Strafe musste ich auch nicht zahlen, da ich meine Stellungnahme wahrscheinlich so überzeugend abgegeben hatte, dass ich nie wieder etwas davon zu hören bekam.

Eines Tages holte ich Pascal über das Wochenende zu mir nach Köln. Da André, ein mit mir befreundeter Französischlehrer, von diesem Besuch wusste, bat er uns, auch bei ihm vorbei zu sehen.

André ist ein Mann mittleren Alters, ein überzeugter Junggeselle polnischer Abstammung, der viele Jahre in Paris verbrachte, wo er auch studierte. Wir kennen uns schon seit über dreißig Jahren und wenn einer von uns irgendwann Hilfe braucht, springt der andere ein, so gut er kann. Mit André kann man interessante Gespräche führen und vor allem über jede Kleinigkeit herzlich lachen. Er hat eine Schwäche für schöne alte Sachen, was mir nicht so zusagt und verpasst fast keinen Flohmarkt in Köln, Düsseldorf oder andernorts. Seine Wohnung ist mit wertvollen, weniger wertvollen bis hin zu bizarren Dingen gefüllt, die er, wann immer er kann, von den verschiedensten Flohmärkten zusammenträgt.

Er kannte Pascal und bestand darauf unbedingt auch bei ihm einzukehren. Wir unterhielten uns über die unterschiedlichsten Dinge, bis wir zum Thema Magie, Hypnose und Wahrsagen übergingen.

André berichtete unter anderem, dass er schon seit längerer Zeit nicht gut schlafe, dass seine Unterrichtsstunden teilweise gestrichen wurden und er Existenzängste hätte. Auch fühle er sich ständig unwohl und lustlos. Wie oft in solchen Situationen, musste Pascal auch diesmal mit Rat und Tat zur Seite stehen.

Abgesehen von den guten und weniger guten Schwingungen, die von dem Sammelsurium an Gegenständen ausgingen, fühlte Pascal auch etwas, das gar nicht gut war, das er jedoch schlecht beschreiben konnte und bat André ihm zu erlauben durch die Wohnung zu gehen.

Im Schlafzimmer wurde Pascal unruhig:

„Hier ist es, hier muss es sein“ sagte er und zeigte mit dem Finger auf ein großes Bild über Andrés Bett.

„Das ist es. Das verbreitet negative Schwingungen und deshalb hast du die eben beschriebenen Beschwerden“, meinte Pascal.

André erklärte, dass er das besagte Bild irgendwo auf einem Flohmarkt erworben habe und weil es so schön sei, direkt über sein Bett gehängt hätte.

Das Bild war eine Art Collage und bestand aus vielen bunten Schmetterlingsflügeln. Es sah wunderschön aus und als Pascal sagte, dass man es sofort entfernen und so weit wie möglich wegwerfen oder sogar vernichten, also verbrennen sollte, tat es uns allen sehr leid, weil wir uns insgeheim die unheimlich komplizierte Arbeit dessen vorstellten, der es gefertigt hatte. Auch hatten wir Mitleid mit den vielen bunten Schmetterlingen, die dafür ihr Leben lassen mussten.

Gehorsam hängte André das Bild ab und trug es aus dem Zimmer. Pascal blieb mit mir im Raum und suchte weiter. Als André sein Schlafzimmer erneut betrat, fielen Pascals Blicke auf den kleinen braunen Tisch mit der großen, schwarzen Schreibmaschine von Olivetti, auf der André die Sprach- und Grammatikübungen für seine Schüler tippte.

Wie aus einem Munde fragten wir beide:

„Pascal, was kannst du zu dieser Maschine sagen? Sag uns alles darüber, was du weißt."

Pascal konzentrierte sich einen Augenblick und sagte:

„Diese Schreibmaschine gehörte anfangs einem Mann, der sie aber nur kurze Zeit besaß. Danach erwarb sie eine Frau, die sie lange Zeit benutzte. Ich könnte sogar sagen, dass sie ihren Lebensunterhalt damit verdiente."

„Weiter, Pascal, weiter! Sag uns etwas über diese Frau", bat André.

„Diese Frau stammt nicht von hier. Ich meine, dass sie aus einem anderen Land kommt, und zwar liegt dieses Land von Belgien aus gesehen weit unten rechts."

Pascal hielt kurze Zeit inne, legte seine Hände über die Schreibmaschine und sagte dann:

„Komisch, ich spüre von dieser Schreibmaschine unheimlich starke Schwingungen ausgehen und kann mir nicht erklären wieso das so ist."

„Weiter Pascal, weiter“, bat André erneut und lächelte mir zu.

„Wer ist diese Frau, wie ist sie?“

„Sie ist eine Frau mittleren Alters, die mit einem Herrn in Weiß verheiratet war. Sie lebt schon sehr lange allein. Sie hat keine Kinder.“

Wir sahen uns an, ließen uns aber nicht anmerken, dass wir genau wussten, wer damit gemeint war.

„Ist sie gut oder schlecht“, wollte André wissen und Pascal fuhr fort:

„Sie ist eine gute Person, sie hat etwas mit Rechnen oder mit Technik zu tun, du musst sie kennen, großzügig“... und als er begann die Eigenschaften der besagten Person zu beschreiben, unterbrach ich ihn.

André zeigte mit dem Finger auf mich, doch Pascal verstand immer noch nicht worum es ging und versuchte seine Analyse fortzusetzen. Erst Sekunden später begriff er und wir brachen alle drei in ein herzhaftes Gelächter aus.

Alles, was er zu der Schreibmaschine gesagt hatte, stimmte genau: Ich hatte sie vor vielen Jahren von der Firma Olivetti gekauft, deren Geschäftsführer ein Mann war. Richtig: Der Mann hatte sie nur kurze Zeit und die Frau, also ich, besaß sie viele Jahre. Da ich in Köln ein Übersetzungsbüro habe, verdiente ich mir natürlich den Lebensunterhalt damit, also mit den darauf geschriebenen Übersetzungen. Als ich mir einen Computer anschaffte und die Schreibmaschine nicht mehr verwendete, schenkte ich sie André, weil er seine Sprachkurse darauf leichter und schneller als mit der Hand schreiben konnte. So gelangte sie zu André.

Alle übrigen Angaben zu meiner Person stimmten auch: Ich bin tatsächlich in einem Land geboren, das, wie Pascal sich ausdrückte, weit unten rechts von Belgien liegt. Es ist Rumänien. Auch war ich mit einem Herrn in Weiß, mit einem Arzt, einem Gerichtsmediziner, verheiratet und lebe seit über 40 Jahren, also seit sehr langer Zeit, allein. Kinder habe ich keine. Mit Rechnen oder mit Technik habe ich auch zu tun, weil ich Mathematik-Mechanik mit Nebenfach allgemeine Technik studiert habe.

Die starken Schwingungen, die von der Schreibmaschine ausgingen, wurden durch meine Anwesenheit intensiviert, was uns aber erst später bewusst wurde.

Und noch etwas: Nach der Beseitigung des Schmetterlingsbildes ging es André wieder gut, er hatte mehr Arbeit und konnte normal leben.

Wieder einmal saßen wir bei André im Wohnzimmer an einem Tisch, auf den er uns Tee und Kaffee, verschiedene Naschereien und schmackhafte Happen gelegt hatte. Irgendwann im Laufe des Abends fiel unser Gespräch von den alltäglichen Dingen ab und wandte sich der Hypnose zu. André wollte genau wissen, ob Pascal hypnotisieren kann und vor allem, ob er selbst durch Hypnose willenlos werde. Er konnte sich einen solchen Zustand überhaupt nicht vorstellen und Pascal meinte:

„Sollen wir es versuchen? Ich mache es nur, wenn du es wirklich willst."

André konnte es kaum erwarten, weil er dem nicht so recht traute.

Pascal forderte ihn auf, ihm direkt in die Augen zu sehen, fixierte ihn mit seinen Blicken und murmelte etwas, das ich nicht verstehen konnte. Plötzlich blickte André mit starrem Gesicht ins Leere und beantwortete willenlos die albernsten von Pascal gestellten Fragen.

Ich fuchtelte mit den Händen vor seinem Gesicht herum, um ihn aus der Fassung zu bringen und erteilte ihm, genau wie Pascal, verschiedene Befehle. Er ließ sich aber weder von meinen Handbewegungen noch von meinen Befehlen beeindrucken und gehorchte nur auf Pascals Wort, was bei einer hypnotisierten, auf die Stimme des Hypnotiseurs ausgerichteten Person, völlig normal ist.

„Mach die Hand auf, ich gebe dir einen Apfel" und André bildete mit seiner rechten Handfläche eine rundliche Form, als ob er einen Apfel entgegennehmen wolle. Pascal legte ihm aber einen Kugelschreiber in die Hand. André machte keine einzige Bewegung den

Kugelschreiber festzuhalten und hielt immer noch seinen imaginären Apfel in der Hand.

„Dein Apfel ist schön rund und groß. Er ist aber sauer. Beiß hinein und du wirst spüren, dass er sauer ist.“

André lächelte. Als er jedoch in den gar nicht vorhandenen Apfel hineinbiss, verzog er sein Gesicht und versuchte das schlecht schmeckende saure Apfelstück auszuspucken.

Die Szene war so echt, dass ich wirklich den Eindruck hatte, er würde in einen sauren Apfel beißen, den ich aber mit bestem Willen nicht sehen konnte. Kein Mime hätte sie besser spielen können.

Nun sagte Pascal irgendetwas, an das ich mich nicht mehr so genau erinnere und André begann aus ganzem Herzen laut zu lachen. Auf Pascals Frage, weshalb er so lachen musste, meinte er:

„Die Maus, die Maus, sie läuft hinter der Katze her! Nun hat sie die Katze gefressen! Ist das nicht lustig?“

Über so etwas Blödes mussten wir natürlich auch lachen.

Pascal nahm eine Gabel vom Tisch, reichte sie André und befahl ihm, sie zu brechen.

Ich sah gespannt hin, verpasste aber wahrscheinlich den bedeutendsten Augenblick und sah nur, wie sich nach wenigen Sekunden die Gabel in Andrés Hand entzweite und das abgebrochene Stück zu Boden fiel.

Schade, denn damit war Andrés wertvolles Silberbesteck nun nicht mehr vollständig, er aber eine Erfahrung reicher und wusste nun, wie sich Hypnose anfühlt.

Selbstverständlich versetzte Pascal den hypnotisierten André danach wieder in den normalen Zustand zurück.

Unser Gespräch über Hypnose, Wahrsagen und Gedankenlesen ging an dem Abend weiter bis uns die Idee kam, Pascal auf die Probe zu stellen. Wie aber?

André stand auf und ging ins Schlafzimmer. Ich, die Komplizin bei diesem Spiel, folgte ihm. Neben seinem Bett lag ein ganzer Stapel französischer Zeitschriften. Er griff wahllos in den Stapel, zog eine Zeitschrift heraus und öffnete sie irgendwo. Auf der zufällig geöffneten Zeitschriftenseite war ein großes buntes Bild des bekannten französischen Schauspielers Jean Paul Belmondo. André riss das Bild heraus und legte es in einen braunen Umschlag. Diesen legte er in einen größeren und den wiederum, in einen noch größeren Umschlag, den er zuklebte.

Siegessicher näherten wir uns Pascal, übergaben ihm den Umschlag und baten ihn, uns zu sagen, was er enthielt.

Pascal nahm den Umschlag zwischen seine beiden Handflächen und drehte ihn mit geschlossenen Augen zwischen den Händen hin und her. Plötzlich sagte er:

„Es ist das Bild eines Mannes. Dieser Mann ist ein sehr bekannter Künstler. Er ist kein Deutscher. Ich meine, er spricht unsere Sprache." Damit meinte er Französisch, weil wir miteinander Französisch sprechen.

In seinen Beschreibungen erwähnte er auch, dass dieser besagte Künstler vorwiegend durch die Leinwand, also durch das Kino, bekannt geworden sei, dass er mehrere Affären hatte, er erzählte über seine Ehen und Kinder und behauptete auch, dass dieser Mann viel Erfolg bei Frauen hätte, obwohl er eigentlich nicht einmal so schön sei.

Seine Beschreibungen stimmten genau, nur in Bezug auf Belmondos Privatleben, seine Frauen und Kinder, konnten wir nichts sagen, weil wir das nicht wussten.

Als wir die Umschläge gemeinsam öffneten, staunte selbst Pascal, dass er den Schauspieler so treffsicher beschrieben, aber nicht einmal an Belmondo gedacht hatte.

Wir wollten es wissen und versuchten es ein zweites Mal. Wieder gingen wir ins Schlafzimmer und griffen nach einer Zeitschrift und wieder öffneten wir sie irgendwo. Diesmal lächelte uns Papst Johannes Paul II. von der Zeitschriftenseite an. Wir rissen das Blatt mit dem Bild heraus und gingen genauso vor wie im Fall Belmondo.

Pascal hielt den großen braunen Umschlag, in dem zwei weitere steckten, zwischen seinen Händen und versuchte mit geschlossenen Augen herauszubekommen, was darin sein könnte.

„Dieses ist auch ein Mann. Er ist aber älter als der erste. Oh, dieser Mann ist eine sehr bedeutende Persönlichkeit. Ich könnte sagen, er ist auf der ganzen Welt bekannt. Er gehört zur Politik und gleichzeitig zur Religion, hat aber auch etwas mit Kunst, vielleicht mit Schauspielerei zu tun.“

Auf unsere Frage woher dieser Mann kommt, antwortete Pascal:

„Es ist kein Deutscher, auch kein Franzose. Ich meine er kommt aus einem Land, das von Belgien aus gesehen, östlich liegt. Er ist aber nicht dort. Er wohnt irgendwo im Süden von Europa“, meinte Pascal mit einem Unterton, als sei er über seine Aussagen selbst überrascht.

Natürlich wollten wir wissen, ob dieser zu erratende Mann verheiratet ist, ob er Kinder hat und sonstige Einzelheiten aus seinem Privatleben, was uns Pascal ebenfalls ziemlich detailgetreu und treffsicher beantwortete.

Seine Schlussfolgerung war, dass es sich hierbei um einen sehr mächtigen Mann handelte, der sogar das Weltgeschehen beeinflussen könne und trotzdem dachte er keine Sekunde an den Papst.

Wir amüsierten uns, als Pascal Einsicht in den letzten Umschlag erhielt und große Augen machte, als er Papst Johannes Paul II. zu Gesicht bekam. Umso komischer erschienen ihm nun unsere albernen Fragen in Bezug auf das Privatleben dieses mächtigen Mannes.

Um bei dem Französischlehrer André zu bleiben, möchte ich noch erwähnen, dass wir einmal mit Freunden zusammen bei mir zu Hause in Spanien Weihnachten feierten. Natürlich hatte jeder für jeden ein kleines Geschenk eingepackt und mitgenommen. Am Weihnachtsabend saßen wir unter einem geschmückten Pinienast gesellig beisammen und tauschten unsere Geschenke gegenseitig aus. André überreichte mir ein kleines geschmackvoll verpacktes Geschenk, das er, wo denn sonst, sicherlich irgendwo auf einem Flohmarkt, erstanden hatte. Ich öffnete es und blickte auf ein Armband: Sieben haselnussgroße Rosenquarzsteine zusammengehalten durch verschnörkelte Silberfäden. Eigentlich recht sympathisch, nur störte mich etwas daran und ließ mich nicht so recht vor Freude über die Weihnachtsgabe jubeln. Ich bedankte mich und bemühte mich, mir nichts anmerken zu lassen, um den großzügigen Schenker nicht zu enttäuschen.

Bei der Abreise legte ich das Armband in meinen Koffer und brachte es im Auto mit nach Köln. Dort verschwand es in einer Schublade, wo es unangetastet mehrere Jahre verweilte. Jedes Mal, wenn ich die Schublade öffnete, was ich höchst selten tat, überkam mich ein komisches Gefühl. Es ging etwas in mir vor, was ich nicht beschreiben konnte, etwas, das mir sagte, ich sollte das Armband auf keinen Fall tragen. Kam wieder mein Aberglaube gegen die Zahl Sieben zutage, da es doch aus genau sieben Steinen bestand? Ich wusste es nicht, hatte aber stets ein abweisendes Gefühl diesem Armband gegenüber, das ich mir nicht erklären konnte. Es kam mir sogar einmal der Gedanke es zu verschenken, mochte es aber niemandem anvertrauen, da ich selbst etwas dagegen hatte.

Es vergingen einige Jahre bis Pascal eines Tages bei mir in der Wohnung weilte. Ohne zu wollen näherte er sich meinem Wohnzimmerschrank und der Schublade, in der das besagte Armband lag. Er blieb plötzlich stehen, streckte seine Arme zum Schrank hin und sagte:

„Was hast du hier im Schrank? Ich spüre etwas Negatives in dieser Schublade“ und zeigte mit dem Finger darauf.

Ich erschrak heftig und öffnete sofort die Schublade, ohne jedoch direkt an mein rosa Armband zu denken. Dann begann ich die darin befindlichen Gegenstände der Reihe nach herauszunehmen und sie Pascal vor das Gesicht zu halten.

„Das ist es nicht, das ist es auch nicht, das auch nicht…"

Als ich ihm das berüchtigte Armband mit seinen sieben Rosenquarzsteinen zeigte, sagte er entschlossen:

„Das ist es! Woher hast du dieses Armband?"

„Es ist ein Geschenk von André, das er mir vor einigen Jahren zu Weihnachten gemacht hat", erwiderte ich mit zitternder ängstlicher Stimme, da ich nicht wusste was nun passieren würde.

„Bestimmt hat er es am Trödelmarkt gekauft", wusste Pascal und auf meine Bitte, es genauer zu analysieren, fuhr er fort:

„Ich spüre, dass dieses Armband vor vielen Jahren einer Frau gehörte. Es war eine junge Frau mit pechschwarzen langen Haaren, die aber nicht mehr lebt. Sie befasste sich zeitlebens mit schwarzer Magie und schadete damit mehreren Menschen. Sie trug dieses Armband fast immer, vor allem bei ihren negativen magischen Handlungen. So hat es sich mit negativer Energie geladen, die es immer noch in sich trägt."

Jetzt erst konnte ich mir meine unerklärliche Abneigung diesem Schmuckstück gegenüber erklären. Jetzt erst wurde mir klar, dass ich unbewusst spürte, dass es für mich negativ war und freute mich, dass Pascal es aufgespürt hatte.

Pascal riet mir, es so weit wie möglich wegzubringen und fortzuwerfen und meinte, dass es die Stelle, an der es gelegen hatte, mit negativen Schwingungen schon erheblich infiziert hatte. Er erklärte mir auch, dass ich davon hätte krank oder depressiv werden können und versicherte mir, dass er diesen negativen Einfluss nun neutralisiert hätte und ich nichts zu befürchten bräuchte.

Wieder einmal ist es gut gegangen, wieder einmal hatte Pascal geholfen, das Schlechte zu vertreiben und wieder einmal endete unsere Geschichte mit einem klaren Sieg des Guten über das Böse, ganz wie im Märchen.

Rosanna

Wir, also Rosanna vom Eiscafé in Fléron, Pascal und ich, saßen gemütlich in der Wohnung von André, dem Französischlehrer, in Köln beisammen und sprachen wie fast immer, wenn wir uns treffen, über alles, was uns gerade in den Sinn kommt. Die Hauptattraktion eines jeden Treffens an dem Pascal teilnimmt, ist natürlich jedes Mal er selbst, was durchaus verständlich ist. Wir bohren dann in seiner Seele mit vielen Fragen herum, wollen alles über ihn wissen und vor allem über das, was er macht. Er beantwortet uns jede Frage ausgesprochen geduldig und feinfühlig, auch wenn sie noch so blöd klingt. Meistens aber wollen wir nicht nur etwas aus seinem Munde hören, sondern auch etwas von dem sehen, was er kann und obwohl er uns mit seinen Fähigkeiten schon ausreichend überzeugt hat, ist es für uns immer wieder interessant, ja sogar lustig und unterhaltsam, einer kleinen Demonstration seines Könnens beizuwohnen.

Auch diesmal kamen wir nach einer Weile auf das Thema Hypnose zu sprechen und wollten wieder einmal sehen, wie er so etwas macht. Um ihn zu ärgern behaupteten wir, dass so etwas nicht möglich sei, dass er es vielleicht gar nicht könne und es mit uns überhaupt nicht funktionieren würde. Diese Masche greift fast immer und er versucht uns dann vom Gegenteil zu überzeugen, was wir eigentlich genau erwarten.

Mich hat er schon öfter zu hypnotisieren versucht und dabei alle bekannten Methoden angewandt. Es funktionierte einfach nicht, obwohl ich mit allen Kräften versuchte mich fallen zu lassen. Schließlich gelangten wir zu der Erkenntnis, dass ich ein Mensch bin, der nicht zu hypnotisieren ist, weil ich mich viel zu sehr unter Kontrolle habe. Im Stillen denke ich, dass es so besser ist, weil ich Angst davor habe, aus der Hypnose nicht mehr richtig zu erwachen oder dass sich eventuell etwas in mir verändert. Blödsinn! Aber es ist so.

Diesmal wollte sich Rosanna von Pascal hypnotisieren lassen. Es sollte einfach ein Versuch sein, da sie nie zuvor eine solche Erfahrung gemacht hatte. Pascal war von ihrer Idee nicht sehr begeistert, gab aber auf unser gemeinsames Drängen schließlich doch nach.

Ich muss korrekterweise darauf hinweisen, dass Pascal in solchen Situationen nie versucht einen hypnotisierten Menschen zu Handlungen zu verleiten, die peinlich oder obszön sind. Er will damit nur beweisen, wie sich Menschen unter Hypnose ganz und gar dem Hypnotiseur unterwerfen und von seinen Befehlen abhängen und, was für ihn aber am aller Wichtigsten ist: Mit Hypnose kann er vielen, vor allem kranken Leuten, helfen.

Rosanna nahm vor Pascal Platz, sah ihm in die Augen, er fuchtelte mit den Händen vor ihrem Gesicht herum, sagte etwas zu ihr und sie fiel plötzlich in Trance. Nun saß sie vor uns mit starrer, ausdrucksloser Miene und folgte Pascal aufs Wort, tat also willenlos alles, was er von ihr verlangte.

Wir reichten Rosanna, auf Pascals Bitte hin, ein Stück Papier und einen Kugelschreiber, die sie beide teilnahmslos entgegennahm.

Pascal sprach sie ständig an. Sie nahm seine Worte wahr und folgte seinen Anweisungen. Er bat sie nun in ihre frühe Kindheit zurückzugehen und sagte ihr, dass sie ein sechsjähriges Mädchen sei, was sie durch Gesten zu akzeptieren schien.

„Schreib bitte auf das Papier: *J'aime pas le poisson (ich mag keinen Fisch).*"

Wir wissen alle, dass Rosanna den Fisch sogar sehr gern mag und trotzdem schrieb sie mit einer ganz großen krakeligen Kinderschrift, dass sie den Fisch nicht mag. In fast jedem Wort war ein Schreibfehler.

Nun sagte ihr Pascal, dass sie ein zwölfjähriges Mädchen sei und bat sie erneut den gleichen Satz zu schreiben. Die Schrift sah schon etwas besser aus und auch die Fehler, bis auf einen, waren verschwunden. Danach schrieb sie den Satz als zwanzigjährige Frau mit einer ausgeschriebenen Schrift, fehlerfrei.

Pascal sah mich an und sagte, ich solle versuchen, ihr aufzugeben etwas zu schreiben. Auf meine Worte reagierte sie überhaupt nicht und schrieb natürlich auch nicht, was ich ihr sagte. Uns wurde klar, dass sie nur auf die Stimme und Befehle des Hypnotiseurs reagierte und die anderen Stimmen ignorierte.

Mehrere Tage später zeigte uns Rosanna eine Glückwunschkarte, die sie als sechsjähriges Mädchen für ihre Mama zum Muttertag gebastelt hatte. Sie trug die gleiche Kinderschrift wie ihre erste Schriftprobe in Hypnose!

An einem sonnigen heißen Sommernachmittag saßen wir auf der Terrasse von Rosannas kleinem Eiscafé an der Hauptstraße in Fléron, einem kleinen Städtchen etwa zwölf Kilometer östlich von Lüttich. In der warmen Jahreszeit und auch wenn schönes Wetter ist, öffnet Rosanna ihre Terrasse vor dem Eiscafé, das heißt sie stellt Tische und Stühle hinaus für die Leute, die gern draußen ein Eis essen möchten, auch weil im Sommer mehr Kundschaft kommt und in dem kleinen Lokal nicht immer ausreichend Platz für alle ist.

So auch an diesem Tag. Wir, das heißt Marius der doppelte Doktor, André der Französischlehrer, Pascal der Hellseher und ich, saßen in fröhlicher Runde an einem Tisch und warteten auf das, was wir bestellt hatten. Mein Cousin Marius wird von uns der „doppelte Doktor" genannt, weil er Doktor der Allgemeinmedizin und Doktor der Zahnheilkunde ist.

Natürlich drehten sich die Gespräche wie so oft auch um Pascal, um seine Fähigkeiten, seine Voraussagen und seine Vorträge und natürlich wollten wir ihn wieder ein wenig auf die Probe stellen, um uns zu amüsieren. Es ging irgendwie um gute und schlechte Schwingungen, um positive und negative Energien und dergleichen.

Wir wollten von Pascal wissen, wie man so etwas spürt und ob es möglich sei, diese Energien oder Schwingungen auf beliebige Dinge zu übertragen.

Pascal griff nach dem in der Mitte des Tisches stehenden Aschenbecher aus weißem opakem Glas. Da wir alle Nichtraucher sind, brauchten wir den Aschenbecher eigentlich gar nicht. Er nahm ihn zwischen seine Handflächen, rieb ihn ein wenig und murmelte etwas. Dann meinte er, ich solle ihn nehmen und sagen, was ich spüre. Er reichte mir den Aschenbecher und ich legte ihn zwischen meine Hände, konnte aber mit bestem Willen nichts Besonderes an ihm spüren. Ich gab ihn an Marius weiter und dieser gab ihn André. Keiner von uns spürte etwas, als er den Aschenbecher in der Hand hielt.

Pascal sah uns lächelnd an und meinte, dass wir natürlich nichts spüren konnten, weil er ihn ja gar nicht geladen hatte. Nun legte er ihn erneut zwischen seine beiden Handflächen, rieb ihn erneut und murmelte. Kurz danach bat er mich, ihn entgegenzunehmen. Ich griff hastig und neugierig nach dem Aschenbecher und als ich ihn festhalten wollte, konnte ich einfach nicht. Ich spürte eine Art Kraft aus ihm austreten, die mich hinderte ihn festzuhalten und musste mich äußerst bemühen, um ihn nicht fallen zu lassen. Wenn zwei starke Magneten mit den gleichen Polen aneinandergehalten werden, stoßen sie sich gegenseitig ab und man spürt förmlich die zwischen ihnen entstandene Kraft. Eine ähnliche Kraft spürte ich zwischen Aschenbecher und meiner Hand, so als ob er mir aus der Hand weggestoßen würde.

Ich warf ihn förmlich in Marius Hände, der ihn auch nur wenige Sekunden festhalten konnte und sofort an André weitergab. Dieser ließ ihn fast zu Boden fallen, bevor es ihm mit Mühe gelang ihn wieder auf den Tisch zu legen.

Pascal amüsierte sich über uns und sagte, dass er den Aschenbecher mit negativer Energie geladen hätte und dass wir ihn deshalb nicht festhalten konnten. Wieder murmelte er etwas während er seine Hände über dem Aschenbecher bewegte und sie dann so schüttelte, als wolle er sie von etwas befreien. Dann griff er nacheinander nach unseren Händen und streifte seine Hand darüber, so als ob er sie abwischen oder reinigen wollte.

„Alles ist wieder in Ordnung“, ließ er verlauten, aber ich traute der Sache nicht so recht und betrachtete den Aschenbecher in der Mitte des Tisches als etwas Unangenehmes, ja sogar Feindliches.

In der Zwischenzeit kam unsere Bestellung, aber der Aschenbecher störte mich immer noch. Ich sah mich um. Auf jedem Tisch lag ein gleicher Aschenbecher. Da kam mir die Idee ihn einfach mit einem anderen auszutauschen. Ich stand auf, ging an den Nebentisch, legte unseren Aschenbecher hin und nahm den anderen für unseren Tisch. Nun wurde alles wieder gut und wir löffelten gierig unser Eis als sich plötzlich an den Nebentisch ein junges verliebtes Paar setzte. Er hielt ständig ihre Hand und himmelte sie an. Sie sprachen nicht viel miteinander, gaben ihre Bestellung auf und während sie darauf warteten, zündete sich der junge Mann eine Zigarette an. Bevor er jedoch die Asche seiner Zigarette in den Aschenbecher schütteln wollte, nahm er diesen in die Hand, ging zu einem anderen Tisch und tauschte ihn gegen den dort befindlichen Aschenbecher.

Vielleicht spürte er unbewusst, dass der besagte Aschenbecher negative Energie hatte. Wir wissen es nicht, glauben aber, dass er es selbst noch weniger wusste und sind überzeugt davon, dass er, wenn wir ihn nach dem Grund seiner Handlung gefragt hätten, uns diesen nicht hätte erklären können.

Die Wesenheit im Eiscafé

Unser Stammtisch in Rosannas kleinem Eiscafé in Fléron stand in einer Ecke unmittelbar neben der Theke. Von dort aus konnte man den gesamten Raum übersehen und wurde von den anderen Gästen auch nicht gestört. Wenn ich in ein öffentliches Lokal gehe, nehme ich grundsätzlich immer so Platz, dass ich niemanden hinter mir habe, denn wenn ich das Geschehen, inmitten dessen ich mich befinde, nicht überblicken kann, werde ich unsicher und nervös. Diese kleine Macke von mir sehe ich in meiner jahrzehntelangen Arbeit als Polizeidolmetscherin.

Pascal hingegen sitzt immer so, dass er den andern den Rücken zukehrt, denn als bekannte Person wird er oft von Leuten angesprochen, um Autogramme gebeten und nicht in Ruhe gelassen.

Wir saßen also beide an unserem Stammtisch im Eiscafé. Pascal mit dem Rücken zum restlichen Saal und ich, an der Wand ihm gegenüber und unterhielten uns über allerlei lustige Dinge. Plötzlich wurde Pascal ganz ernst und fixierte mit seinem Blick etwas an der Wand über meiner linken Schulter. Ich drehte den Kopf um, sah aber überhaupt nichts an der Wand, nicht einmal eine kleine Mücke.

„Gerade eben ist jemand erschienen."

„Wer soll erschienen sein?"

„Ich sehe über deiner linken Schulter eine Wesenheit, die dich freundlich ansieht und deinem Gespräch aufmerksam zuhört."

„Wer soll das sein? Was will sie? Kenne ich sie?" fragte ich ungehalten.

„Es ist eine junge Frau mit glatten schulterlangen schwarzen Haaren. Sie gehört nicht zu uns, du kennst sie nicht, sie ist nur gekommen, um unserem Gespräch zu lauschen. Bitte begrüß sie, das wird sie freuen."

Da es nicht das erste Mal war, dass mir mit Pascal solche Dinge passieren, habe ich Verständnis dafür und tue, was er mir sagt. Bevor ich die Wesenheit anlächeln und sogar begrüßen sollte, sah ich mich im Raum um, ob mich auch niemand bei dieser für alle anderen komischen, ja sogar verrückten, unnormalen Handlung beobachtete. Dann wandte ich mich zur Wand hin, begrüßte die für mich völlig unsichtbare Wesenheit und lächelte sie an.

Unser Gespräch dauerte noch eine ganze Weile und ich sah dabei meine beiden Gesprächspartner an, weil es der Anstand so verlangt. Nach einer gewissen Zeit bemerkte Pascal, dass es der Wesenheit wahrscheinlich langweilig wurde oder sie an unseren Gesprächsthemen kein Interesse mehr hatte und sich entfernen wollte. Wir dankten ihr für den Besuch, verabschiedeten uns von ihr und sie entfernte sich. Nun saßen wir wieder zu zweit da und bestellten noch einen Kaffee.

Rosannas Erkältung

An einem Samstagnachmittag fuhren André der Französischlehrer, mein Cousin Marius, der doppelte Doktor und ich nach Lüttich. Wir wollten an Pascals Vortragsabend im *Palais de Congrès* teilnehmen. Da wir aber Rosanna versprochen hatten sie zum Vortrag mitzunehmen, fuhren wir von der Autobahn ab und kehrten in ihrem kleinen Eiscafé an der Hauptstraße in Fléron ein. Sie empfing uns mit rotem Kopf und tränenden Augen und sagte, dass sie wahrscheinlich nicht mitkommen könne, weil sie ganz plötzlich eine furchtbare Erkältung aufgeschnappt hätte.

Marius nahm ihre Hand und fühlte den Puls. Dann meinte er, dass sie hohes Fieber hätte, was sie aber auch selbst schon wusste. Trotzdem wollte sie dabei sein.

Im Kongresszentrum nahmen wir alle in der ersten Reihe Platz und warteten ungeduldig auf Pascals Auftritt. Der Abend verlief normal, Pascal hielt seinen Vortrag, antwortete auf viele Fragen des Publikums und dieses klatschte zufrieden. Nach Ende der Vorstellung warteten wir auf Pascal, der noch schnell seine Sachen aus der Garderobe holen wollte um anschließend zusammen Essen gehen zu können.

Als Pascal sich uns näherte, sagte er, dass er schon von der Bühne gespürt hätte, dass Rosanna krank sei, worauf ich schnell meinte, er solle doch versuchen ihr zu helfen, damit sie zum Abendessen mitkommen könne.

Pascal bat einen seiner Leibwächter ihm ein Glas Wasser zu bringen. Sekunden später erschien der Leibwächter mit einem kleinen Kunststoffbecher, den er irgendwo aufgetrieben und mit Leitungswasser gefüllt hatte. Pascal nahm den Becher, bedankte sich bei dem jungen Mann und ging damit auf Rosanna zu. Ich sah wie er seine Hand flach über den Becher hielt und etwas Unverständliches murmelte. Dann reichte er ihn Rosanna und bat sie das Wasser zu trinken. Sie gehorchte sofort, trank das Wasser bis auf den letzten Tropfen und setzte sich in eine der Stuhlreihen im Saal. Nur wenige Minuten später nahm sie wieder ihre normale Gesichtsfarbe an und stand auf, als ob nichts geschehen war. Die Erkältung war wie weggeblasen und keiner von uns konnte verstehen, wie so etwas überhaupt möglich war. Marius, den doppelten Doktor, wunderte es am meisten, denn als er erneut nach Rosannas Hand griff, stellte er fest, dass sie kein Fieber mehr hatte.

Der Abend war gerettet und wir schlugen uns in einem Nobelrestaurant auf Pascals Kosten die Bäuche voll.

Der Mantel im Eiscafé

Über Rosanna und ihr kleines Eiscafé in Fléron möchte ich noch etwas erzählen.

Es gab eine Zeit, in der Rosanna ununterbrochen klagte, dass ihr Eiscafé nicht mehr so gut laufe, dass sogar einige ihrer Stammkunden ausblieben und sie nicht mehr wüsste, was sie tun könnte, um den vorherigen Zustand erneut zu erreichen. Ich sagte ihr, sie solle doch Pascal darauf ansprechen, vielleicht könnte er ihr helfen.

Sie rief Pascal an und erzählte ihm ihre Sorgen. Pascal meinte, sie solle hinter der Eingangstür nachsehen, dort würde sich nämlich das ganze Übel befinden.

Was konnte schon hinter der Tür sein?

Sie schob die offene Tür ein wenig zur Seite und starrte auf einen am Kleiderhaken hängenden schwarzen Herrenmantel.

„Woher wusste Pascal, dass hier etwas ist? Wieso konnte er das wissen? Wem gehört dieser Mantel? Wieso habe ich ihn bis jetzt überhaupt nicht gesehen? Es ist Hochsommer und kein Mensch braucht einen Mantel. Seit wann hängt der hier? Wer hat ihn her gehängt?" Tausend Fragen, die unbeantwortet blieben, gingen ihr durch den Kopf.

Sie nahm den Mantel, genauso wie ihr Pascal geraten hatte und brachte ihn weit weg zu einem Müllcontainer. Nach kurzer Zeit kamen ihre alten Stammkunden wieder und das Geschäft blühte regelrecht auf.

Bis heute hat niemand einen schwarzen Mantel vermisst.

Wenige Wochen vor Weihnachten 1994 traf ich zusammen mit Rosanna bei Pascal ein. Wir saßen wie gewohnt alle im Wohnzimmer und sprachen wie immer über viele Dinge. Als wir auf das bevorstehende Weihnachtsfest zu sprechen kamen, stellten wir fest, dass eigentlich keiner von uns eine konkrete Vorstellung darüber hatte, was er zu Weihnachten machen werde. Plötzlich kam uns die Idee irgendwohin zusammen zu verreisen. Luciana, Pascals Mutter, fand den Vorschlag recht ansprechend, konnte aber leider nicht darauf eingehen, weil sie, als Restaurantbesitzerin, gerade in der Winterzeit und vor allem zu den Winterfeiertagen, viel mehr Arbeit hatte als sonst und natürlich auf den lebenswichtigen Umsatz einfach nicht verzichten konnte. Auch wollte sie ihre Stammkunden, die jedes Jahr in ihrem Restaurant Silvester feiern, nicht enttäuschen.

Nach langem Hin und Her gelangten wir schließlich zu der Erkenntnis, dass es schön wäre, wenn wir zu dritt, also Rosanna, Pascal und ich, eine Reise antreten würden. Jeder von uns nahm sich vor, bei den entsprechenden Reiseagenturen nachzufragen und die interessanteste, günstigste Reise zu buchen.

Drei Tage später rief mich Pascal an und teilte mir mit, dass er bei Best Tours in Lüttich eine Reise nach Thailand gefunden hätte, die unseren Vorstellungen bestimmt entspräche. Als er mir den Preis und die Konditionen nannte, stellte ich sofort fest, dass es in Deutschland auf keinen Fall möglich gewesen wäre, etwas auch nur annähernd Ähnliches zu finden. In Deutschland wäre eine solche Reise mindestens doppelt so teuer gewesen und die Unterkunft nur halb so gut, vom Essen ganz zu schweigen. Es ist bekannt, dass deutsche Touristen billigere Unterkünfte und Massenabfertigung bevorzugen, während Touristen lateinischer Abstammung eher elegantere, raffiniertere Behandlung wünschen.

Thailand war unser Reiseziel. Keiner von uns hatte je asiatischen Boden betreten und um ehrlich zu sein, konnte auch keiner von uns genau sagen, an welche Länder Thailand grenzt. Es sollte unsere erste gemeinsame Reise werden und für Pascal sogar die erste Flugreise seines Lebens.

Mit jedem Tag der verging, stieg unser Reisefieber und die Vorfreude auf das Neue, auf die Überraschungen und Abenteuer, die wir uns davon erhofften. Wir lasen und informierten uns über Thailand, über seine Leute und Kultur, über Sitten und Bräuche damit wir nicht vollkommen unwissend Neuland betreten.

Am 26.12.1994 fuhr uns Luciana zum Flughafen Zaventem nach Brüssel, wo wir mit der rumänischen Fluggesellschaft TAROM unseren Flug, mit Zwischenlandung in Bukarest und Dubai, nach Bangkok antraten. Im Auto herrschte ausgelassene Stimmung bis Pascal plötzlich ganz ernst und nachdenklich wurde:

„Ihr werdet sehen, unser Flugzeug stürzt ab!"

Ich schrie ihn an:

„Was sagst du da? Wenn du der Meinung bist, dass unser Flugzeug abstürzt, dann kannst du allein fliegen, ich flieg nicht mit!"

Rosanna schloss sich mir an und Pascal versuchte uns zu erklären, dass unsere Reise problemlos ablaufen würde, aber dass dieses Flugzeug, das Flugzeug, mit dem wir fliegen werden, bald abstürzen werde.

Die Tatsache, dass Pascal diese Reise sichtlich sorgenlos antrat, gab uns erneuten Mut, weil wir wussten, dass er der erste gewesen wäre, der sich in einem bevorstehenden Katastrophenfall zurückgezogen hätte.

Der stundenlange Flug, die abwechslungsreichen Zwischenlandungen und die Unterhaltung an Bord ließen unsere Sorgen schwinden und machten uns neugierig auf die unmittelbar bevorstehenden Ereignisse.

Immer wieder wollten wir von Pascal wissen, was er für unsere Reise voraussieht, wie es in Thailand ist und was uns erwarten würde. Er teilte uns seine Visionen, seine Gedankenblitze, mit.

Er sah Bangkok als eine riesige Stadt an einem großen Fluss, eine Stadt mit Wasserstraßen, mit wunderbaren Tempeln, mit

Slums und hohen Gebäuden, die er sogar genau beschreiben konnte.

Meine skeptische Auffassung in Bezug auf derartige Visionen trug dazu bei, dass ich seine Aussagen nicht sehr ernst nahm und darauf zurückführte, dass er seine Informationen über Land und Leute den Beschreibungen in Reisekatalogen oder sonst wo entnommen hatte. Später jedoch wurde ich eines Besseren belehrt, als ich feststellen musste, dass er Örtlichkeiten oder vollkommen unscheinbare Gebäude, die sicherlich in keinem Buch über Thailand zu finden sind, bis ins kleinste Detail genau beschreiben konnte.

Auch prophezeite er uns, dass wir bei der Ankunft in Bangkok eine ganze Reihe Formalitäten erfüllen müssten, viele Papiere auszufüllen hätten und dass einer unserer Koffer nicht direkt verloren gehe, sondern später eintreffen werde.

Alles kam so, wie es Pascal vorausgesehen hatte: Die Zollbeamten reichten uns stapelweise Vordrucke, die wir für die Einreise ausfüllen mussten und Rosanna konnte ihren Koffer erst nach einer Reklamation beim entsprechenden Schalter mit erheblicher Verspätung in Empfang nehmen.

Während unseres eigentlich normal verlaufenen Thailand-Aufenthalts fanden jedoch einige besondere Ereignisse statt, die ich hier gern erzählen werde.

Am 31. März 1995, um neun Uhr morgens, also nur wenige Wochen nach unserer Rückkehr aus Thailand, stürzte der Airbus A310, den ich bei unserer Zwischenlandung auf dem Flughafen in Dubai fotografiert hatte, nach nur elf Minuten Flug in Baloteşti, nördlich des bukarester Flughafens Otopeni ab. Keiner der fünfzig Passagiere und zehn Crew-Mitglieder überlebte.

In Thailand ist es Sitte, vor ein Haus, ein Gebäude, vor Hotels, Firmen, Geschäfte und Unternehmen kleine sogenannte Geisterhäuschen aufzustellen, die als Unterkunft für die Seelen der Verstorbenen dienen und täglich mit neuen frischen Opfergaben versehen werden. Die Leute glauben, dass die darin wohnenden Geister sie vor Unheil schützen und bewahren und würden auf gar keinen Fall die darin befindlichen, oft sogar sehr wertvollen Gaben herausnehmen, beziehungsweise entwenden, weil sie die Rache des Jenseits fürchten.

Wenn wir bei einem solchen Geisterhäuschen vorbeikamen, wollten wir oft wissen, ob es auch bewohnt ist und welcher Geist darin wohnt. Pascal konnte uns immer wieder interessante Auskünfte darüber geben und uns manchmal sogar einiges aus dem Leben der betreffenden Verstorbenen sagen. Ob das nun stimmte oder nicht, konnten wir leider nicht prüfen.

Unser Thailand-Aufenthalt begrenzte sich nicht nur auf Bangkok, sondern sah auch mehrere Reisen innerhalb des Landes, sowie einige Tage Strandurlaub in Pattaya vor. Von Bangkok ging es für mehrere Tage nach Chiang-Mai und in den Norden des Landes. Danach direkt nach Pattaya, wo wir die letzte Woche am Strand verbrachten.

Während der gesamten Reise belegte Pascal ein Einzelzimmer und wir, also Rosanna und ich, teilten uns stets ein Hotelzimmer mit zwei Betten. Nicht immer lagen unsere Zimmer nebeneinander.

In Chiang-Mai, im Hotel Empress, bewohnten wir zwei nebeneinander liegende Zimmer, was uns den gegenseitigen Kontakt erheblich erleichterte.

Nach unserem gemeinsamen Nachmittagsspaziergang in der Stadt, kehrten wir ins Hotel zurück und verabredeten uns zum Abendessen.

Als wir beide für den abendlichen Ausgang bereit waren, klopften wir an die uns trennende Zimmerwand, um Pascal verständlich zu machen, dass wir ihn in wenigen Augenblicken abholen werden. Er reagierte nicht. Wir verließen unser Zimmer und gingen an seine Tür. Auch auf unser Klopfen reagierte niemand. Als ich auf die Türklinke drückte, ging die Tür auf. Pascal kam uns entgegen und forderte uns mit einer Geste auf, einzutreten, uns aber vollkommen ruhig zu verhalten. Wir sahen uns verdutzt an, weil wir nicht verstanden worum es ging.

Sein frisch bezogenes schneeweißes Kissen lag auf dem Boden neben seinem Bett und seine Blicke fixierten es. Er sagte nur:

„Ich habe gerade einen Gast und habe ihm das Kissen zum Sitzen angeboten. Bitte begrüßt ihn, denn er lächelt euch an.“

Wir sahen uns beide überrascht an und konnten uns ein kurzes spöttisches Grinsen nicht verkneifen. Da wir Pascal aber gut kennen und uns mit ihm schon manches Unmögliche passiert war, spielten wir mit. Wir blickten zum Kissen hin, verneigten uns vor dem unsichtbaren Gast und hießen ihn willkommen. Im gleichen Augenblick ging mir ein Gedanke durch den Kopf: Wenn uns jetzt jemand sehen könnte, würden wir sicherlich die nächsten Patienten einer psychiatrischen Klinik.

Pascal sprach noch einige für uns unverständliche Worte mit seinem Gast, der uns bald darauf verlassen wollte. Wieder verneigten wir uns zum Kissen hin und verabschiedeten uns.

Meine Blicke fixierten das saubere Kissen, damit ich, wie immer, alles unter Kontrolle behalte und mir auch wirklich nichts entgeht, doch plötzlich sah ich wie etwas darauf zu erscheinen begann. Anfangs sah es aus wie ein gräulicher Flecken, der sich nach und nach in etwas für mich Unerklärliches materialisierte. Wir standen alle mindestens zwei Meter davon entfernt und keiner von uns konnte praktisch auf das, was sich dort gerade abspielte, irgendwie Einfluss nehmen. Überwältigt von dem Ereignis, schrie ich:

„Kommt, schaut was hier ist! Schaut was hier ist“ und bemerkte gar nicht, dass die anderen beiden es ebenfalls gesehen hatten und genauso verwundert davorstanden. Pascal machte uns ein Zeichen ruhig zu bleiben und als wir alle drei ganz nah am Kissen standen, lag darauf ein kleines Häufchen Asche, wie sie von abgebrannten Räucherstäbchen übrigbleibt. Es war ein materielles Zeichen, das der unsichtbare Gast aus dem Jenseits auf Pascals Kissen hinterlassen hatte.

Ich weise darauf hin, dass sich weder in unseren Hotelzimmern noch in unserem Reisegepäck irgendwelche Räucherstäbchen befanden und dass wir alle drei gesehen haben, wie sich das Aschehäufchen auf dem Kissen, aus dem Nichts herausgebildet hatte.

Lange noch rätselten wir herum, wie dieses Phänomen zustande gekommen war, konnten es aber nicht erklären. Auf meine Fragen nach dem Grund und Inhalt des Gesprächs zwischen Pascal und seinem Besucher, erwiderte der junge Mann nur, dass es sich bei seinem Gast um einen Bewohner eines Geisterhäuschens gehandelt habe, der ihm einiges über das Land und seine Leute erzählt hätte und ihm auch mitgeteilt hätte, dass wir drei auf dieser Reise ohne die restliche Reisegruppe, ganz bestimmt noch einmal nach Bangkok kommen würden. Keiner von uns glaubte, dass wir entgegen des feststehenden Reiseplans noch einmal nach Bangkok zurückkehren werden, weil wir von Chiang-Mai mit der gesamten Reisegruppe direkt an den Strand nach Pattaya fliegen sollten.

Beim Check-in am Flughafen von Chiang-Mai standen wir drei am Ende der wartenden Menschenschlange. Kurz vor dem Einstieg wurde uns mitgeteilt, dass die letzten Wartenden leider keinen Platz mehr in diesem Flugzeug hätten und mit einem nächsten fliegen müssten. Das nächste Flugzeug flog aber nicht nach Pattaya, sondern nach Bangkok. So kehrten wir wieder nach Bangkok zurück, genau wie es der unsichtbare Gast aus dem Jenseits Pascal mitgeteilt hatte. Vom Flughafen gelangten wir in die Stadt und von dort mit einem Taxi nach Pattaya.

Nach unserer gemeinsamen Thailand-Reise erzählte mir Pascal, dass ihn in diesem Land die Einfachheit der Leute sehr beeindruckt habe, dass trotz der Armut doch sehr viel gegenseitiger Respekt herrsche, der in unseren entwickelten Ländern leider immer mehr verloren gehe.

In Thailand sind die Leute arm, besitzen aber spirituellen Reichtum, den wir hier einfach nicht begreifen können. Aus jedem Baum, aus jeder Pflanze, aus jedem kleinen Fleckchen Erde drangen spürbare Schwingungen, Energien. Dort sind die Leute viel näher an Gott und schon die Kinder lernen Menschen und Tiere zu respektieren.

In Thailand kommunizierte Pascal fast jeden Abend in seinem Hotelzimmer und auch fast immer, wenn wir uns in einem Tempel aufhielten, mit dem Jenseits. Dort war eine solche Kommunikation viel leichter möglich und viel intensiver als in Europa, wo plötzlich alles leer war, wo keine Schwingungen oder Energien mehr wahrnehmbar waren und wenn, dann vor allem unangenehme, negative.

Von Pascal wie auch von einigen anderen ausländischen sensitiven Menschen weiß ich, dass Deutschland besonders negative, krankmachende, sehr schlechte Schwingungen hat und meine, dass diese auch den menschlichen Charakter in diesem Land beeinflussen.

Thailand lässt immer und für jeden eine Tür offen und begegnet jedem mit Achtung und mit viel Gefühl, so dass man jederzeit sehr gern zurückkehren möchte.

Pascal wäre am liebsten dort geblieben, weil er in diesem Land vorwiegend über das Spirituelle viel lernen konnte. Der Buddhismus war immer schon sein Vorbild und deshalb fühlte er sich in Thailand ausgesprochen wohl.

Im Jahr 1984, als ich Pascal noch nicht kannte und auch von paranormalen Sachen überhaupt nichts hielt, erwarb ich eine Wohnung in der Nähe von Barcelona, die auf einer kleinen Anhöhe etwa 250 m vom Strand entfernt liegt. Da mehrere Freunde von mir preisgünstig ans Mittelmeer wollten, fuhr ich fast nie allein hin und fast jedes Mal, wenn wir uns dort aufhielten, geschahen komische Dinge, die wir uns nicht erklären konnten.

Einmal als ich mich mit meiner damaligen Mitarbeiterin Silvia in Spanien aufhielt, geschah folgendes:

Silvia ging immer sehr früh zu Bett, während ich, eine nachtaktive Person, eher dazu neige, meine Arbeiten am späten Abend bis in die tiefe Nacht hinein zu verrichten. So auch an dem Abend als Silvia bei mir war. Sie lag schon längst im Bett und ich erledigte noch Hausarbeiten. Kurz vor vier Uhr ging ich dann auch in mein Zimmer und legte mich schlafen. Mein Schlafzimmer liegt genau gegenüber des kleinen Gästezimmers, in dem Silvia schlief und ist nur durch eine Diele davon getrennt. Wir ließen unsere Türen stets offen, weil wir ja nichts zu verbergen hatten und uns nicht so allein fühlen wollten.

Gegen Morgen erwachte ich plötzlich durch einen lauten Knall, richtete mich im Bett auf und sah zu Silvias Zimmer hin. Ihre Tür war geschlossen und ich dachte, dass sie sie vielleicht, aus welchem Grund auch immer, zugeschlagen hatte. Es kam mir komisch vor, aber ich schenkte dem Ereignis keine besondere Aufmerksamkeit und war nur ein wenig verärgert, dass mich Silvia so rücksichtslos aus dem Schlaf geholt hatte.

Am Morgen klopfte Silvia ungehalten an ihre Zimmertür und schrie mich an:

„Cristina, warum hast du mich im Zimmer eingeschlossen?"

Ich lief ihr zu Hilfe und bemerkte, dass ihre Tür abgeschlossen war, obwohl sie keine Möglichkeit hatte sie abzuschließen.

Nachdem ich sie aus der Falle befreite, sprachen wir noch lange darüber. Keine von uns beiden hatte die Tür verschlossen, da überhaupt kein Grund dazu bestand und wir zu der Zeit auch noch ganz fest schliefen.

Im Jahr 1992, genau als in Barcelona die Olympischen Sommerspiele stattfanden, verbrachte ich mehrere Tage in meinem spanischen Domizil und hatte den damals fünfzehnjährigen Sohn meines ehemaligen Mitarbeiters mitgenommen, der vorher noch nie in Spanien war und einige Ferientage am Mittelmeer verbringen wollte. Wie immer schlief ich in meinem Schlafzimmer und mein Gast in dem kleinen Gästezimmer gegenüber. Auch diesmal ließen wir unsere Türen offen um besser miteinander kommunizieren und uns bis spät in die Nacht hinein unterhalten zu können.

Gegen vier Uhr erwachte ich, weil es mir plötzlich sehr kalt wurde. Obwohl es mitten im Sommer war und die Sommer dort furchtbar heiß sind, verstand ich das Phänomen überhaupt nicht, umso mehr, da ich diese eisige Brise nur von Zeit zu Zeit über mir spürte, die wie ein kalter Hauch verschwand und durch warme Luft ersetzt wurde. Ich versuchte mich zu überzeugen, dass es sich um einen Durchzug handelte, wenngleich die Fenster nur auf einer Seite der Wohnung geöffnet standen, und probierte erneut einzuschlafen. Kurz danach schreckte ich hoch, weil jemand am Fußende meines Bettes sehr laut schnarchte. Sollte sich der Junge schutzsuchend in mein Bett getraut haben? Nein, es war niemand da und trotzdem hörte ich das laute Schnarchen.

Plötzlich stürzte der Junge in mein Zimmer und schrie:

„Tante, Tante, es ist jemand in meinem Zimmer, ich habe ein lautes Schnarchen gehört!“

Ein kalter Schauer lief mir über den Rücken und ich begann vor Angst zu zittern, durfte mir aber nichts anmerken lassen, um den Jungen nicht zu verschrecken. Da gegenüber des Gebäudes, in dem ich wohne, der Bahnhof ist, versuchte ich dem Jungen zu erklären, dass er nichts anders als das Zischen einer Lokomotive gehört habe. Er glaubte mir, obwohl es dort keine Dampflokomotiven mehr gibt, ging beruhigt in sein Zimmer zurück und schlief weiter. In meinem Schlafzimmer brannte die ganze Nacht das Licht und von Schlaf konnte überhaupt nicht mehr die Rede sein.

Wir sprachen nie wieder darüber.

Dieses Phänomen wiederholte sich nachher noch als andere Gäste in meiner Wohnung weilten. Da ich große Angst davor hatte, vermochte ich vor ihnen nicht darauf eingehen, so dass es überhört, ignoriert oder einfach nicht wahrgenommen wurde.

Einmal war meine Schwester mit ihrem damals etwa sechs Jahre alten Sohn bei mir zu Besuch in Spanien. Sie schliefen beide im Gästezimmer und ich, wie immer, in meinem Schlafzimmer als mir plötzlich mitten in der Nacht jemand mehrmals heftig auf die Schulter klopfte. Ich erwachte davon und öffnete die Augen: Vor meinem Bett stand mein Vater! Er trug einen eleganten Anzug und einen schwarzen Hut. Genauso wie im wirklichen Leben, so wie ich ihn von unzähligen Fotos kannte. Vor Schrecken gelähmt, brachte ich kein Wort über die Lippen. Nach einigen Sekunden begab er sich vollständig geräuschlos zur Tür hin und verschwand. Als ich das Licht anmachte, konnte ich in der ganzen Wohnung niemanden erblicken. Die beiden im Gästezimmer schliefen fest und wussten nichts davon.

Dazu möchte ich bemerken, dass mein Vater, zu dem ich ein sehr enges Verhältnis hatte, im Alter von nur einundvierzig Jahren verstorben ist.

Freunde von mir, die in meiner Wohnung Ferien machten, berichteten ebenfalls davon, Verschiedenes wahrgenommen zu haben, was sie sich nicht erklären konnten: Eiskalten Luftzug, Schnarchen, komische Geräusche, kalte Berührungen und so weiter. Ein Freund, der friedlich neben seiner Frau schlief, spürte in der Nacht, dass jemand mit aller Kraft sein linkes Bein wegzog. Er dachte, es sei seine

Frau und erschrak als er sich zu ihr drehte und diese neben ihm fest schlief.

Eine Freundin, die mit ihrer Familie in meiner Wohnung Ferien machte, sah plötzlich an der Wand im Wohnzimmer eine sie angrinsende Fratze. Sie packten sofort ihre Koffer und reisten ab.

All diese und noch weitere Sachen, die sich bei mir in Spanien ereigneten, brachten mich dazu, nie wieder allein hinzufahren und in der Wohnung in ständiger Angst vor dem Abend, der nahenden Dunkelheit, zu leben.

Etwa zehn Jahre später, als ich Pascal kennen gelernt hatte, wollte ich von ihm wissen, was es mit den Phänomenen in meiner Wohnung auf sich hat, denn ich war drauf und dran die Wohnung deshalb zu veräußern.

Ich legte Pascal ein Foto des gesamten Gebäudes auf den Tisch und bat ihn, mir zu sagen, was er dabei empfand.

Pascal sagte:

„Dieses Haus liegt auf einer kleinen Anhöhe nur wenige Meter vom Meer entfernt. Vor über dreihundert Jahren wurden auf diesem Hügel schwarze Messen gefeiert und dabei Menschen geopfert. Es starben viele Leute, die gar nicht sterben wollten, die sich dagegen auflehnten und zu entkommen versuchten. Unter den Gebäuden liegen ihre Knochen. Einige davon können immer noch nicht akzeptieren tot zu sein und irren als Geistwesen in der Umgebung herum."

„Sag mir doch bitte, was ich tun soll. Soll ich wegziehen von dort? Es fällt mir nur sehr schwer, da die Umgebung wunderschön ist und ich mich sonst auch mit den Menschen dort sehr gut verstehe und wohlfühle."

Pascal sah sich das Foto des Gebäudes an und erkannte sofort welches meine Wohnung war.

Als ich ihm erzählte, dass es in meiner Wohnung spukt, konzentrierte er sich darauf und sagte:

„Ich weiß es, ich spüre es sehr deutlich. Nicht nur in deiner Wohnung, sondern im gesamten Haus spüre ich die Anwesenheit von Geistwesen. Bei dir sind drei, die dich ständig besuchen. Es ist ein älterer, ein mittlerer und ein ganz junger Geist, die ihre Ruhe bis jetzt noch nicht gefunden haben und umherirren. Du brauchst aber keine Angst zu haben, denn sie tun dir nichts."

Wie sollte ich das so einfach wegstecken und keine Angst davor haben, auch wenn er mich damit beruhigte, dass sie mir nichts tun? Schon die Tatsache, dass sie sich bemerkbar machten, war für mich unheimlich und ich wollte von ihm wissen, was ich tun könnte um diese Geister los zu werden oder ob er selbst etwas dagegen machen könne.

Er erklärte mir, dass es nicht angebracht sei sie brutal zu verjagen und dass es viel besser sei, sie freundlich wegzuschicken und ihnen zu helfen ins Reich der Toten zu gelangen.

Wie das gehen sollte, habe ich wirklich nicht verstanden.

Ich weiß nur eins und das ist für mich wunderbar: Jedes Mal, wenn ich nach Hause nach Spanien fahre, bekomme ich von Pascal eine Art Schutz, wie er das nennt, und in der Wohnung spüre ich seither gar nichts mehr. Auch habe ich überhaupt keine Angst mehr, mich allein in der Wohnung aufzuhalten.

Einige Nachbarn, die ich behutsam darauf angesprochen habe, bestätigten mir, dass sie ebenfalls komische Wahrnehmungen in ihren Wohnungen hatten, die aber verschwunden seien.

Pascal hat mehrfach versprochen mich einmal in Spanien zu besuchen. Wer weiß, wie es dann in meiner Wohnung spuken wird!

Die Spachtel

Meine Tante Lenchen war im Herbst 1992 zu Besuch bei mir in Spanien. Wir fuhren viel in der Gegend herum, besichtigten viele Sehenswürdigkeiten und sprachen über Gott und die Welt. Dabei versuchte ich Tante Lenchen so gut wie möglich von ihren Sorgen und Gedanken abzulenken, die ihr der frühe Tod ihres geliebten Ehemannes, des Bruders meiner Mutter, verursachte. Gleichgültig worum es auch in unseren Unterhaltungen ging, Tante Lenchen lenkte ihre Gespräche immer wieder auf meinen am 17.10.1990 verstorbenen Onkel Harald, von uns Haro genannt, und behauptete seine Anwesenheit manchmal ganz deutlich zu spüren.

Am Abend vor unserer gemeinsamen Rückkehr nach Deutschland, bemühte ich mich in der Wohnung alles in Ordnung zu bringen, ein wenig zu putzen und die Vorbereitungen für unsere lange Autofahrt zu treffen. Tante Lenchen half mir, wo immer sie konnte.

Am Vortag hatte ich noch kleine Renovierungsarbeiten in der Wohnung durchgeführt und die Spachtel, die ich zum Verputzen einiger Unebenheiten an der Wand verwendet hatte, voller Spachtelmasse einfach neben meinen Werkzeugkasten hinter der Küchentür auf dem Fußboden versteckt.

Da ich stets bemüht bin vor meiner Abreise alles ordentlich zu hinterlassen, musste ich natürlich auch hinter der Tür aufräumen. Ich nahm die schmutzige Spachtel und versuchte sie mit bloßen Händen zu reinigen. Weil das aber nicht ging, hielt ich sie unter fließendes Wasser und versuchte es mit einem spröden Schwamm. Ich schrubbte und schrubbte und sah wie auf der Spachteloberfläche langsam komische braune Flecken erschienen. Nun versuchte ich mit aller Kraft diese Flecken wegzukriegen, die nicht verschwinden wollten, ganz im Gegenteil: je mehr ich schrubbte umso deutlicher wurden sie. Als ich die Spachtel hin und her drehte bemerkte ich, dass auf ihrer Oberfläche klar und deutlich das Wort Haro stand. Meine herbeigerufene Tante fiel fast in Ohnmacht, begann zu zittern und zu weinen, weil auch sie Onkel Haros Handschrift sofort erkannte. Er hatte eine ganz besondere Art das H zu schreiben und genauso stand es nun auf meiner Spachtel.

„Das ist ein Zeichen von Onkel Haro, der uns vielleicht vor etwas warnen möchte", schrie ich aufgeregt und dachte, dass unsere anstehende Reise vielleicht mit Gefahren verbunden sein könnte. In meiner Angst sah ich uns schon in einen furchtbaren Unfall verwickelt.

(© Cristina Aldea)

Die Spachtel mit dem Schriftzug „Haro"

(© Cristina Aldea)

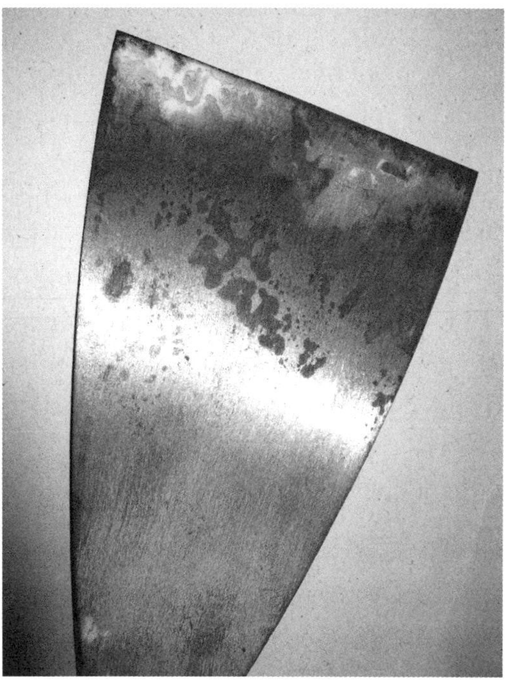

Nahaufnahme der Spachtel

Immer wenn eine Situation auftritt, mit der ich normalerweise irgendwie nicht fertig werden kann oder die ich mir mit meinem logischen Verstand nicht erklären kann, muss Pascal herhalten. Ich stürzte zum Telefon und rief sofort Pascal an, der mir seelenruhig mitteilte, dass er sich eben gedanklich mit meinem Onkel Haro beschäftigt hatte und über dessen mysteriöses Zeichen überhaupt nicht erstaunt sei. Hierzu muss ich bemerken, dass wir aus Spanien mehrfach mit Pascal telefoniert hatten und er uns auf Bitten von Tante Lenchen versprochen hatte, sich in einer freien Minute mit Onkel Haro zu befassen. Er wollte sich mit ihm im Jenseits in Verbindung setzen und der trauernden Frau mitteilen, wo ihr verstorbener Mann ist und wie es ihm dort geht.

Gerade als sich auf meiner Spachtel Onkel Haro meldete, stand Pascal mit ihm in Verbindung und verstand dieses Zeichen aus dem Jenseits als Beweis dafür, dass seine Seele immer noch lebt und dass es ein Jenseits gibt, was Tante Lenchen unheimlich beruhigte.

Auf meine Frage, was ich nun mit dieser Spachtel machen sollte, bat mich Pascal sie mitzubringen, denn er wollte sie unbedingt sehen. Ich hatte aber Angst mit ihr im Auto zu fahren, da ich glaubte, sie könnte mir Unglück bringen und mich in einen schrecklichen Unfall verwickeln. Pascal beruhigte mich und garantierte mir heil anzukommen. Das machte mir Mut und ich verstaute die Spachtel sorgfältig in meinem Reisegepäck.

In Lüttich wurde die Spachtel von mehreren Fachleuten genau unter die Lupe genommen. Keiner konnte sich die bizarre braune Schrift darauf erklären und auch nicht feststellen, was diese Flecken eigentlich waren. Es sah aus wie eingebrannt, war es aber nicht, es sah aus wie Rost, war es auch nicht.

Bis heute bleibt es für uns alle ein Rätsel. Nur Pascal ist davon überzeugt, dass es eine Nachricht meines Onkels Haro war, der uns damit eindeutig zu verstehen geben wollte, dass ein Jenseits existiert und dass er sich als Geistwesen dort aufhält.

Ich weiß nicht mehr so genau wann und wo ich mir ein Buch über die Kräfte der Pyramide gekauft hatte. Ich weiß nur, dass es von unerklärlichen Kräften handelte, die in der Pyramide entstehen, was mich sehr faszinierte und anregte, mir selbst eine wohltuende, kraftspendende Pyramide zu bauen.

Auf Papier und Reißbrett zeichnete ich mir genau nach den Angaben aus der im Buch befindlichen Tabelle die Mantelfläche einer Pyramide, in einem gewissen Maßstab zu der Cheops-Pyramide. Ich schnitt sie aus und klebte die Seiten sorgfältig zusammen. Sie hatte keinen Boden.

Da ich aus dem Buch wusste, dass sie nur dann wohltuende Wirkung entfaltet, wenn sie mit einer der Seitenflächen ganz genau in Richtung Nord-Süd ausgerichtet ist, holte ich meinen Kompass hervor, um den Norden zu bestimmen. Aus dem Buch erfuhr ich auch, dass es gut sei, sie unter die Schlafstelle zu positionieren und zwar ungefähr in den Bereich, wo sich der Plexus befindet.

Mein Bett hatte einen Bettkasten, war also ideal zum Aufstellen einer kleinen Papierpyramide, die unter anderem auch noch Schlafstörungen beseitigen und Stress abbauen konnte.

Vorsichtig nahm ich meine Pyramide, die an der Grundfläche eine Seitenlänge von ungefähr einer guten Spanne hatte und stellte sie mit der Seitenfläche nach Nord-Süd ausgerichtet in meinem Bettkasten auf. Aus Angst, dass sie sich eventuell verschieben könnte, wenn ich den Bettkasten öffne oder schließe und ich sie dann jedes Mal erneut mit dem Kompass ausrichten müsste, zog ich mit einem Bleistift am Boden des Bettkastens einen Strich, auf den ich eine ihrer Seitenlängen setzte. Nun konnte wirklich nichts mehr passieren!

In den ersten Nächten über der Pyramide versuchte ich ihre Wirkung zu spüren, spürte aber überhaupt nichts. Auch hatte ich nicht den Eindruck, dass ich nun besser oder ruhiger schlafen würde und als ich mich am Morgen im Spiegel betrachtete, fand ich auch nicht, dass ich jünger aussah als am Vorabend. So vergingen viele Tage und Nächte und weil ich den Bettkasten nur sehr selten öffnete, begann ich meine Papierpyramide allmählich zu vergessen bis eines Tages Pascal bei mir auftauchte.

Pascal kam in die Wohnung und sagte, wie so oft, wenn er bei mir ist:

„Ich weiß nicht, aber in deiner Wohnung fühle ich mich immer sehr wohl. Sie hat nichts Negatives, was ich bei anderen Leuten manchmal spüre."

Danach begannen wir über positive und negative Strahlen zu sprechen, über Wasseradern und Rutengänger bis ich auf die Idee kam:

„Fühl bitte meine Wohnung ab und sag mir, ob mein Bett richtig steht."

Er hielt seine offenen Handflächen gegen die Wände meines Wohnzimmers, ohne diese jedoch zu berühren und sagte immer wieder:

„Alles in Ordnung, alles gut. Hier spüre ich nichts."

Dasselbe tat er auch in meinem Schlafzimmer und kam zu der gleichen Schlussfolgerung. Auf mein Bitten die Bettausrichtung zu prüfen, hielt er beide Hände über das Fußende meines Bettes und bewegte sie zur Mitte hin. Während er das tat, sagte er sichtlich überrascht:

„Hier ist etwas, hier spüre ich etwas! Hier, hier, es wird immer stärker!"

Ein kalter Schauer lief mir über den Rücken und in meiner Angst vor unheimlichen Strahlen, Schwingungen oder sogar irgendwelchen Geistern, hörte ich mich sagen:

„Ist es eine Wasserader, was ist es, kann ich hier nicht mehr schlafen?"

„Nein, es sind gute Schwingungen, wunderbare, ich spüre sie am stärksten in der Mitte des Bettes. Es ist etwas Gutes, du brauchst keine Angst zu haben, ich weiß nur nicht was es ist."

Ich wusste es, ehrlich gesagt, in dem Augenblick auch nicht, denn ich dachte nicht im Entferntesten an meine Papierpyramide und öffnete den Bettkasten.

Als wir die Pyramide sahen, begannen wir zu lachen, weil wir uns beide vorstellen konnten woher diese Schwingungen kamen. Pascal war überzeugt, dass die Pyramide die Ursache für die Schwingungen war und ich verstand nicht, wieso ich sie nicht spürte. Die Pyramide blieb noch lange unter meinem Bett bis ich eines Tages ein neues Bett ohne Bettkasten kaufte.

Sevgi

Meine aus der Türkei stammende Dolmetscherkollegin Sevgi kannte Pascal aus meinen Erzählungen. Sie trat immer wieder an mich heran, um ihr ein Treffen mit dem jungen Hellseher zu ermöglichen, weil sie Depressionen und Angstzustände, Schlafstörungen und Alpträume hatte. Mehrfach erzählte sie mir, dass ihr im Traum massive Möbel entgegenkommen, dass Schlingpflanzen sie zu erwürgen drohen und sie hässliche Fratzen angrinsen. Danach erwache sie zitternd und schweißgebadet und sei tagsüber müde und lustlos. Sevgi hatte sich schon mehreren ärztlichen Behandlungen erfolglos unterzogen und erhoffte sich nun Besserung durch Pascal.

An einem Wochenende, das Pascal bei mir in Köln verbrachte, rief ich Sevgi an und sie bat uns zu sich in die Wohnung. Schon auf der Hinfahrt sagte mir Pascal im Auto, dass er in Bezug auf diese Frau ein ungutes Gefühl verspüre. Ich versuchte ihn zu beruhigen, weil ich befürchtete, er könnte im letzten Augenblick einen Rückzieher machen und Sevgi enttäuschen.

Als wir vor ihrer Tür standen, sagte mir Pascal:

„Ich spüre etwas Merkwürdiges hier. In dieser Wohnung ist etwas."

„Denk jetzt nicht mehr daran, tritt ein, wir werden ja sehen", konterte ich.

Sevgi begrüßte uns höflich und bat uns, im Wohnzimmer Platz zu nehmen. Wir setzten uns an den Tisch und sahen uns im Raum um. Pascals Blicke verrieten sein Unbehagen und ich versuchte die Atmosphäre ein wenig aufzuheitern.

Nach kurzer Zeit fragte uns Sevgi, ob sie uns etwas zum Essen oder Trinken anbieten könnte. Pascal winkte schroff ab und ich folgte ihm, ohne so recht zu verstehen weshalb, denn ich kenne Sevgi als eine stets sehr gastfreundliche, aufmerksame Frau, bei der es immer reichlich zu essen und zu trinken gibt. Ein kleiner Schimmer der Enttäuschung flitzte über ihr Gesicht, während sie in die Küche ging, um uns doch wenigstens einen Tee zu bereiten.

Während Sevgi in der Küche beschäftigt war unseren Tee aufzubrühen, schaute sich Pascal von seinem Stuhl aus, ständig im Raum um und flüsterte mir leise zu:

„Hier ist etwas, ich spüre es, ich fühle mich nicht wohl dabei."

„Schweig und nimm dich zusammen, ich möchte meine Kollegin nicht kränken" wetterte ich.

Nun trat Sevgi ins Wohnzimmer und trug ein Tablett herein, auf dem kostbare türkische Teetassen und ein kleiner dampfender Teekessel standen. Sie legte vor jeden von uns eine Tasse, goss Tee ein und merkte plötzlich, dass sie den Zucker vergessen hatte. Als sie erneut in die Küche ging, um die Zuckerdose zu holen, legte Pascal seine offenen Handflächen über unsere beiden Teetassen und gab mir durch Gesten zu verstehen, dass ich den Tee nicht trinken sollte, weil er negative Schwingungen habe. Ich nahm es mir zu Herzen und nippte nur an meinem Tee, während Pascal seine Tasse nicht einmal anfassen wollte. Als Entschuldigung für unsere Weigerung gaben wir höflich bekannt, dass wir eben vom Essen kämen und überhaupt keinen Durst oder Hunger hätten. Sevgi nahm es gelassen und trank ihre Tasse aus.

Nun begann Pascal seine Tarotkarten auszupacken und bat Sevgi ihren Namen und ihr Geburtsdatum auf ein Blatt Papier zu schreiben. Sie zögerte einen Augenblick und schrieb dann ein Datum auf den weißen Zettel. Es war das Datum, das mir bekannt war, da ich zusammen mit Kolleginnen und Freundinnen schon öfter ihren Geburtstag gefeiert hatte, bis es uns auffiel, dass sie mehrere Jahre hintereinander das gleiche Alter feierte. Nur ungern sprach sie über ihr Alter und wenn man sie direkt darauf ansprach, wich sie der Antwort geschickt aus.

Pascal ließ seine Handfläche leicht über Sevgis Handschrift gleiten und sagte kurz:

„Das ist aber nicht Ihr richtiges Geburtsdatum."

„Doch, bei uns hat man manchmal unterschiedliche Daten, weil bei der Geburt eines Kindes nicht so genau Buch geführt wird wie hier in Europa."

Ich glaube, dass Pascal der peinlichen Situation gewahr wurde, die er höflich zu vermeiden versuchte, indem er sie ermutigte:

„Kein Problem, es ist nicht schlimm, ich werde versuchen auch ohne Ihr Geburtsdatum zu arbeiten".

Nachdem er die Karten auf dem Tisch ausgebreitet hatte, versuchte er, sie zu deuten, was ihm auch nach mehreren Versuchen nicht gelang. Er konnte einfach nicht wahrsagen und das lag weder an ihm noch an den Karten, das lag schlicht und einfach an dem Etwas, das er in Sevgis Wohnung so ausgesprochen negativ wahrnahm.

„Es tut mir leid, ich kann Ihnen leider nichts sagen, denn hier spüre ich etwas, das mir das Kartenlegen unmöglich macht".

Ihre Enttäuschung war groß und sie versuchte auf ihn einzureden, es doch noch zu versuchen, denn sie erhoffte sich von seinem Besuch Linderung ihrer vorher beschriebenen Beschwerden und Lösung ihrer so schwierigen unerklärlichen Probleme.

„Herr Riolo, bitte versuchen Sie es doch noch einmal", flehte sie Pascal an und dieser gab ihr erneut zu verstehen, dass es ihm unmöglich sei.

„Was spüren Sie hier bei mir, was ist das, was Sie spüren?"

„Ich meine hier in Ihrer Wohnung haben Sie etwas, das starke Schwingungen abgibt und sich irgendwie negativ manifestiert."

„Wo ist so etwas hier in meiner Wohnung? Können Sie mir sagen, wo es ist und was es ist, damit ich es beseitige?"

Sevgis Stimme wurde immer unruhiger und begann leicht zu zittern.

„Madame, wenn Sie mir erlauben, werde ich es finden."

„Selbstverständlich erlaube ich Ihnen es zu suchen. Bitte, gehen Sie durch meine Wohnung und suchen Sie dasjenige, das so schlimm ist."

„Ich werde versuchen" meinte Pascal und erhob sich vom Stuhl.

„Haben Sie in der Wohnung etwas wie ein Buch, ein magisches Buch, eine Bibel oder etwas Ähnliches?"

„Ja, ich habe einen Koran" sagte Sevgi und näherte sich ihrem Bücherschrank, um Pascal den Koran zu zeigen.

Pascal hielt seine Handflächen gegen den Schrank und meinte, dass das sogenannte Corpus delicti nicht der Koran sei und auch kein anderes Buch in diesem Schrank.

Wo sollte es aber dann sein? Und vor allem, was sollte dieses Etwas mit so furchtbaren negativen Schwingungen überhaupt sein?

Wir wurden ungeduldig und sehr neugierig, während wir hinter Pascal die Räume der Wohnung der Reihe nach betraten: Das Badezimmer, die Diele, die Küche, das Schlafzimmer. Immer wieder musste Pascal zugeben, dieses mysteriöse Etwas immer noch nicht gefunden zu haben. Unsere Ungeduld stieg unaufhörlich an, die Spannung wuchs mit jedem Schritt, den wir zurücklegten, unsere Herzen rasten, dass man sie fast hören konnte und Schweißperlen bildeten sich auf der Stirn.

Als Pascal Sevgis letzten Raum, ihr Arbeitszimmer, betrat, sagte er sofort:

„Hier ist es! Ich spüre es hier sehr stark!"

Wir sahen uns fragend an und verstanden nicht, was er damit meinte.

„Wo ist es? Was ist es"? Unaufhörlich stellten wir diese Fragen, die keiner, auch Pascal nicht, beantworten konnte.

„Es ist ein Gegenstand, etwas, was Sie nicht gekauft, sondern bekommen haben", meinte Pascal und stellte sich in die Mitte des Raumes.

„Ein Gegenstand, den ich bekommen haben soll?"

Sevgi nahm die auf einem kleinen Bücherregal aufgestellten Gegenstände nacheinander in die Hand und fragte:

„Ist es diese Vase? Die habe ich bekommen."

„Nein, die ist es nicht", sagte Pascal nachdem er sie begutachtete indem er seine Handflächen leicht darüber bewegte, ohne sie jedoch anzufassen.

„Ist es die Wasserpfeife, die hier steht?"

„Nein, die ist es auch nicht", erwiderte Pascal und suchte weiter.

„Was ist es sonst? Alle anderen Gegenstände, die hier stehen, habe ich gekauft. Sie sagten doch, dass es etwas sei, das ich bekommen habe."

Pascal erklärte:

„Es ist etwas, ich meine es ist ein Gegenstand, den Sie nicht gekauft haben, sondern von jemandem bekommen haben. Sie haben ihn von einer Frau bekommen, die ihn auch gefertigt hat."

Unsere Köpfe dampften förmlich und Pascal näherte sich mit geöffneten Handflächen immer mehr der Stelle, die, seiner Meinung nach, am stärksten negativ strahlte. Sein Vorgehen erinnerte mich an das Spiel, das wir als Kinder gern spielten. Dabei wurde ein Gegenstand versteckt und eines der Kinder aufgefordert ihn zu suchen während die andern es mit den Worten „kalt, kalt, lauwarm, warm, warm, heiß, ganz heiß" zum Versteck leiteten.

Genauso ging es auch hier zu. Pascal suchte mit seinen Handflächen die im Bücherregal stehenden Bücher ab, ohne diese jedoch zu berühren und rief plötzlich erleichtert:

„Hier ist es! Ich habe es gefunden!"

Er zog ein schwarz gebundenes Buch aus dem kleinen Regal heraus und behauptete, dass der gesuchte mysteriöse Gegenstand darin sein müsste.

Sevgi erblasste und ich platzte fast vor Neugierde, als aus dem Buch ein kleiner weißer Briefumschlag fiel. Nun war ich einer Ohnmacht nahe, denn ich erkannte sofort meinen Umschlag, den ich auf Sevgis Bitten mehrere Monate zuvor mit Buchstaben und Zahlen bestückt hatte, die ich nach ihren genauen Anleitungen auf dem Computer in meinem Büro sorgfältig geschrieben und ausgeschnitten hatte. Sevgi brauchte diese angeblich für spiritistische Sitzungen, die sie veranstalten wollte. Da das Alphabet und die Zahlen so schön geschrieben waren, druckte ich sie auch für mich aus und bewahrte sie, genau wie meine Kollegin, in einem gleichen Umschlag bei mir im Wohnzimmerschrank auf.

Pascal hatte Recht: Es war etwas Magisches, es war etwas, das Sevgi von einer Frau erhalten hatte, das von dieser Frau auch gefertigt wurde. Und diese Frau war ausgerechnet ich!

Ich zitterte vor Angst, mein schlechtes Gewissen begann mich zu plagen, denn ich hatte Schuldgefühle, weil ich mich als Ursache für alle negativen Erscheinungen meiner Kollegin betrachtete. Ich hatte noch nie Spiritismus gemacht, denn so etwas interessierte mich überhaupt nicht. Auch die Buchstaben aus dem Umschlag, der bei mir zu Hause längst vergessen im Schrank lag, hatte ich nie benutzt. Wozu hatte ich aber dann eine Reihe Buchstaben für mich ausgedruckt? Einfach nur weil sie so schön aussahen? Ich weiß es bis heute nicht so genau.

Pascal ließ den Umschlag liegen, er wollte ihn auf gar keinen Fall berühren und als ich etwas dazwischen quatschte, sah er mich mit strenger Miene an und sagte:

„Du sollst schweigen, denn du hast auch so ein Spiel bei dir zu Hause."

Wieso wusste er es?

„Wo habe ich es denn", brummte ich am ganzen Leibe zitternd.

„Du hast es oben in deinem Wohnzimmerschrank, in der Nähe des Fensters", entgegnete Pascal.

„Ich habe es gespürt als ich bei dir war", fügte er noch hinzu.

Wie aus einem Munde kam von beiden die Frage an Pascal:

„Was sollen wir nun machen?"

„Ihr müsst diesen Umschlag zukleben und ihn so weit wie möglich von eurer Wohnung wegbringen. Ihr könnt ihn in einen Papiercontainer werfen. Er hat sehr negative Schwingungen und die breiten sich in der Umgebung überall aus. Ich spüre, dass hier schon mehrere Gegenstände infiziert sind. Davon kann man krank werden oder, wie Frau Sevgi, Alpträume und Depressionen kriegen" klärte uns Pascal auf und indem er sich an Sevgi wandte, sagte er:

„Sie haben sicher in diesem Zimmer Spiritismus gemacht und dadurch negative Geister geweckt, welche Sie nun nicht mehr in Ruhe lassen. Deshalb treten bei Ihnen die beschriebenen Störungen auf. Sobald dieses Alphabet zerstört und weggeworfen ist, also nicht mehr existiert, wird es Ihnen viel besser gehen.

Ich bitte Sie, lassen Sie die Finger vom Spiritismus, das ist eine gefährliche Sache, denn wenn Sie nicht gut damit umgehen können, rächt sich das Jenseits an Ihnen, was sogar geschehen war."

Sevgi bekam Angst und gestand, sich öfter über das von mir gefertigte Alphabet mit dem Jenseits in Verbindung gesetzt zu haben. Dadurch weckte sie negative Geister, die sie nun, wie beim Zauberlehrling, nicht mehr los wurde. Gleichzeitig versprach sie, so etwas nie wieder zu tun, weil sie sich nun bewusst war, welch üble Folgen so etwas haben kann.

Ich hörte aufmerksam zu und sagte besorgt:

„Ich habe nur das Alphabet im Haus, habe aber damit nie Spiritismus gemacht. Soll ich es auch vernichten?"

Pascal sah mich sehr ernst an und sprach wie ein Lehrmeister zu mir:

„Das weiß ich. All das, was ich eben gesagt habe, gilt natürlich auch für dich! Ich habe es, obwohl du es nie benutzt hast, bei dir im Wohnzimmer gespürt. Wenn wir jetzt zu dir zurückfahren, nimmst du es und bringst es weg, so wie ich gesagt habe. Und für beide gilt: Finger weg vom Spiritismus!"

Wir verließen Sevgi und fuhren zu mir nach Hause. Als wir beide das Wohnzimmer betraten, ging Pascal direkt auf meinen Schrank zu und deutete mit dem Finger an, wo sich mein Alphabet befand. Ich staunte nicht schlecht über seine Treffsicherheit, holte den Umschlag heraus und wollte ihn ihm geben. Er weigerte sich, ihn zu berühren, gestikulierte mit den Händen herum und ließ mich verstehen, dass er damit nichts zu tun haben möchte.

Ich schloss die Lasche des Umschlags und klebte ihn gut zu, damit auch kein einziger Buchstabe, keine einzige Zahl herausfallen konnte, denn alles, alles, was darin lag, musste weggebracht oder vernichtet werden. Pascal meinte ich solle den Umschlag so weit wie möglich von meiner Wohnung bringen, ihn wegwerfen oder verbrennen und mir nie wieder ein solches Alphabet machen. Da ich nun die Gefahr begriffen hatte, die das Spielen mit dem Spiritismus mit sich bringen kann, versprach ich, so etwas aus meinem Leben zu verbannen.

Ich schlug vor, den ominösen Umschlag im Auto mitzunehmen und ihn in einen an der Straßenecke befindlichen Papiercontainer zu werfen, da ich an dem gleichen Abend Pascal nach Lüttich fahren musste. Meine Freundin Shehla wollte uns begleiten, um mir auf der Rückfahrt Gesellschaft zu leisten. Shehla befand sich auf dem Weg zu mir als Pascal seine Sachen packte. Wir gingen zum Auto. Ich hielt den gut verschlossenen Umschlag in der Hand, Pascal lud seine Reisetasche ein und Shehla nahm auf dem Rücksitz Platz, weil sie es dort bequemer hatte. Beim Einsteigen legte ich den Umschlag vor mich auf das Armaturenbrett um ihn am Papiercontainer an der Straßenecke, wo wir vorbeifahren mussten, griffbereit zu haben.

Es war fast Mitternacht als wir losfuhren. Mit dem unheimlichen Ding im Auto, fühlte ich mich unwohl und sogar fast ein wenig unsicher beim Fahren. Ich musste mich so schnell wie möglich davon entledigen!

Wir näherten uns der Straßenecke, an der dieser besagte Container stand, ich hielt an und griff nach dem Umschlag, um ihn schleunigst darin verschwinden zu lassen.

Als ich ihn jedoch vom Armaturenbrett nahm, bemerkte ich, dass ein kleines weißes Etwas zurückgeblieben war. Ich sah genau hin und war einer Ohnmacht nahe: Auf dem Armaturenbrett lag das kleine Papierquadrat mit der Zahl Sieben!

Mir stockte der Atem, weil ich die Sieben als Unglückszahl betrachte, die Zahl, die in meiner Familie stets mit negativen Ereignissen verbunden ist. Auch diesmal glaubte ich an ein schlechtes Zeichen und befürchtete auf der Autobahn nach Lüttich vielleicht in einen Unfall verwickelt zu werden.

In meiner Angst fragte ich Pascal mit zitternder Stimme:

„Bist du auch sicher, dass wir diese Fahrt gut überstehen, dass wir keinen Unfall haben werden?"

„Es passiert uns sicher nichts, beruhig dich und schmeiß diesen ominösen Umschlag in den Papiercontainer."

Ich weiß nicht, was Pascal dabei dachte, weiß nur, dass mir nach dieser Aussage ein riesiger Stein von der Seele gefallen war und nachdem ich mich dem unheimlichen Ding entledigte, versuchte ich, das Ereignis zu verdrängen.

Trotzdem können wir uns bis heute nicht erklären wie ausgerechnet die verflixte Sieben aus dem fest verschlossenen Umschlag herausfallen konnte. Mit normalem Menschenverstand ist so etwas absolut nicht erklärbar und beweist wieder einmal, dass es zwischen Himmel und Erde Sachen gibt, die vorläufig unergründbar sind.

Es war ein Wochenende, das Pascal bei mir in Köln verbringen sollte und mit mir freuten sich, wie immer, auch einige meiner engsten Freunde und Bekannten, denen ich von seiner Ankunft erzählt hatte. Pascals Besuch gibt mir jedes Mal, neben der Freude ihn bei mir zu haben, auch die Gelegenheit Leuten aus meinem Freundeskreis zu begegnen, die ich oft aus beruflichen Gründen lange Zeit nicht sehe. Wenn Pascal kommt, dann will ihn jeder sehen, sprechen, befragen und erleben. Dann werden Tarotkarten gelegt, Ratschläge gegeben und Hilfe erteilt und wenn die Leute begeistert und zufrieden nach Hause gehen, sind alle glücklich.

Mein Cousin Marius wusste schon mehrere Tage vorher, dass Pascal zu mir nach Köln kommen werde und bat mich einen seiner Freunde mit Sohn zu empfangen. Ich selbst kannte weder diesen Herrn noch seinen Sohn und wollte auch nichts Näheres wissen im Glauben, dass Pascal vielleicht meine Gedanken lesen und sich davon beeinflussen lassen könnte.

Das Wochenende kam, Pascal saß bei mir und genau zu der mit Marius vereinbarten Uhrzeit klingelte es an meiner Tür. Ich öffnete und stand vor drei sehr sympathischen Personen: Ein Ehepaar mit Sohn. Sie erklärten mir, dass sie auf Empfehlung ihres Freundes Marius kamen, beide, wie Marius auch, Ärzte seien und bei Pascal für ihren kranken Sohn um Hilfe nachsuchten.

Als sie Pascal sahen, staunten sie nicht schlecht über sein junges Alter und stellten fest, dass ihr mitgebrachter einziger Sohn nur wenige Wochen jünger war als er. Auf Pascals Frage was sie veranlasst habe ihn aufzusuchen, erklärten sie, dass sie nur einen Rat für ihren Sohn bräuchten, da er unheilbar krank sei und sie bis dahin schon alles erdenklich Mögliche versucht hätten, um ihm zu helfen. Sie seien sogar in Paris und in den USA gewesen und hätten dort die besten Ärzte aufgesucht, jedoch vergeblich. Nun kamen sie von ihrem Wohnsitz aus dem süddeutschen Raum und hatten mehrere hundert

Kilometer zurückgelegt, in der Hoffnung, dass Pascal ihnen vielleicht helfen könnte oder wenigstens, um ruhigen Gewissens sagen zu können, dass sie nichts, aber auch überhaupt nichts, unversucht gelassen hätten.

Pascal setzte den Jungen mitten ins Wohnzimmer auf meinen Bürostuhl und bat die Eltern so weit wie möglich von ihm Platz zu nehmen und sich ruhig zu verhalten damit er nicht gestört werde, wenn er sich auf seine Arbeit konzentrierte. Weil Pascal mit dem Jungen kommunizieren musste, letzterer jedoch nicht Französisch sprach, musste ich näher heranrücken und meine Aufgabe als Dolmetscherin übernehmen.

Der Junge befolgte akribisch jede Anweisung seines Helfers und saß mit geradem Rücken und beiden Händen auf die Knie gestützt, ganz brav auf dem Stuhl. Pascal wusste noch nichts über das Leiden des jungen Mannes. Er stellte sich hinter ihn und bewegte beide Hände über seinem Kopf, danach hielt er eine Hand vor den Hinterkopf und die andere vor das Gesicht des Jungen, während dieser die Augen schloss. Plötzlich zuckte Pascal zusammen, hielt inne und sagte ruhig:

„Sie haben etwas an den Augen. Kann es sein?"

„Ja."

„Ich spüre, dass Ihr Sehvermögen am linken Auge stark vermindert ist. Sie können mit dem linken Auge fast nichts mehr sehen. Sind sie deshalb zu mir gekommen?"

„Sie haben vollkommen Recht. Können Sie mir bitte helfen?"

„Ich werde es versuchen, kann Ihnen aber nichts versprechen."

„Danke."

Pascal fuchtelte mit seinen Händen immer wieder vor den geschlossenen Augen des Jungen herum und führte damit sowohl am Hinterkopf als auch über dessen Schultern komische kreisförmige Bewegungen durch. Dann stellte er sich vor den jungen Mann und bat ihn aufzustehen. Dieser erhob sich mit geschlossenen Augen wie in Trance, stellte sich vor dem Stuhl auf und stand aufrecht wie ein Stock. Pascal schob den Stuhl zur Seite und stellte sich hinter ihn. Indem er beide Handflächen gegen seinen Rücken hielt und diese von dem Jungen wegbewegte, folgte der gesamte Körper des Jungen seinen Händen in gleichem Abstand ohne die Hände jedoch zu berühren. Der Körper des Hilfesuchenden neigte sich steif nach hinten, so dass ich befürchtete er könne jeden Augenblick auf dem Fußboden meines Wohnzimmers aufschlagen und sich verletzen. Die Eltern saßen mit offenem Mund davor und schienen ihren eigenen Augen nicht zu trauen. Plötzlich stieß die verängstigte Mutter einen spitzen Schrei aus, auf den Pascal mit einem Handzeichen reagierte, als ob er sagen wollte: Bleib ruhig und stör mich nicht.

Diese absolut unerklärliche, unmögliche Position des Jungen, geradezu im spitzen Winkel zur Erdoberfläche, die sogar mehrere Sekunden anhielt, ist für uns alle ein Rätsel geblieben.

Nun schob Pascal den Jungen erneut in senkrechte Position, stellte den Stuhl hinter ihn und forderte ihn auf, Platz zu nehmen, was er, immer noch sichtlich in Trance, befolgte. Danach stellte sich Pascal vor ihn und flüsterte ihm einige unverständliche Worte zu. Der Junge schüttelte den Kopf und öffnete die Augen. Es schien als ob er aus einem tiefen Schlaf erwachte. Für einen kurzen Augenblick musste er sich im Raum orientieren, bevor er verwirklichen konnte, wo er sich überhaupt befand. Es war uns allen klar: Pascal hatte seinen Patienten hypnotisiert!

Pascal stellte sich erneut hinter den jungen Mann, hielt die Hände über seinem Kopf und fragte:

„Haben Sie, dort wo Sie schlafen, mehrere Steckdosen oder Schalter an der Wand? Kann es sein, dass sich diese sogar an Ihrem Kopfende befinden?"

Die Antwort kam wie aus der Pistole geschossen:

„Am Kopfende meines Bettes, also an der Wand, wo ich mit dem Kopf liege, befindet sich eine ganze Leiste mit Steckdosen und Schalter für meine Musikgeräte, meinen Fernseher und PC."

„Rücken Sie bitte Ihr Bett etwa zwanzig Zentimeter weiter nach links", riet Pascal, worauf der Vater sofort eingriff:

„Das geht nicht, denn dort steht der Schrank."

„Entschuldigen Sie, Monsieur, ich meinte zwanzig Zentimeter nach links von der Position aus gesehen, wenn ich vor dem Bett stehe. Sie jedoch gehen von der Position aus, in dem sie auf dem Bett sitzen, dann geht es natürlich nicht nach links, weil dort der Schrank steht."

Herr Doktor musste lautstark zugeben, dass Pascal Recht hatte.

Die ganze Sitzung dauerte etwa eine Stunde wonach die drei ihre lange Rückreise antraten, jedoch nicht bevor sie sich bei Pascal erkundigten, was sie nun weiter zu tun hätten. Dieser riet ihnen nach drei Wochen bei mir anzurufen und mir mitzuteilen, wie es ihrem Sohn geht. Wegen der Sprachschwierigkeiten musste die Kommunikation über mich erfolgen.

Schon bevor die drei Wochen verstrichen waren, rief Herr Doktor bei mir an und teilte mir freudig mit, dass sich der Zustand seines Sohnes radikal verbessert hätte. Er erzählte mir, dass ihnen überall in der Welt, wo sie mit ihrem Sohn zur Behandlung waren, gesagt wurde, dass der Sehnerv seines linken Auges zu verkümmern beginne und er eines Tages das Augenlicht vollständig verliere. Messungen ergaben, dass der Junge an seinem linken Auge nur noch zehn Prozent seines Sehvermögens besaß. Diese Tatsache verursachte bei dem Jungen ständige Nervosität, Ungehaltenheit, Unzufriedenheit bis hin zu schweren Depressionen, das die ganze Familie daran verzweifelte. Nach Pascals Behandlung konnte ein Sehvermögen von dreißig Prozent gemessen werden und der junge Mann wurde ruhiger und lebensfroher, was die Eltern ungemein freute.

Nach mehreren Monaten als sich Pascal wieder einmal am Wochenende bei mir in Köln befand, erschien die Familie erneut. Pascal nahm sich ein zweites Mal des Jungen an, der nun ein Sehvermögen von über sechzig Prozent besitzt und damit sehr glücklich ist.

Für uns wird es immer ein Rätsel bleiben, wie so etwas Wunderbares geschehen konnte.

Frau Doktor aus Moers

Eine mit mir befreundete Familie aus Moers wollte Pascal unbedingt kennenlernen und bat mich, bei Gelegenheit mit ihm vorbeizukommen. Der Ehemann, Frauenarzt, hat für solche Dinge weniger Verständnis, denn als ich über Pascal erzählte, bemerkte ich seine Skepsis. Frau Doktor, selbst Zahnärztin, faszinierten jedoch meine Erzählungen von Pascal und sie bestand darauf, sich irgendwann von ihm wahrsagen zu lassen.

Gesagt, getan. Es kam der Nachmittag, an dem wir auf der Autobahn nach Moers fuhren. Familie Doktor empfing uns im großen luxuriös eingerichteten Wohnzimmer mit Blick auf den prachtvollen Garten. Wir unterhielten uns angeregt bis die Dame des Hauses meinte, wir sollten uns nun zurückziehen, damit ihr Pascal die Karten legen könne.

Da sie ein Kind haben und wir natürlich vermeiden wollten, dass der Junge etwas vom Wahrsagen mitbekommt, um ihn damit nicht zu schockieren und auch weil es ihn nicht direkt betraf, entschieden wir uns, in die Küche zu gehen und den Jungen mit seinem Vater im Wohnzimmer zu lassen.

Wir nahmen am Küchentisch Platz, Pascal breitete seine Karten aus und begann sie für Frau Doktor zu deuten. Er berichtete, was er in den Karten sah, erzählte einiges aus ihrer Vergangenheit, sagte was sie zu erwarten hätte, sprach über Familie, Finanzen, Gesundheit und andere Dinge und ich übersetzte alles genau und gewissenhaft. Während er wahrsagte, lenkte er seinen Blick immer wieder zu der weißen Marmortreppe hin, die zu der oberen Etage der Villa führt. Da die Küchentür weit offen stand hatte man einen direkten Blick auf die Treppe.

Wir sahen uns fragend an, ohne jedoch zu verstehen, weshalb Pascal so oft zur Treppe sah und fragten ihn schließlich, was er dort so Interessantes entdeckt hätte, da wir überhaupt nichts sahen.

„Auf der Treppe sitzt jemand", meinte er fast beiläufig.

„Wer um alles in der Welt soll auf der Treppe sitzen“, fragte Frau Doktor, ohne jedoch ihre Panik verbergen zu können.

„Dort sitzt eine Frau“, erwiderte Pascal ruhig.

„Was für eine Frau, wie sieht sie denn aus? Hier im Haus ist keine Frau. Ich sehe niemanden.“

Pascal begann die Wesenheit zu beschreiben, die er angeblich auf der Treppe sitzen sah und Frau Doktor brach fast zusammen. Der Beschreibung nach war es genau ihre eigene Nanny, die ihr in der Kindheit sehr nahe stand, aber leider schon seit langem tot war. Sie hing sehr an dem kleinen Mädchen, das später Zahnärztin wurde und kam nun um es, obwohl schon längst erwachsen, auch weiterhin zu begleiten und zu beschützen.

Diese Begegnung freute Frau Doktor und sie erzählte uns, dass sie eben etwas verstanden hätte, das sie sich bis jetzt nicht erklären konnte.

Eines Tages als sie die Treppe nur schnell aufwischen wollte, begann sich plötzlich der Henkel des mit Wasser gefüllten Plastikeimers wie von Geisterhand nach oben und unten zu bewegen. Zuerst hörte sie nur das Geräusch, sah in die Richtung, aus der es kam und bemerkte diese komischen unerklärlichen Bewegungen, die das Geräusch verursachten. Der Eimer stand genau auf der Treppenstufe, wo Pascal nun das Kindermädchen sah. Frau Doktor traute damals ihren Augen und Ohren nicht und versuchte die ganze Sache als Halluzination oder einfach als Stresserscheinung abzutun. Bis jetzt hatte sie niemandem etwas davon erzählt, weil sie Angst hatte, als verrückt angesehen zu werden.

Lange beschäftigte sie dieses Phänomen bis Pascal sie nun, ohne zu wollen, aufklärte und ihr zu verstehen gab, dass ihre Sinne sie damals doch nicht getäuscht hatten und ihr von nun an ein lieber Mensch aus dem Jenseits zur Seite stände. Das beruhigte und erfreute sie ungemein.

Irgendwann, um ehrlich zu sein, ich weiß heute nicht mehr genau wann und wo, lernte ich eine junge Frau aus Sankt Petersburg namens Olga kennen. Sie lebte mit ihrem deutschen Ehemann und ihrem erwachsenen Sohn aus erster Ehe in einem östlichen Stadtteil von Köln. Ihre schlanke sportliche Figur, ihr gepflegtes Aussehen und Auftreten, ließ sie viel jünger erscheinen als sie in Wirklichkeit war.

Eines Morgens, als ich gerade das Haus verlassen wollte, um nach Lüttich zu fahren, stand Olga plötzlich vor meiner Tür. Da sie noch nie vorher in Belgien gewesen war, nahm sie meine Einladung mich zu begleiten, begeistert an.

Meine Fahrt hatte diesmal mit Pascal überhaupt nichts zu tun, ich wollte nur schnell nach Belgien fahren, um einzukaufen.

In Fléron fuhr ich von der Autobahn ab, um in den dort befindlichen Supermarkt zu gehen. Olga folgte mir neugierig. Nach Erledigung meiner Einkäufe traten wir in Rosannas kleinem Eiscafé ein, das sich genau hinter dem Gelände des Supermarktes befand.

Von unserem Besuch freudig überrascht, spendierte Rosanna großzügig Eis und Kaffee und teilte uns mit, dass sie ihre Arbeitszeit an dem Tag gerade beenden und nach Hause fahren wollte. Wir vereinbarten Rosanna nach Hause zu begleiten, um ihr Gelegenheit zu geben sich umzuziehen um anschließend zu dritt in das Stadtzentrum von Lüttich zu fahren.

Während Olga und ich in Rosannas Wohnzimmer genau neben dem Telefon saßen, kam mir die Idee, Pascal kurz anzurufen. Pascal wusste überhaupt nichts von meiner Belgienreise und schon gar nichts davon, dass ich mich in Begleitung befand. Ich wollte Pascal überraschen und gleichzeitig Olga beweisen, dass ich noch weitere nette Freunde in Belgien habe.

Pascal freute sich sehr über meinen Anruf. Ich teilte ihm nur kurz mit, dass ich gekommen sei, um etwas einzukaufen und er meinte:

„Du bist aber diesmal nicht allein gekommen.“

Überrascht über seine treffsichere Aussage, kam mir der Gedanke, ihn ein wenig auf die Probe zu stellen, auch um Olga zu zeigen, was für einen besonderen Freund ich habe. Ich stellte das Telefon auf Lautstärke und übersetzte Olga zwischendurch einiges, was Pascal sagte.

„Rate mal, mit wem ich gekommen bin."

„Einen Augenblick, ich muss mich darauf konzentrieren, dann kann ich es dir sagen."

Nach einigen Schweigesekunden setzte Pascal fort:

„Du bist mit einer Frau gekommen. Ich könnte jedoch nicht sagen, dass es eine gute Freundin von dir ist. Sie ist eher eine gute Bekannte."

„Weiter, weiter, sag alles, was du fühlst", rief ich voller Begeisterung und Neugierde.

„Sie ist sehr schlank und sportlich und hat glatte kurze schwarze Haare."

Es stimmte genau.

„Sag mir noch etwas über sie oder ihr Privatleben", bat ich neugierig, weil ich fast nichts von ihr wusste.

„Sie ist etwa 42 Jahre alt und hat einen Sohn. Ich weiß, dass sie verheiratet war, sehe sie aber jetzt an der Seite eines anderen Mannes. Ich meine sie kommt von sehr weit her, kann das Land aber nicht genau benennen, weiß nur, dass es weit östlich von Belgien liegt."

Auch diese Aussagen stimmten genau. Von Pascal erfuhr ich erst, wie alt Olga war, was sie mir später auch bestätigte.

„Cristina, du hast aber heute etwas Sonderbares an", meinte Pascal.

Es stimmte. Ich trage sonst nie Rot, weil mir diese Farbe nicht besonders gefällt, doch an dem Tag trug ich zu schwarzer Kleidung einen breiten Schal mit roten und orangen Motiven.

„Sag mir, wie meine Begleitung gekleidet ist", bat ich ungeduldig.

Pascal konzentrierte sich einen Augenblick und sagte ruhig:

„Sie hat etwas Schwarzes an, so wie eine schwarze Bluse, ich habe aber Schwierigkeiten sie genau zu bestimmen, weil, wie ich meine, diese Bluse aus zwei verschiedenen Materialien gefertigt ist und ich nicht weiß, wie man die nennt."

Auch diesmal traf Pascal haargenau: Olga trug eine schwarze Bluse aus einer Art Nickistoff mit Spitzeneinsätzen.

Ohne ihn etwas zu fragen, sagte er plötzlich:

„Ihr sitzt bei Rosanna am Tisch und ich sehe weder Gläser noch Kaffeetassen. Hat sie euch nichts angeboten?"

Wohl hatte sie uns etwas angeboten, wir lehnten es aber ab, weil wir vorher in ihrem Eiscafé sowohl Eis gegessen als auch Kaffee getrunken hatten und nun nichts mehr wollten, außer, dass sie sich schnell umzieht, um in die Stadt fahren zu können.

„Oh, nun nähert sich Rosanna dem Tisch und legt etwas darauf! Sie trägt etwas Gelbes."

„Sie legt uns etwas zum Essen auf den Tisch", versuchte ich Pascal irrezuführen.

„Das stimmt nicht."

„Was ist es dann?"

„Ich weiß es nicht genau, es ist jedoch nichts zum Essen, es scheint eher ein Gegenstand zu sein, der kunstvoll gefertigt ist, eine Art Kunstgegenstand oder so", überlegte Pascal.

Rosanna trug einen gelben Pullover und legte gerade ihre Brosche auf den Tisch, die sie kurz vorher abgenommen hatte.

Ich erzählte Pascal, dass wir nach Lüttich fahren wollten, um in die Geschäfte zu gehen und Pascal bat uns, ihn vor unserer Rückkehr nach Köln zu besuchen, was wir auch sehr gern taten.

Gegen Abend stellten wir uns alle drei bei Pascal ein, der uns zusammen mit seiner Mutter höflich in die Wohnung bat. Wir nahmen im Wohnzimmer auf Couch und Sessel rund um den kleinen Tisch Platz. Luciana holte eine große Tüte Kartoffelchips hervor, die sie vor uns in eine Schüssel leerte und goss jedem Rotwein ein. Wir unterhielten uns, wie immer, über viele Dinge bis Pascal, der neben mir saß, mir schelmisch zuzwinkerte und fragte, ob er Olga einen kleinen Streich spielen könnte.

„Versuch es“, spornte ich ihn erwartungsvoll an.

Olga war gerade dabei, sich aus der am Tisch stehenden Schüssel mit einigen Kartoffelchips zu bedienen als Pascal sie scharf ansah und zu ihr sagte:

„Achtung, diese Chips sind nicht gut, sie schmecken nach Essig!“

Olga lächelte ungläubig und ließ die Chips im Mund verschwinden. Als sie darauf biss verzog sie ihr Gesicht und spuckte sie sofort in eine Papierserviette.

„Pfui, die sind sauer wie Essig!“ rief sie und nahm sich andere aus der Schüssel.

„Die sind aber sehr scharf, Sie werden sich den Mund verbrennen“, sagte Pascal und sah Olga mit strahlenden Augen an.

Auch diesmal spuckte Olga die Chips sofort aus und behauptete sie seien so scharf, dass sie sie nicht essen könne. Wir sahen uns an, bedienten uns weiter mit Chips, jedoch keiner von uns empfand etwas anderes im Mund als normale Kartoffelchips mit dem uns bekannten Geschmack. Nur Olga behauptete, dass sie anders schmeckten und zwar jeweils so wie Pascal ihr das gesagt hatte. Sie konnte sich nicht erklären wieso ihre Chips nach Essig schmeckten, mal scharf oder gesalzen, ja sogar zuckersüß waren.

Auf dem Heimweg sprachen wir noch lange über unsere Begegnung mit Pascal und Olga kam aus dem Staunen über diesen sympathischen jungen Mann nicht mehr heraus.

Pascals Verehrerin

Eine Kundin, die nur wenige Jahre älter ist als Pascal, kam oft und gern zu ihm, um sich wahrsagen zu lassen. Schnell merkte er, dass sie in ihn verliebt war und eigentlich deshalb kam. Irgendwann kam es so weit, dass er sie privat einlud. Sie sollte an einem Abend zu ihm zu Besuch kommen. Er wartete aber umsonst, denn sie kam nicht.

Mehrere Tage später erzählte sie ihm, dass sie deshalb nicht kommen konnte, weil sie angeblich zusammen mit einer Freundin bei einer Tante zu Besuch war, es spät wurde und sie ihn nicht mehr stören wollte.

Pascal merkte sofort, dass sie ihn belog. Er konzentrierte sich und versetzte sich an den besagten Abend. Vor seinem geistigen Auge sah er sie zusammen mit einem jungen Mann in einer ihm bekannten Diskothek wild tanzen. Danach begleitete sie dieser Mann bis zur Haustür, wo sie sich leidenschaftlich küssten. Pascal wusste alles. Er konnte sogar beschreiben, wie sie und der junge Mann an dem besagten Abend gekleidet waren.

Bis heute kann sie nicht glauben, dass Pascal damals nicht auch in der Diskothek war und ist überzeugt davon, dass er sie verfolgt hatte.

Als diese junge verliebte Kundin wieder einmal zum Wahrsagen bei Pascal erschien, meinte er, als sie seine Wohnung verließ:

„Pass gut auf dich auf! Du sollst auf keinen Fall heute Abend um genau 20:06 Uhr an der großen Kreuzung in der Ortsmitte vorbeifahren, denn ich spüre, dass du einen Unfall haben wirst."

Sie wollte ihm beweisen, dass er nicht Recht hatte und fuhr genau zu der besagten Kreuzung hin, zögerte einen Augenblick, ließ dann ihr Auto auf dem Bürgersteig in der Nähe der Kreuzung stehen und ging auf die gegenüberliegende Seite im Glauben, Pascal nun beweisen zu können, dass er sich geirrt hatte.

Minutenlang stand sie wartend an der Kreuzung bis genau um 20:06 Uhr ein junger Fahrer in seinem Auto die Kurve nicht richtig packte und voll in ihr Fahrzeug donnerte: Totalschaden.

Sie erzählte es Pascal, zeigte sich aber nie wieder bei ihm.

Voraussage für Shehla

Meiner aus einer wohlhabenden Politikerfamilie aus Pakistan stammenden Freundin Shehla teilte Pascal eines Tages folgendes mit:

„Ich sehe jemanden aus Ihrer Familie, der ein bedeutendes Amt bekleidet, in großer Gefahr. Ich sehe ein großes Gebäude, wo viele Menschen versammelt sind, wo Menschen beten und sehe, dass dort etwas passiert. Ich sehe Blut, ich sehe Gewalt, es wird alles sehr schnell ablaufen."

Einige Tage später rief mich Shehla an, um mir zu sagen, dass in die Moschee von Karatschi, wo sich auch einer ihrer Cousins aufhielt, Terroristen eingedrungen waren und mehrere Leute getötet hatten. Unter den Toten war auch ihr Cousin.

Dieses war eine schlimme, eine sehr traurige Voraussage von Pascal und deshalb ist sie mir im Gedächtnis geblieben.

Im Februar 1994, also etwa ein halbes Jahr, nachdem ich Pascal kennen gelernt hatte, verstarb ein sehr guter Freund von mir und ich bereitete mich vor, zur Beerdigung nach Dortmund zu fahren. Am Vorabend rief mich Pascal an und meinte:

„Was ist passiert? Ich sehe dich in Schwarz auf einem Friedhof. Ist dir jemand gestorben?“

Da mir der frühe Tod dieses Freundes sehr nahe ging, spürte Pascal wahrscheinlich meine Stimmung. Wieso aber sah er mich in Schwarz und auf einem Friedhof? Meine traurige Stimmung hätte doch genauso gut auch eine andere Ursache haben können.

Weil ich sehr viel am Schreibtisch und am Computer sitze, plagen mich manchmal starke Schmerzen im Nackenbereich, die sich oft in höchst unangenehme Migräne verwandeln und mich dann sogar für kurze Zeit arbeitsunfähig machen.

Wieder einmal war eine solche Situation eingetreten, die mich umso mehr ärgerte, als ich Pascal zu mir nach Köln eingeladen hatte. Pascal erschien frohen Mutes und ich versuchte so gut es ging meine Kopfschmerzen vor ihm zu verbergen, da ich es nicht unbedingt als angenehm empfand vor meinem Gast zu jammern. Ich hatte eine Tablette eingenommen und es ging mir bedeutend besser.

Pascal trat ein, legte seine Reisetasche nieder und sah mich an:

„Geh bitte ein wenig zum Fenster und stell dich mit dem Profil ins Licht.“

Ich gehorchte und hörte ihn sagen:

„Du hast ja Kopfschmerzen. Warum hast du es mir nicht gesagt?“

Auf meine neugierige Frage, wieso er das wusste, erklärte er mir, dass er meine Aura gesehen habe und diese im zervikalen Bereich gräulich leuchtete. Daraus schlussfolgerte er, dass ich dort etwas haben müsste: Also Schmerzen.

Ich setzte mich auf einen Stuhl und er legte seine Hände auf meine Schultern. Langsam begannen sich meine Schultern unter seinen Händen zu erwärmen und wurden sogar so heiß, dass ich das Gefühl hatte mich daran zu verbrennen.

Als ich mehrfach aufschrie, dass es zu heiß sei, entfernte er seine Hände von meinen Schultern, schüttelte sie aus und fragte, wie ich mich fühlte.

Wie sollte ich mich denn fühlen? Natürlich war mein Leiden auf der Stelle wie weggeblasen! Oder habe ich mir das nur eingebildet?

Wir saßen beide in meinem Wohnzimmer in Köln und erzählten, wie jedes Mal, bis tief in die Nacht hinein. Pascal sprach über etwas und ich hörte ihm aufmerksam zu. Da ich aber zu der Zeit an einem größeren Übersetzungsauftrag arbeitete, dachte ich einen kurzen Augenblick daran, ob ich wohl diesen Auftrag auch termingerecht abliefern könne. Kaum hatte ich diesen Gedanken ausgedacht, unterbrach Pascal seine Erzählung, sah mich mit sehr ernster Miene an und sagte kurz:

„Mach dir keine Sorgen, du wirst die Übersetzung fertig machen."

Danach setzte er seine Erzählung fort. Einige Tage später lieferte ich meinen Übersetzungsauftrag termingerecht an den Kunden.

Chato, der kleine süße Hund des Nachbarn kam sehr gern zu mir und setzte sich, während ich arbeitete, brav unter meinen Schreibtisch. Auch an dem Tag, als Pascal anrief, lag Chato faul zu meinen Füßen und sah mich aus großen schwarzen Augen an.

„Du bist aber nicht allein", sagte Pascal irgendwann während unseres Gesprächs.

„Doch", entgegnete ich, weil niemand anderer im Raum war.

„Komisch, ich spüre eine Seele neben dir, ein kleines Seelchen", meinte er sehr überzeugt und hatte Recht.

Dann erzählte ich ihm, was es mit diesem kleinen Seelchen auf sich hatte und er meinte, dass das Hündchen nicht ganz gesund sei und unbedingt einen Arzt bräuchte, was sich später auch haargenau bestätigte.

Wir saßen beide wieder einmal im Flugzeug, nur war es diesmal keine Fernreise, wie so oft, sondern eine Reise von Brüssel nach Bellaria in die Nähe von Rimini. Dort sollten wir vom 4. bis 7. April 2002 Uri Geller treffen und vier interessante Tage zusammen verbringen.

Da wir am Vorabend sehr spät ins Bett gekommen waren, dösten wir auf unseren Plätzen im Flugzeug vor uns hin. Plötzlich stupste mich Pascal an und seine großen dunklen Augen strahlten.

„Cristina, ich habe einen Gedankenblitz!"

„Kannst du mir bitte ein Stück Papier und etwas zum Schreiben geben? Ich muss etwas aufzeichnen."

Ich stöberte in meiner Handtasche und hielt ihm einen kleinen Schreibblock mit einem Kugelschreiber entgegen. Er griff hastig danach, klappte das Tischchen vor seinem Sitz auf und begann zu schreiben. Inzwischen schloss ich die Augen und schlummerte weiter. Wie lange mein lethargischer Zustand anhielt, kann ich nicht sagen, ich weiß nur, dass er mir irgendwann sein Meisterwerk unter die Nase hielt.

Wir begannen die Zeichnung zu kommentieren und er erklärte jede Einzelheit. Das Viereck in der Mitte sollte unser Hotel sein. Er zeichnete neun Stockwerke und auf dem Dach eine Art Überbau. Vor dem Hotel sah er einen Pool, der einer umgelegten Acht oder dem Zeichen Unendlich ähnlich sah. Links neben das Hotel malte er mehrere kleine komische Gegenstände, die ich als Autos interpretierte, doch er erklärte mir, dass es Strandliegen seien.

„Ich war noch nie dort, ich weiß auch gar nicht wie wir zu unserem Hotel gelangen werden, ich sehe aber in der Nähe des Hotels einen Supermarkt mit einer großen roten Aufschrift SUPER, an dem wir vorbeifahren werden", sagte Pascal und zeigte mit dem Finger links auf ein Rechteck, in das er das Wort SUPER in Großbuchstaben eingetragen hatte.

„Was bedeuten die beiden Kreuze in der vierten und sechsten Etage des Hotels" fragte ich irritiert und Pascal antwortete nur, dass er sie einfach so eingezeichnet hätte, weil er es so empfunden habe.

Bald danach landete unser Flugzeug in Bologna und wir nahmen ein Taxi, um nach Bellaria zu gelangen. Während der Fahrt sprachen wir nicht viel, weil wir sehr müde waren.

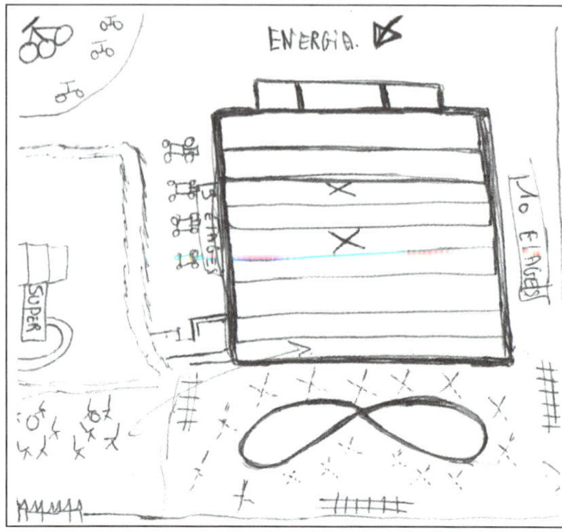

(© Cristina Aldea)

Pascals Zeichnung vor unserer Ankunft in Bellaria

Unmittelbar nach dem Ortsschild von Bellaria bog die Straße scharf ab und Pascal schrie auf:

„Schau, der Supermarkt, den ich in meiner Vision gesehen habe! Ist das nicht komisch?“

Ich drehte mich um und kam aus dem Staunen nicht heraus. Wir fuhren gerade an einem Supermarkt vorbei, der eine Riesenaufschrift in roten Lettern trug: SUPER. Schnell zog ich die Zeichnung aus der Tasche und verfolgte unseren Weg genau. Als sich das Taxi dem Hotel näherte, erkannten wir das Hotel sofort, obwohl wir noch nie vorher in dieser Gegend waren.

Mit lauter Stimme zählten wir die Stockwerke und siehe da, es waren genau neun. Oben auf dem Flachdach stand ein Überbau.

(© Cristina Aldea)

Unser Hotel in Bellaria

Die freundliche junge Dame an der Rezeption hieß uns willkommen und übergab uns die Zimmerschlüssel:

Pascal erhielt den Schlüssel für Zimmer 407 und ich den für 406. Da ich die Zahl sieben nicht besonders mag, beruhigte es mich sie auf dem Zimmerschlüssel von Pascal zu sehen, der nur kurz dazu bemerkte:

„Die 407 ist eine gute Zahl: Vier plus sieben ist elf, also wunderbar!"

Nachdem wir unser Gepäck in die Zimmer gebracht hatten, trafen wir uns zu einem Rundgang, denn ich brannte vor Neugierde, das Hotel mit der Zeichnung aus dem Flugzeug zu vergleichen und siehe da, alles stimmte genau!

Als wir von unserem Kontrollgang zurückkamen, begegnete uns in der Eingangshalle des Hotels Uri Geller. Er freute sich uns zu sehen, umarmte uns und wir verabredeten uns für einen späteren Zeitpunkt.

(© Cristina Aldea)

Uri Geller, Cristina Aldea und Pascal in Bellaria

Uri hielt seinen Zimmerschlüssel in der Hand und als ich die Nummer darauf sah, traute ich meinen Augen nicht: 611. Nun verstand ich was die beiden Kreuze in der vierten und sechsten Etage des von Pascal gezeichneten Hotels bedeuteten. Ohne es erklären zu können, hatte er genau die Etagen markiert, in denen unsere Zimmer lagen und die Elf an Uris Schlüssel, genau wie bei Pascal, war eigentlich wunderbar.

Es folgten noch drei interessante Tage, an denen wir viel miteinander sprachen und experimentierten. Uri verbog Löffel und Gabeln, zeichnete was Pascal dachte und Pascal ließ seine paranormalen Fähigkeiten spielen.

(© Cristina Aldea)

Uri Geller zeigt Pascal wie Löffel verbogen werden

Eine wunderbare Freundschaft war geboren.

Nachdem Pascal im April 2002 in Bellaria, in Italien, einige Tage mit Uri Geller verbrachte und von dessen Fähigkeiten Metalle zu beeinflussen, sehr angetan war, wollte er es auch versuchen.

Er kaufte mehrere Löffel und Gabeln und begann fleißig zu üben. Nach einigen Versuchen zuckte er zusammen als er spürte, dass der Löffel in seiner Hand weich wurde und sich zu verbiegen begann. Nun hatte er es geschafft! Er konnte, wie sein Freund Uri, Löffel verbiegen und wenn er sich stark genug darauf konzentrierte, brach der Löffel in seiner Hand sogar und fiel zu Boden.

Als ich ihn eines Tages besuchte, überraschte er mich mit seinem neuen Experiment, von dem ich bis dahin keine Ahnung hatte. Er tat sehr geheimnisvoll und als ich den Löffel in seiner Hand sah, konnte ich ein kurzes spöttisches Lächeln nicht verbergen. Nie hätte ich ge-

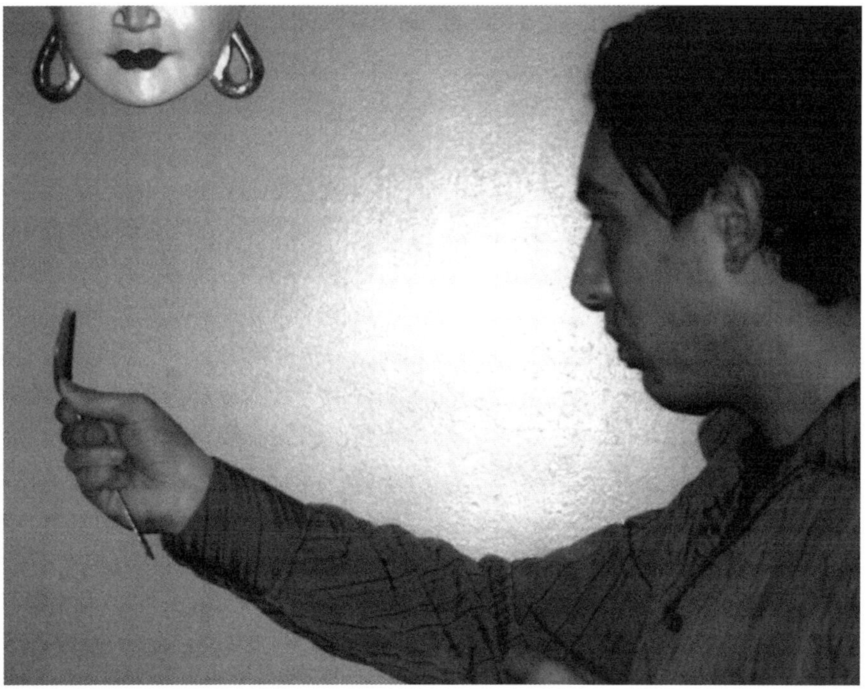

(© Cristina Aldea)

Pascal verbiegt Löffel

glaubt, dass Pascal genauso wie Uri, Metallbesteck verbiegen würde. Augenblicke später wurde ich aber eines Besseren belehrt. Pascal verbog vor meinen Augen mit erstaunlicher Leichtigkeit Löffel und Gabeln, die ich natürlich vorher in die Hand genommen und mit misstrauischem Blick ganz genau geprüft hatte. Es funktionierte und wir freuten uns beide.

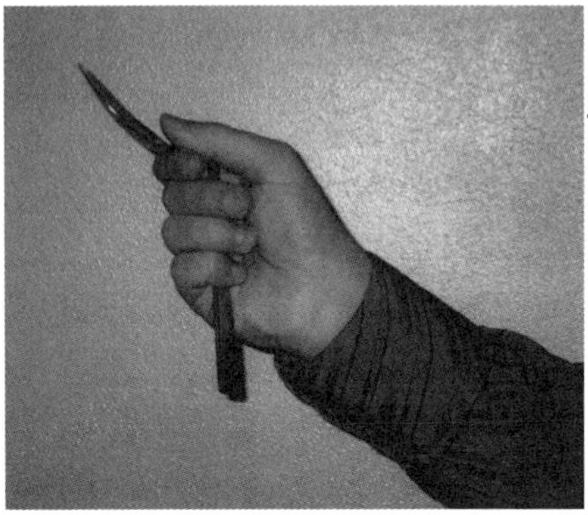

(© Cristina Aldea)

Der Löffel gibt nach...

(© Cristina Aldea)

... er verbiegt sich...

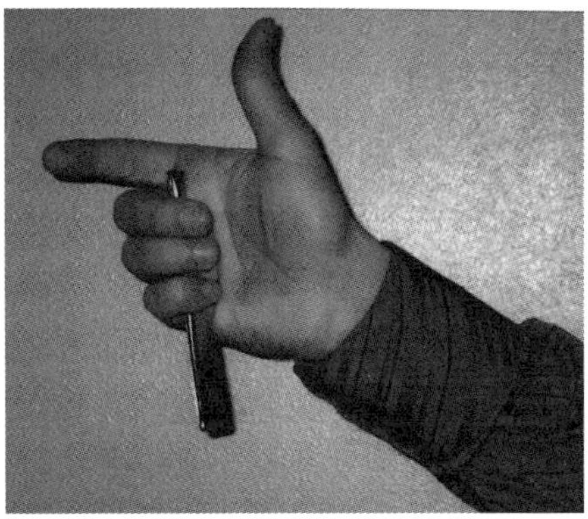

(© Cristina Aldea)

... er bricht: ...

(© Cristina Aldea)

... Das Ergebnis

Als er am 25. September 2004 auf der Bühne des *Palais des Congrès* in Lüttich vor einem vollbesetzten Saal stand, wollte das Publikum irgendetwas sehen, um sich von seinen Fähigkeiten zu überzeugen, denn einfache Voraussagen genügten nicht, weil ja keiner sofort prüfen konnte, ob sie auch wirklich eintreffen werden.

Pascal überlegte kurz, holte dann aus seiner Tasche einige Löffel heraus und ging wagemutig zum Experiment über. Noch nie hatte er bis dahin versucht, vor seinem belgischen Publikum so etwas zu machen und hatte sogar Angst, dass sein Experiment nicht gelingen könnte und er sich blamieren würde.

Er bat das Publikum um ein wenig Ruhe im Saal, stellte sich auf die Bühne mit einem Löffel in der Hand und begann sich zu konzentrieren. Plötzlich wurde der Löffel butterweich, brach und viel zu Boden.

Das Publikum grölte und wollte noch mehr sehen. Pascal wiederholte sein Experiment mehrmals erfolgreich.

Schon im Mai 2004 verbog Pascal mehrere Löffel vor zahlreichem Publikum auf Ibiza, Mitte Oktober 2004 beim Kongress der paranormalen Wissenschaften in Ligurien und am 27. November 2004 erneut in Lüttich.

Da ich mich einmal im Monat mit meiner AAS-Gruppe in der Stadthalle von Bonn, Bad Godesberg treffe und wir über interessante Dinge sprechen, Sachbuchautoren, Forscher und Schriftsteller einladen, äußerte die Gruppe den Wunsch, auch Pascal einzuladen.

Der junge Hellseher sagte gern zu und wollte über sich und seine Erfahrungen mit paranormalen Dingen berichten.

Am 23. Oktober 2004 erschien er in der Stadthalle von Bad Godesberg. Gegen Ende seines Vortrags holte er einen Löffel hervor und hielt ihn vor das staunende Publikum ins grelle Licht des Saales. Plötzlich begann sich der Löffel zu biegen und brach entzwei. Es war das erste Mal, dass Pascal dieses Experiment in Deutschland machte.

Wie ich schon sagte, habe ich mit Pascal im Laufe der Jahre mehrere Reisen in verschiedene, oft auch sehr ferne Länder unternommen, auf denen wir Interessantes erlebten. Ich möchte hier nur einige Ereignisse erzählen, an die ich mich noch gut erinnern kann.

Als wir uns am Flughafen in Surabaya befanden, um nach Bali zu fliegen, meinte Pascal nur so beiläufig, dass der Koffer eines Mitgliedes unserer belgischen Reisegruppe verloren gehen wird.

Wir taten es als Spinnerei ab, spotteten und lachten darüber, weil wir aus der bis dahin in Indonesien gemachten Erfahrung wussten, wie genau und korrekt die Fluggesellschaft des Landes arbeitet. Ein Koffer konnte doch gar nicht verloren gehen!

Nach der Landung auf Bali wurden wir aber eines Besseren belehrt: Eine Dame unserer Gruppe wartete vergeblich auf ihren Koffer, der aus Versehen irgendwo in Asien herumflog und seine Inhaberin erst sehr viel später im Hotel erreichte.

Im Bus auf dem Weg zum Flughafen in Denpasar, in Sulawesi, behauptete Pascal wieder nur beiläufig:

„Wir werden dieses Flugzeug nicht kriegen."

„Du bist wohl verrückt! Das kann doch gar nicht sein", erwiderte Yellow, unser flämischer Reiseleiter gereizt und sah auf die Uhr. Da wir noch reichlich Zeit hatten, mussten wir uns sogar auf eine erhebliche Wartezeit am Flughafen einrichten.

Wir kamen an und warteten lange, sogar sehr lange bis man uns mitteilte, dass unser Flugzeug für Regierungsangehörige gebraucht würde und wir auf ein nächstes warten müssten, das extra für die Touristen flott gemacht werde.

Pascals Gesicht verzog sich zu einem höhnischen Grinsen.

Auch diesmal hatte er Recht!

Auf der Insel Bali gab es ein gemeinsames Abendessen in einem etwas außerhalb der Stadt gelegenen, typisch balinesischen Restaurant. Da die Fahrt dahin so romantisch wie nur möglich gestaltet werden sollte, fuhren wir jeweils zu zweit auf einem kleinen Pferdewagen. Ich saß neben Pascal hinter dem Kutscher, der sein zotteliges Pferdchen träge und gemütlich antrieb, damit wir möglichst viel von der langsam vorbeigleitenden Umgebung mitbekommen. Wir bemühten uns, alles was wir sahen in uns aufzunehmen, sprachen angeregt, ja sogar manchmal lautstark darüber und machten uns gegenseitig auf interessante Sachen aufmerksam. Mitten in dem angeregten Gespräch wurde Pascal ernst und sagte besorgt:

„Ich spüre einen Unfall! Es ist aber ein kleiner leichter Unfall", als von der Seite ein Junge gegen unser Gefährt donnerte und von seinem Mofa fiel. Unser Pferd machte einen kurzen Sprung und wir erschraken mächtig. Der Junge stand sofort auf, sprang erneut auf sein Mofa und fuhr lächelnd winkend davon. Unser Kutscher, sichtlich mit solchen Situationen vertraut, winkte zurück und zog an den Zügeln, in dem er uns zu verstehen gab:

„Nicht schlimm."

Wir standen in der Gruppe vor einem Tempel in Jakarta und hörten den Ausführungen der Reiseleiterin zu, die neben mir stand, als sich mir plötzlich eine kleine, alte, ziemlich ungepflegte Frau näherte und mich am Arm fasste. Sie sah mich mit sehr großen ausdrucksvollen Augen an. Ich dachte sie wollte betteln. Die Reiseleiterin sagte etwas zu ihr und aus den Gesten konnte ich erkennen, dass sie sie zu verjagen versuchte. Diese ließ sich aber nicht beeindrucken und versuchte erneut, etwas zu mir zu sagen. Ich konnte ihre Sprache leider nicht verstehen und bat die Reiseleiterin mir zu übersetzen, was die Frau sagte. Sie meinte, dass sich der Himmel bald verdunkeln werde, dass er bald wütend werde und dass wir uns gut bedecken sollten, um vor dem Jenseits geschützt zu sein.

Ich verstand nicht, was die Alte von mir wollte und verstand auch die Übersetzung der Reiseleiterin nicht so recht. Sie sagte mir, dass ich diese Frau nicht beachten sollte, denn sie sei ein wenig verrückt und forderte sie erneut auf zu verschwinden. Dann teilte sie mir mit, dass die Frau gefühlt hätte, dass eine sehr starke Strahlung von mir ausgehe, viel stärker als von allen anderen dort anwesenden Leuten. Diese Aussage war für mich neu, aber Pascal stand daneben und wahrscheinlich hatte sie seine Strahlung gespürt, vielleicht auch das gemeint, nur hatte es die Reiseleiterin anders verstanden und entsprechend übersetzt.

Ich hielt die Alte für eine Art Boten, ich weiß selbst nicht, wie ich es erklären soll, für jemanden, der mir eine Botschaft überbringen wollte und nachdem die Reiseleiterin sie nun lautstark fortgeschickt hatte, sahen wir ihr eine Weile nach. Sie entfernte sich von unserer Reisegruppe, erhob sich plötzlich wie eine weiße Wolke, löste sich auf und verschwand im Nichts. Mehrere aus der Reisegruppe hatten es gesehen, schenkten dem aber, wie so oft, keine besondere Bedeutung.

Wenige Minuten später verdunkelte sich der Himmel und es begann furchtbar zu regnen. Wir mussten im Tempel warten, bis das Unwetter vorbei war.

Ägypten übt vor allem durch seine antike Geschichte und Kultur eine besondere Faszination auf jeden aus, der etwas darüber gelesen oder davon gesehen hat und vor allem auf den, der es besucht hat.

Mir ging es genauso. Da ich noch nie eine besondere Schwäche für Geschichte hatte – ich mochte in der Schule die wissenschaftlichen Fächer wie Mathematik, Physik, Astronomie – blieb bei mir, wie sicherlich auch bei vielen anderen, aus dem Geschichtsunterricht herzlich wenig haften. Ich verband Ägypten schlicht und einfach nur mit Pyramiden, mit dem Nil und mit Papyrus bis ich 1991 meine Meinung darüber grundsätzlich änderte.

In der Zwischenzeit trat ich der 1973 in Illinois von Gene M. Phillips gegründeten *Ancient Astronaut Society (AAS)* als Mitglied bei, von der sich jedoch 1998 der deutschsprachige Flügel unter der Leitung des Schweizers Erich von Däniken trennte und in *Forschungsgesellschaft für Archäologie, Astronautik und SETI (AAS)* umbenannte. Im Rahmen dieser Gesellschaft besuchte ich interessante Vorträge, von denen sich einige auch mit Ägypten befassten. Allmählich entstand bei mir eine Neugierde, ja sogar ein starker Wunsch nach Ägypten zu reisen, um mir an Ort und Stelle von diesem faszinierenden Land ein Bild zu machen.

Im Jahr 1991 hatte ich zum ersten Mal die Gelegenheit das Land der Pharaonen zu besuchen. Ich kehrte mit wunderbaren Eindrücken und vielen hundert Dias zurück. Da man jedoch auf einer Reise, auch wenn sie drei Wochen lang ist, nur einen winzigen Bruchteil dessen sehen kann, was ein Land zu bieten hat, liegt es auf der Hand noch weitere Reisen unternehmen zu wollen mit dem Ziel, das zu vertiefen, was man schon gesehen hat und viel Neues zu entdecken.

Es blieb aber nicht bei einer Reise, im Laufe der Jahre folgten mehrere, es blieb auch nicht bei einigen hundert Dias, es wurden tausende. Unter Freunden und Bekannten musste ich immer wieder über Ägypten erzählen und Dias zeigen, bis mir der Gedanke kam, einen

Vortrag über dieses interessante Land vorzubereiten. Dafür musste ich mich selbstverständlich über das alte sowie das moderne Ägypten, über seine Kultur und Geschichte gut informieren.

Mein Vortrag war für den 28. November 1997 vorgesehen. Hierfür mietete ich einen Saal in Köln und begann eifrig Einladungen zu verschicken. Eine Einladung ging an die Botschaft der Arabischen Republik Ägypten in Bonn, in der Hoffnung, dass vielleicht jemand von der Botschaft meinen Ausführungen über dieses wunderbare Land folgen werde.

Während ich mit den Vorbereitungen für meinen Ägypten-Vortrag beschäftigt war, geschah das Unglaublichste, das Furchtbarste, das dieses Land treffen konnte. Am 17. November 1997 fand in Deir el-Bahari, am Totentempel der Hatschepsut, der Anschlag oder das Massaker von Luxor statt, bei dem eine Gruppe Islamisten 62 Personen, davon 36 Touristen aus der Schweiz, tötete. Diese bekannte und bedeutende Ausgrabungsstätte ist eine Attraktion für Menschen aus aller Welt. Das Ereignis versetzte der Tourismusbranche in Ägypten einen heftigen Schlag, von dem es sich erst nach Jahren erholte.

Der damalige Botschaftsrat, Prof. Dr. Hassan Sherif, bedankte sich für meine Einladung, die ihn offensichtlich erst spät erreichte und drückte die Hoffnung aus, dass sich die Lage in seinem Land bald bessern werde. Zu der Zeit hatte man verständlicherweise bei der Botschaft ganz andere Sorgen, als in Köln bei einem Vortrag über Ägypten zu sitzen.

Ich hielt meinen Vortrag und hatte ganz unerwartet viel mehr Erfolg als ich dachte. Außer sieben Mal an verschiedenen Orten in Deutschland, hielt ich meinen Ägypten-Vortrag auch zweimal in Belgien und machte eine Vortragsreise durch Rumänien, wo ich besonders herzlich empfangen wurde.

Natürlich blieben meine Ägyptenreisen auch Pascal nicht verborgen. Schnell merkte ich, dass er ebenso fasziniert war von diesem

Botschaft der Arabischen
Republik Aegypten Bonn
KULTURABTEILUNG
UND STUDIENMISSION

بسم الله الرحمن الرحيم

سفارة جمهورية مصر العربية ببون
المكتب الثقافي ومكتب البعثة
التعليمية ببون

An das
Aldea Übersetzungsbüro (BDÜ)
Moltkestr. 135
D - 50674 Köln

Bonn, d. 03.12.97
Prof. Dr. Sherif/Eng

Betr.: Ihr Schreiben vom 23.11.1997

Sehr geehrte Frau Aldea,

haben Sie herzlichen Dank für Ihre Einladung zu Ihrem Dia-Vortrag. Leider ist diese Einladung erst sehr spät ergangen, so daß wir sie erst heute erhielten. So sind wir nicht in der Lage gewesen, einen Besuch einzuplanen. Natürlich sind wir sehr daran interessiert, interessierte Personen mit der Situation in unserem Land vorurteilsfrei vertraut zu machen, so daß sie ihr Interesse an unserem schönen Land nicht verlieren und darauf vertrauen, daß sich die Lage bald bessern wird.

Wir danken Ihnen für Ihre Bemühungen und verbleiben

Mit freundlichen Grüßen

Prof. Dr. Hassan Sherif
Botschaftsrat - Kultur
Leiter der Studienmission

S. 157

AM HOFGARTEN - 3 53113 BONN POSTFACH 2810 53018 BONN TEL.: 0228 - 223942 223995 263783 FAX: 0228 - 224577

Schreiben der ägyptischen Botschaft

Land wie ich, aber darüber fast nichts wusste. Gern hätte er auch einmal die Pyramiden gesehen und sich mit der ägyptischen Antike vertraut gemacht, was ihm aber aus tausend Gründen bis jetzt noch nicht gelungen ist.

Als ich im September 1995 von einer erneuten Ägyptenreise zurückkehrte, wollte ich Pascal eine kleine Freude bereiten und ließ meine Fotos des Pyramidenkomplexes von Gizeh, der großen Pyramide und des Sarkophags im Inneren dieser Pyramide in Postkartenformat für ihn anfertigen. Ich legte die Fotos in einen Umschlag und brachte sie Pascal, ohne ihm jedoch gleich zu verraten, welche Überraschung ich für ihn bereit hatte. Als ich den Umschlag auf seinen Schreibtisch legte, sagte er sofort:

„Was hast du dort im Umschlag? Ich spüre eine sehr starke Energie, sehr starke Schwingungen aus diesem Umschlag."

Ich öffnete den Umschlag und entnahm die wunderschönen Fotos daraus. Pascal machte große Augen und starrte einen Augenblick gebannt darauf. Danach hielt er seine beiden offenen Hände darüber und sagte immer wieder:

„Die strahlen enorm, die haben sehr starke Schwingungen! So etwas Intensives habe ich noch von keinem Foto gespürt. Das ist ja wunderbar!"

Nachdem er die Fotos mit seinen Händen der Reihe nach auf Schwingungen abgetastet hatte, sagte er, dass der Sarkophag in der Königskammer der großen Pyramide die meiste Energie abgebe, was ich in Gedanken bestätigen konnte, da ich viel über die Energie der Pyramide gelesen hatte und genau wusste, dass eine Pyramide nur dann Energie entwickelt, wenn sie im genauen Maßstab zu der großen Pyramide von Gizeh, der Cheops-Pyramide, gebaut und entsprechend ausgerichtet ist.

Es wurden viele Bücher über die Kräfte der großen Pyramide geschrieben, viele Leute befassen sich damit, forschen und untersuchen, können aber bis heute noch keine plausible Erklärung für die Entstehung und die Art dieser Kräfte liefern.

Wir sprachen noch viel über die Pyramiden, über die Faszination, die sie ausüben, über die Pharaonen und die Sphinx. Auch erzählte ich ihm über das moderne Ägypten, über seine Leute, seine Sitten und Gebräuche und über meine persönlichen Eindrücke von diesem wunderbaren Land.

Das war eigentlich vorläufig alles.

Es vergingen mehrere Jahre und wir sprachen nie wieder über Ägypten. Weshalb das so war, kann ich jedoch nicht sagen. Wir hatten in dieser Zeit andere interessante Themen zu bereden und Ägypten geriet, aus welchem Grund auch immer, in totale Vergessenheit. Erst nach einem Gespräch über Ägypten, das ich im April 1999 mit Dr. Joachim Koch vom Evangelischen Waldkrankenhaus in Berlin führte, kam mir der Gedanke, Pascal ein Bild des sogenannten Totentempels der Hatschepsut zu zeigen. Dr. Koch ist ein leidenschaftlicher Ägyptenfan, weiß sehr viel über dieses Land und vor allem über Hatschepsut, war aber persönlich noch nie dort. Es ist sein größter Wunsch einmal nach Deir el-Bahari zu reisen und sich an Ort und Stelle tagelang mit seinem Idol Hatschepsut zu beschäftigen. Die Idee, dass Pascal uns vielleicht etwas über diese so faszinierende mysteriöse Pharaonin sagen könnte, begeisterte uns beide.

Am 7. Mai 1999 fuhr ich ausgerüstet mit einigen Fotos vom Tempel in Deir el-Bahari zu Pascal und legte sie vor ihn auf den Tisch. Er betrachtete sie aufmerksam, konnte aber nicht viel damit anfangen, weil er gar nicht wusste, was er darauf sah. Ich bat ihn zu versuchen sich darauf zu konzentrieren und mir einfach zu sagen was er empfindet, was er vor seinem geistigen Auge sieht.

Pascal holte sein Pendel heraus, hielt es über das Foto des Totentempels von Hatschepsut und murmelte etwas. Ich sah wie das Pendel sehr stark ausschlug. Dann fiel er in Trance. Ich griff nach einem Stift und setzte mich vor meinen Schreibblock, um sofort zu notieren was er sagt. Wenn er sich auf etwas konzentriert oder auch wenn er die Tarotkarten für jemanden legt, erlaubt er demjenigen, dem die Voraussage gilt, sie aufzuschreiben, nicht aber auf Tonträger aufzuzeichnen, weil ihn die Schwingungen des Gerätes beim Hellsehen stören. Also muss man sehr schnell schreiben, damit man möglichst viel erfassen kann. Sich einfach alles zu merken, ist fast unmöglich und auch wenn man später einmal nachsehen möchte, ob sich die gemachten Voraussagen wirklich erfüllten, also bewahrheitet haben, kann man es viel leichter überprüfen, wenn man sich die Notizen durchliest.

Mit bleichem starrem Gesichtsausdruck sagte er leise und sehr ruhig:

„Dieses Gebäude, dieser Tempel, zieht mich unwahrscheinlich an. Hier sind Dinge passiert und passieren immer noch, die unglaublich sind. Seitlich fehlt ein großer Teil, es fehlt ein ganzes Gebäude. Eigentlich bestand diese Anlage aus drei großen Abschnitten, aus drei Teilen. Von dem, was einst dort stand, hat man nur etwa dreißig Prozent wiedergefunden. Der Rest ist endgültig verschwunden und wird nie mehr zu finden sein. Alles, was sich einmal dort befand, bedeckte eine Fläche von mehr als einem Quadratkilometer. Schade, es war ein prachtvoller Tempel!“

Nach einer Pause fuhr er fort:

„An der hohen Felswand hinter dem Tempel sehe ich neun riesige, in den Felsen gemeißelte Köpfe. Es sind die Abbilder von neun sehr bedeutenden, sehr geachteten Persönlichkeiten, auf die das ganze Volk blickt. Diese Köpfe wurden sehr schnell gefertigt, sie wurden in sehr kurzer Zeit in die Felswand gemeißelt. Sie stellen das schönste, das bedeutendste Kunstwerk der Welt dar. Es sind aber nicht nur einfache Abbildungen von neun großen Männern. Sie enthalten wichtige göttliche Botschaften.

Hinter dieser hohen Felswand, an der sich die neun Köpfe befinden, liegt ein Ort, so ungefähr wie eine Stadt. Hier wohnen vor allem wohlhabende Leute, Adlige, Minister, Angehörige der Armee, auch Handwerker und Händler, die ziemlich reich sind. Hier wohnen aber auch gescheite Leute, Intellektuelle, die anderen Wissen vermitteln.

Es ist ein Ort der Reichen. Hier werden sogar zwei bis drei Sprachen gesprochen. Ich kann nicht erkennen, wie dieser Ort heißt.

Ich stehe vor dem Tempel und sehe auf die Köpfe an der Felswand. Links von mir, so etwa hinter mir, sehe ich einen kleinen Ort. Er heißt Midi, Medine, Medinet oder so. Es ist ein Dorf mit einer armen Bevölkerung. Dort wohnen vorwiegend arme Bauern. Sie betreiben Landwirtschaft. Auch rechts des Tempels hinter dem Berg ist ein Ort. Den sehe ich aber nicht gut, es ist mir nicht ganz klar, was dort ist.

Die Leute aus diesen drei Orten kennen den Tempel und kommen hin. Ich sehe viele Leute vor dem Tempel und auf den Felsen. Sie feiern. Einige sind auf ihren Pferden gekommen, andere zu Fuß. Einige arbeiten für den Tempel und gehen zu Fuß über den Berg. Manche gehen entlang des Weges.

Zum Tempel hin führt eine wunderschöne Allee. Diese ist etwa zweihundert Meter lang und besteht aus Statuen. Es ist eine Sphinx-Allee. Dazwischen sind Palmen, die Schatten spenden. Fleißige Arbeiter bemühen sich die Palmen zu pflegen und schleppen dafür Behälter mit Wasser heran. Manche gehen mit langsamen Schritten die Allee entlang bis zum Tempel und zurück. Sie dürfen keine falschen Schritte machen. Einige knien vor dem Tempel. Auf jeder Tempelseite stehen drei Männer, die Musik machen. Sie haben sehr lange aus dunklem Holz gefertigte Hörner mit enormer Lautstärke. Man kann die Musik von weitem hören.

Die Wächter tragen helle Gewänder und dunkle komische Kopfbedeckungen. Sie haben eine Waffe in der Hand, eine spitze Lanze. Das Volk trägt leichte Sandalen und hellbraune Gewänder. Fast alle sind so angezogen. Die Frauen haben lange schwarze Haare und ihre Köpfe sind bedeckt.

Die Angehörigen der Königsfamilie tragen fast nie weiße Kleidung. Ihre Gewänder sind aus sehr feiner leichter Seide in verschiedenen Farben, vorwiegend jedoch in blau, gefertigt.

Sehr aufwändige Gewänder tragen die Reichen. Sie fahren zu zweit oder zu dritt in einer Kutsche, begleitet von ihren Sklaven, die

Wasserflaschen tragen und zu Fuß gehen. Die Kutschen sind mit Stoff bedeckt, wegen der Sonne. Manche sitzen auf ihren Pferden. Ich sehe sowohl weiße als auch braune Pferde.

Alles ist sehr streng. Die Leute müssen eine gewisse Zeit einhalten, indem sie sich nach dem Stand der Sonne richten. Sie respektieren diesen Tempel noch viel mehr als die Pyramiden. Sie dürfen aber nicht in den Tempel hinein. Er dient als Empfangstempel.

Dort ganz vorn, wo die Allee beginnt, stehen zwei riesige Statuen. Es sind die größten, die höchsten Statuen des ganzen Landes. Sie haben eine ganz bestimmte Symbolik, sie bedeuten etwas ganz Bestimmtes. Wo sind sie aber hingekommen? Es muss sie noch geben, aber an einem ganz anderen Ort. Man hat sie einfach von dort weggeschafft! Weshalb man sie von dort entfernt hat, weiß ich nicht, das kann ich nicht sagen."

Pascal blieb sekundenlang unbewegt, mit bleichem Gesicht und starrer Miene, sichtlich noch in Trance, schweigend vor mir sitzend und fuhr dann fort:

„Ich sehe den Tempel. Er hat sehr viele Säulen. Im Tempel sehe ich zwei, nein, drei Männer. Sie haben pechschwarze glatte Haare und tragen helle Gewänder. Die Gewänder sind reichlich mit goldenen und silbernen Ornamenten geschmückt. Die Männer sind barfuß, nein sie tragen Sandalen, ganz einfache, offene Sandalen.

Einer dieser Männer befindet sich am Ende eines langen Ganges. Ich kann ihn nicht gut erkennen, denn es ist ziemlich dunkel. Ein anderer steht vor einer Tür. Es ist eine schmale sehr hohe Tür. Der dritte Mann steht vor einem sehr großen Raum, es ist ein Riesensaal. Hier sehe ich sehr viele Schleier, viel Seide und schwere bunte wunderschöne Stoffe, in die goldene Fäden eingewebt sind. Der gesamte Saal ist damit geschmückt. In den Schleiern liegt Hatschepsut. Sie ist ganz in Weiß gekleidet, sie hat ein weißes Seidengewand an. Sie bewegt sich nicht."

Pascals Stimme begann zu zittern und wurde sehr laut:

„Ich glaube sie ist tot. War es Gift? Jemand hat ihr zwei oder drei

Minuten lang ein Kissen auf das Gesicht gedrückt. Sie ist erstickt! Das hat eine einzige Person getan. Nur eine Person hat das getan! Wo sind die Wächter? Sie sind nicht dort. Sie mussten etwas Anderes machen. Auf Befehl mussten sie etwas Anderes machen."

Dann beruhigte er sich ein wenig:

„Am Morgen kommen zwei Frauen zu Hatschepsut. Es sind zwei ihrer Dienerinnen. Sie nähern sich ihrem Schlafgemach, sie nähern sich ihr. Eine beginnt furchtbar zu schreien.

Ich glaube, dass alles von dem Dritten ausgegangen ist. Der ist ein Teufel. Um nicht aufzufallen, hat er seine Wächter danach bestraft. Sie wurden geschlagen und sogar getötet, weil sie sein Geheimnis kannten. Er selbst hat nie etwas gemacht, er hatte Komplizen, die es für ihn machen mussten.

Hatschepsut und ihre Töchter hatten immer ein Medium, jemanden, der ihnen wahrsagen konnte. Die Töchter wussten es. Wie, ist aber nicht klar. Sie konnten nichts dagegen tun.

Ägypten beginnt zu trauern. Es ist die größte Trauer des Landes. Hatschepsuts Körper wurde zuerst im Tempel beerdigt. Dort blieb er nicht lange und wurde später von dort entfernt. Keiner weiß, was mit ihm geschehen ist, ob er verbrannt oder ins Wasser geworfen wurde. Vielleicht ist er an einem anderen Ort begraben worden und wird eines Tages sogar gefunden."

Ich bemerkte die Erschöpfung Pascals und war froh als ich sah, dass er seine Augen öffnete, sich schüttelte und umsah, um zu begreifen, wo er sich gerade befand. Nun war er wieder normal anwesend und als ich ihm erzählte, was er gerade von sich gegeben hatte, konnte er es kaum glauben. Allein meine Notizen waren der Beweis dafür, dass er das auch wirklich so gesagt hat.

Hier habe ich alles genauso niedergeschrieben, wie es Pascal in tiefer Trance gespürt und ausgedrückt hat.

Als ich Pascal die Fotos von Hatschepsuts Totentempel vorlegte, hatte er überhaupt keine Ahnung davon. Auch Hatschepsuts Namen kannte er nicht. Als er ihn anfangs auszusprechen versuchte, musste ich immer lachen. Seine Hapitschut, Haschpisut und andere klangen äußerst lustig. Er hatte sich vorher nie mit Ägypten befasst und wusste fast nichts über dieses Land.

Den Ort Medinet, wie Pascal ihn aussprach, gibt es wirklich. Er befindet sich auch genau in der von Pascal angegebenen geographischen Lage. Ich habe erst später danach gesucht, weil ich bis zu Pascals Aussage gar nicht wusste, dass er überhaupt existiert. Madinat Habu ist heute ein größerer Ort. Auch, dass dort viele Bauern lebten, dass also dort Landwirtschaft betrieben wurde, kann stimmen, denn der Ort liegt näher am Nil und somit ist der Boden in der Gegend fruchtbarer als in Deir el-Bahari.

Heute noch kann man einen Teil der Sphinx-Allee sehen, die zum Tempel führte. Die beiden Riesenstatuen am Ende der Allee, die Pascal erwähnte, stehen nicht dort. Manche Ägyptologen sind der Meinung, dass sie einst dort standen und weisen auf die Kolosse von Memnon hin, die Amenophis III. darstellen. Es wird auch gesagt, dass einer der beiden Kolosse, und zwar der nördliche, bei Sonnenaufgang singende Töne von sich gibt, die wahrscheinlich durch Bewegungen der Luft entstehen. Ich kann das mit reinem Gewissen nicht behaupten, denn als ich dort war, und ich habe sie nicht nur einmal gesehen, habe ich keine Gesänge vernommen. Es kann auch daran liegen, dass ich erst weit nach Sonnenaufgang vor den Kolossen stand.

Im Sommer 2007 sagte mir Robert Bauval, der sein ganzes Leben der ägyptischen Antike gewidmet hat und auch Autor vieler Sachbücher zu diesem Thema ist, dass sie Hatschepsuts Mumie gefunden hätten. Da ich bei solchen Aussagen immer sehr skeptisch reagiere, fragte ich ihn wieso sie wüssten, dass es sich um die Mumie Hatschepsuts handele. Über 3000 Jahre galt sie doch als verschollen. Er meinte, dass sich in dem üblichen Kanopenkasten, auf dem ihr Name steht, unter anderem ein Backenzahn befunden hätte, der mit Hilfe moderner wissenschaftlicher Methoden als der von Hatschepsut identifiziert werden konnte.

Ich musste an Pascals Aussage denken: Vielleicht wird sie sogar eines Tages gefunden.

Als ich Pascal die Fotos von Deir el-Bahari vorlegte und er mit seinen Handflächen versuchte die Schwingungen zu erfühlen, sagte er unter anderem „hier sind furchtbare Dinge passiert und passieren immer noch.“ Das erinnerte mich unweigerlich an den erwähnten Anschlag von Luxor.

Nach Pascals Erwachen aus dem Trancezustand kommentierte ich mit ihm meine dabei gemachten Notizen über Ägypten und bemerkte, dass er über seine eigenen Aussagen sehr überrascht, ja sogar sehr aufgewühlt war. Lange noch beschäftigte ihn dieses Thema.

Einen Tag danach rief mich Pascal an und bat mich, so bald wie möglich zu ihm zu kommen, da in der Nacht nach seinen Aussagen über Ägypten bei ihm ein ganz komisches Ereignis stattgefunden hätte. Ich fuhr hin und Pascal erzählte mir folgendes:

„Nachdem du gestern Abend nach Hause gefahren bist, habe ich noch lange über meine Aussagen in Bezug auf Ägypten nachgedacht. Aus deinen Notizen habe ich Sachen erfahren, die ich gar nicht wusste. Ich konnte nur schwer einschlafen und nachdem es mir dann doch gelungen war, ist etwas Merkwürdiges passiert. Mitten im Schlaf spürte ich eine Hand auf meiner Schulter. Ich öffnete die Augen und staunte nicht schlecht, als ein Ägypter vor meinem Bett stand. Er war mittleren Alters und trug ein wunderschönes blaues ziemlich kurzes Gewand, wie ein langes Hemd. Auch trug er eine Art goldenen Gürtel. Er sah sehr schön aus. Die blaue Farbe passte wunderbar zu seiner dunklen Haut. Am Kopf trug er etwas von weißer Farbe. Ich kann es nicht genau beschreiben. Es war weder ein Hut noch eine Art Turban. Es hing irgendwie bis auf die Schultern. Auch an seinem Kinn hing etwas, wie ein geflochtener Bart.

Er sprach kein Wort zu mir, ich verstand aber seine Gedanken. Er freute sich sehr, dass ich mich mit seiner Tochter Hatschepsut beschäftigt hatte, dankte mir dafür und wollte mir eine Botschaft mitteilen. Dafür musste ich ein Blatt Papier und einen Stift holen, denn ich sollte diese Botschaft aufschreiben, um sie ja nicht zu vergessen. Das tat ich dann auch und schau, Cristina, hier ist der Zettel."

Pascal reichte mir einen Zettel, auf dem beidseitig komische Zeichen standen und meinte, dass er sich nicht genau erinnere, wie er diese Zeichen überhaupt geschrieben hatte. Als er am Morgen erwachte, lag der Zettel auf dem Tisch im Wohnzimmer und erst ein wenig später kam ihm dann die Erinnerung an die Begegnung mit dem Ägypter.

Auf eine Seite hatte Pascal das Wort Avant (vorher) über acht Zeichen geschrieben und auf die andere Seite das Wort Après (nachher) unter drei ähnliche Zeichen. Er meinte, dass sich die acht Zeichen auf etwas beziehen, das geschehen war und die anderen drei Zeichen, in Zusammenhang mit den vorherigen, eine Botschaft für die Zukunft enthalten würden. Natürlich konnte ich mit diesem Zettel nichts anfangen und bat Pascal ihn mir zu überlassen in der Hoffnung, dass ich irgendwann jemanden finden werde, der diese bizarren Zeichen entschlüsseln kann. Ich hätte sehr gern gewusst, was diese angebliche Botschaft von Thutmosis I. enthält.

(© Cristina Aldea)

Botschaft Tutmosis I. (vorher)

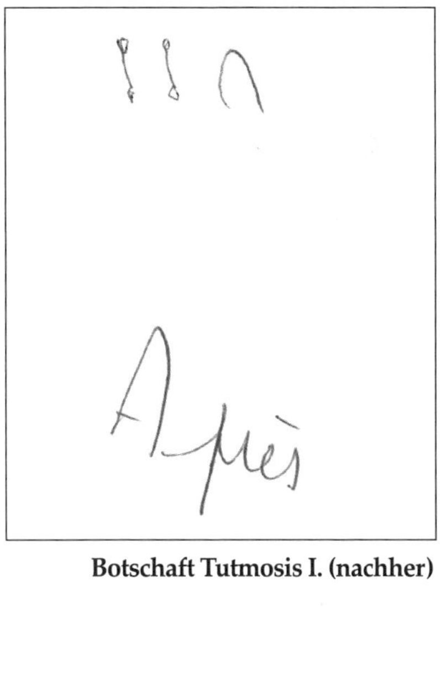

(© Cristina Aldea)

Botschaft Tutmosis I. (nachher)

Ich erklärte Pascal, dass Hatschepsuts Vater Thutmosis I. war und erzählte ihm auch Näheres in Bezug auf die Zusammensetzung der Familie, auf Vorfahren und Nachkommen. Auch erklärte ich ihm, wer mit dem Dritten, den er in Trance nannte als er über Hatschepsut sprach, gemeint sein könnte. Bei dem Dritten handelte es sich wahrscheinlich um den berüchtigten Thutmosis III., der nach Aussagen von Ägyptologen mit allen Kräften versuchte Hatschepsuts Spuren zu beseitigen.

Ich bin kein Ägyptologe und möchte hier auch keinen Vortrag über das antike Ägypten halten, ich möchte nur sagen, dass ich mit mehreren Forschern und Wissenschaftlern versucht habe, diese Zeichen zu entziffern, zu interpretieren. Ich habe einige Interpretationen erhalten, aber keine die für mich zufriedenstellend war. Vielleicht findet sich jemand unter den Lesern, der mir weiterhelfen kann. Dafür wäre ich sehr dankbar.

Der Kongress in Regen

Am 15. und 16. Oktober 2005 fand der 3. Kongress für Grenzwissen in Regen, einem Ort in Bayern, statt, zu dem der Organisator, Herr Oliver Gerschitz, auch Pascal Riolo eingeladen hatte. Wie fast immer, stand ich Pascal auch diesmal unterstützend zur Seite.

Der Saal im Gasthof *Zur Alten Post* im Ortsteil March war brechend voll, als Pascal die Bühne betrat. Man spürte förmlich die Ungeduld und Neugierde der Zuschauer, von denen die meisten Pascal gar nicht kannten und nur ganz wenige vielleicht irgendwo einmal etwas über ihn gelesen oder gehört hatten. Er müsste einigen mysteries-Lesern bekannt sein, da ich in der Zeitschrift Nr. 8 einen Artikel über ihn geschrieben habe.

Der junge Hellseher aus der Nähe von Lüttich erzählte dem Publikum aus seinem Leben, ließ es ein Schlüsselerlebnis aus früher Kindheit wissen, wonach ihm seine übersinnlichen Fähigkeiten bewusst wurden und berichtete Interessantes aus seiner alltäglichen Erfahrung mit verschiedenen Leuten. Auch wollte er dem Publikum einiges zeigen, in der Hoffnung, dass die Skeptiker im Saal ihre Einstellung in Bezug auf paranormale Phänomene überdenken werden.

Er bat das Publikum um absolute Ruhe, um sicher zu sein, dass er während der Konzentration nicht gestört wird und ihm die Versuche auch gelingen. Nichts ist für Pascal fürchterlicher als sich vorzustellen, dass er das Publikum enttäuschen könnte, wenn ihm ein Versuch, den er sich zu zeigen vorgenommen hat, wegen des plötzlichen Auftretens eines unerwarteten Störfaktors, misslingen würde.

Das Publikum folgte seiner Bitte und war absolut still als er eine Dame aus dem Saal auf die Bühne zu sich bat. Marlies, eine aus der Nähe von Zürich nur wegen Pascal angereiste *mysteries*-Leserin, stand vor ihm und sollte nichts anders tun, als sich auf den Löffel in seiner Hand zu konzentrieren. Plötzlich begann sich der Löffel zu biegen und brach vor den Augen der aufmerksamen Zuschauer.

Als Dankeschön für ihre Unterstützung durfte Marlies den kaputten Löffel, den wir vorher aus dem Restaurant mitgenommen hatten, behalten.

Nun bat Pascal vier junge Männer auf die Bühne. Einer setzte sich auf den Stuhl und die anderen drei standen zusammen mit Pascal um ihn herum. Auf Pascals Kommando legten die Männer jeweils zwei Finger einer jeden Hand unter die Arme und Beine des Sitzenden und hoben ihn mit Leichtigkeit über einen Meter hoch. Danach versuchten sie es noch einmal ohne Pascals Beeinflussung und konnten ihn nicht einmal von der Stelle bewegen.

Zum Abschluss seines Vortrags machte Pascal einige Voraussagen, die ihm in der Nacht davor als Visionen, als Bilder, als Gedankenblitze, wie er sie nennt, erschienen sind. Einige davon gebe ich hier genauso wieder, wie er sie damals vor zahlreichem Publikum in Regen formuliert hatte:

„Im Februar – März 2006 werden große Veränderungen, wichtige Entscheidungen, zu erwarten sein. Diese werden von Parteigrößen, Ministern oder sonstigen bedeutenden Persönlichkeiten kommen. Zurzeit denkt noch niemand an so etwas, dann aber werden sie zu einem wichtigen Gesprächsthema und werden beim Volk großes Erstaunen hervorrufen.

In den ersten Monaten wird eine bedeutende Persönlichkeit wegen ihrer Politik, also wegen der von ihr durchgeführten Tätigkeit, vom Volk stark kritisiert.

Die designierte Bundeskanzlerin Angela Merkel wird Situationen bewältigen müssen, die sie nur schwer zu beherrschen vermag. Aus diesen Gründen wird sie herben Kritiken ausgesetzt, denen andere Kanzler davor nie ausgesetzt waren.

Es fehlt ihr an Charisma, an ausreichenden Informationen, an Strukturen und politischer Bildung."

Damals bat er mich diesen letzten Satz nicht öffentlich zu sagen, was ich auch befolgte. Heute kann ich ihn aber ruhig sagen, denn wir wissen alle, dass sich diese Voraussage bewahrheitet hat.

Pascal sah in Deutschland mehrfach Brände. Er meinte aber damit nicht nur die normalen, fast täglich auftretenden Brandfälle, sondern sah auch ein großes Gebäude in Flammen. Dieses Gebäude soll am Rande einer Großstadt unweit eines Wassers, wahrscheinlich eines Flusses, liegen.

Ich weiß nicht, welchen Brand er hier meinte. In den letzten Jahren haben in Deutschland mehrere Brände stattgefunden und auch sicher in Städten, die an Flüssen liegen.

„Eine gute Nachricht für Deutschland wird jedoch aus der Wirtschaft erwartet, da sich die Auftragslage durch eine wachsende Anzahl von Handelsverträgen mit dem Ausland etwas zu verbessern scheint. Dem Land, also dem Volk, wird das aber weniger helfen, sondern viel mehr der Industrie und den betreffenden Firmen."

Ich meine, dass diese Voraussage sehr allgemein gehalten ist und als solche immer passt.

„In mehreren Jahren werden anfangs in Asien, danach in Europa und in der ganzen Welt Probleme mit Infektionskrankheiten auftreten, die sich grippeähnlich äußern und vorwiegend die Atemwege betreffen. Davon werden sehr viele Menschen sterben."

Diese Voraussage verleitet einen heute, unweigerlich an die gerade herrschende Corona-Pandemie zu denken. Sollte Pascal sie vielleicht damals schon vorausgesehen haben?

Pascal machte seine Voraussagen ja schon vor mehreren Jahren und ich habe sie direkt aufgezeichnet oder aufgeschrieben. Wie ich eingangs sagte, fasse ich sie jetzt erst zu einem Buch zusammen, was dazu führt, dass ich bei manchen die Treffsicherheit nachprüfen kann.

„Das kommende Jahr wird für die Medizin von großer Bedeutung sein. Auf dem Gebiet der Chirurgie werden neue Technologien, neue Operationsmethoden entwickelt, die vieles von Grund auf verändern, ja sogar revolutionieren. Vor allem in den USA und in Großbritannien werden damit außergewöhnliche Operationen durchgeführt."

Ungefähr zu dieser Zeit wurde im Operationssaal das Navigationssystem eingeführt: Eine wertvolle Unterstützung für operierende Ärzte bei neurochirurgischen und orthopädischen Eingriffen. Sollte er vielleicht das vorausgesehen haben?

„In den kommenden Jahren wird es mehrere Erdbeben geben. Davon werden zwei heftige außerhalb von Europa sein. Beim ersten werden die Menschen überrascht sein, weil es überhaupt nicht zu erwarten sei, das zweite wird ein warmes Land betreffen. Beide werden zur Katastrophe und sehr viele Menschenleben fordern."

Meine Nachforschungen ergaben, dass am 12. Mai 2008 in Sichuan, in China, ein Erdbeben der Stärke 7,9 stattgefunden hat und fast 87.000 Menschen starben. Am 12. Januar 2010 war ein warmes Land davon betroffen. Bei einer Stärke von 7,0 starben in Haiti etwa 300.000 Menschen. Ob damit diese Erdbeben gemeint waren, weiß ich leider nicht.

„Es treten erneut Probleme mit Irak auf und obwohl man glaubt, dass sich dieses Land zu stabilisieren beginnt, werden wieder militärische Offensiven stattfinden."

Hierzu erspare ich mir den Kommentar.

„Sehr bald wird im Westen Europas ein Attentat geplant, das jedoch im letzten Augenblick vereitelt werden kann. Drei bis sieben Personen werden daran beteiligt sein."

Meinte er damit vielleicht ein Attentat, das in Portugal rechtzeitig vereitelt wurde?

„Die Gefahr von Attentaten ist auf gar keinen Fall gebannt, in den nächsten Jahren werden weitere stattfinden, vor allem in Europa, Asien und Kleinasien."

Er meinte damit vor allem Länder wie Frankreich, Großbritannien, Indonesien, die Türkei, wollte aber nicht, dass ich sie öffentlich nenne.

Diese Voraussagen wurden im Oktober 2005 gemacht und deren Treffsicherheit könnte heute sicherlich nachgewiesen werden. Leider habe ich mich damit aber nicht ausreichend befasst und überlasse es dem Leser sie nachzuprüfen oder nicht, sie zu glauben oder auch nicht.

Am 31. Oktober 1999 bei seiner Konferenz „Voraussagungen für das neue Jahrtausend“ im Palais des Congrès in Lüttich, zu Beginn des Jahres 2001 während mehrerer Radiointerviews und am 15. Juni 2001 in Bonn, antwortete Pascal auf die Frage, was er für das neue Millennium voraussagen kann, folgendes:

„In etwas weniger als in zwei Jahren (sagte er am 31. Oktober 1999 im *Palais des Congrès* in Lüttich), in einigen wenigen Monaten (sagte er am 15. Juni 2001 bei einem Auftritt in der AAS-Gruppe in Bonn, Bad Godesberg) wird ein enormes, ein riesiges Gebäude bestehend aus zwei hohen Türmen in den USA einstürzen. Es wird eine große Tragödie geben. Die ganze Welt, unser ganzer Planet, wird davon betroffen und erschüttert sein. Ich sehe mehrere tausend Tote.“

Auf die Frage, ob es sich um eine Bombenexplosion handele, antwortete Pascal:

„Es ist keine Explosion, ich sehe keine Bombe, es ist ein Schlag von außen, wahrscheinlich als Folge von Problemen mit der islamischen Welt.“

Um das Ereignis bildlich darzustellen, hob er während er darüber sprach, eine Hand und stieß mit der geballten Faust der anderen Hand mehrmals heftig dagegen.

Am 11. September 2001 konnte man auf allen Fernsehsendern den terroristischen Angriff auf das World Trade Center in New York live miterleben.

Am 28. Oktober 2001 beim Weltkongress der paranormalen Wissenschaften in der Republik San Marino wurde Pascal von einem Journalisten von Canale 5 vor laufenden Fernsehkameras interviewt und gefragt, ob er neue Ereignisse sieht. Er antwortete:

„Ja, wahrscheinlich um den 11. November. Ich sehe ein Flugzeug, das in Schwierigkeiten gerät und abstürzt. Es gibt viele Tote.“

Am 10. November 2001 bei seiner 13. Konferenz im Palais des Congrès in Lüttich machte er die gleiche Voraussage in Anwesenheit von mehreren hundert Personen im Saal. Er meinte, dass er eine furchtbare Tragödie schon in einigen Stunden in New York spüre.

Ein Flugzeug der amerikanischen Fluggesellschaft American Airlines stürzte am 12. November 2001 über dem Stadtbezirk Queens, New York City ab. Dabei verloren 260 Flugzeuginsassen und fünf Personen am Boden ihr Leben.

Anfang Oktober 2001 sagte er, dass er den Ausbruch eines Krieges im Nahen Osten spüre. Er berichtete, dass er eine Vision hätte, der entsprechend etwa Anfang 2003 ein Krieg, wahrscheinlich im Irak, ausbrechen werde. Diese Voraussage war eine der sehr wenigen, die er auf seiner Internet-Seite veröffentlichte.

Traurig über seine eigene Voraussage meinte er dann:

„Ich hoffe sehr, dass ich mich irre, ein Krieg ist keine gute Sache, denn viele Menschen werden ihm zum Opfer fallen."

Die erschütterndste Voraussage, die Pascal am 23. Oktober 2004 in der Stadthalle von Bonn Bad Godesberg machte, blieb allen Zuhörern im Gedächtnis:

„Ich sehe ein verheerendes Hochwasser, das mehrere Länder im Süden und Südosten Asiens betreffen wird. Es ist die Folge eines heftigen Erdbebens. Dieses Ereignis wird eine kapitale Bedeutung für die betroffenen Länder haben und Epidemien sowie furchtbare Hungersnot auslösen. Völker, die schon in großen Schwierigkeiten leben, werden hart getroffen.

Es wird gegen Ende des Jahres 2004, spätestens jedoch anfangs 2005 stattfinden. Ich sehe mehrere tausend Tote."

Nach einer längeren Denkpause fügte er hinzu:

„Ich kenne Indonesien, da ich schon dort war und spüre für dieses Land nach dem Erdbeben, nach dem Hochwasser, noch viel mehr Schwierigkeiten, riesige Probleme und endlose Traurigkeit."

Weshalb er gerade Indonesien nannte, konnte er sich selbst nicht erklären.

Auch diese Voraussage hat sich am 26. Dezember 2004 durch den Tsunami leider bewahrheitet.

Am 21. Dezember 2004 sendete das belgische Fernsehen RTL TVI eine Sendung, die einen Monat vorher aufgezeichnet wurde, in der Pascal eine Reihe Voraussagen gemacht hatte.

Zu einer Zeit, als in Belgien sehr mildes Winterwetter herrschte (ca. +14°C) sagte Pascal, dass es im Januar sehr viel Schnee geben werde, und zwar in europäischen Ländern, in denen es normalerweise nicht schneien würde.

Am 25. Januar 2005 brachte das belgische Fernsehen unter dem Titel *Alle sind überrascht von dem plötzlichen Schneefall* die Mitteilung, dass es sogar auf Sizilien, auf Mallorca und an anderen Stellen in Europa so sehr geschneit hat, wie man es seit Menschengedenken nicht gesehen hatte.

Pascal behauptete außerdem:

„In der zweiten Jahreshälfte 2005 wird eine ganz besondere seltene Operation, eine Transplantation, durchgeführt, etwas überhaupt nicht Banales, etwas sehr Bedeutendes für den medizinischen Bereich. Es ist nicht in Amerika, sondern in Europa, sogar unmittelbar hier in unserer Nähe."

In Amiens, in Frankreich, erhielt Isabelle Dinoire, im Alter von 38 Jahren, im November 2005 eine Verpflanzung im Gesicht. Sie wurde von ihrem eigenen Hund im Schlaf angefallen und gebissen. Man verpflanzte Nase, Mund und Lippen einer Selbstmörderin. Die Operation dauerte 21 Stunden.

Natürlich kann ich hier noch viele von Pascal gemachte Voraussagen aufzählen, da sie aber so lange zurückliegen, haben sie nun für uns keine Bedeutung mehr.

Danksagungen

Als Anerkennung und Dank für seine Hilfe, erhält Pascal unzählige Briefe von seinen Kunden. Er bewahrt sie sorgfältig auf und lässt niemanden an sie heran. Als ich ihn bat, mir einige davon für dieses Buch zu überlassen, weigerte er sich mit der Begründung, dass es sich hierbei um streng private Sachen handele, die er geheim halten möchte.

Ben, Student der Zahnmedizin und Journalist aus Norddeutschland, erzählte mir folgendes:

Bereits Ende der Spätantike schrieb Augustinus *„Gehe in dich, im Inneren des Menschen wohnt die Wahrheit"*. Diese tief im Inneren ruhende Wahrheit verbinde ich mit Pascal Riolo.

Schon seit meiner Kindheit leide ich an einer rezidivierenden Pansinusitis, einer sehr ausgeprägten, immer wiederkehrenden Nasennebenhöhlenentzündung. Einhergehend mit dieser chronischen Entzündung, die mich oft mehrmals jährlich mit starken Kopfschmerzen und Fieberschüben heimsuchte, wurden, weil keine andere Therapieform anschlug, immer wieder operative Eingriffe an mir vorgenommen, um die Erkrankung irgendwie einzudämmen. Mit den Jahren trat aber trotz der vielen Operationen keine bedeutende Besserung ein, da sich durch die invasiven Eingriffe Narbengewebe bildete und sich somit selbst bei einem normalen Schnupfen die Nasennebenhöhlenregion schnell entzündete und Wucherungen hervorbrachte.

Erst im Erwachsenenalter wurden die Abstände zwischen den jeweiligen Entzündungen größer, jedoch wenn sie auftraten, konnte man sie nur durch eine intensive Antibiotikatherapie zum Abklingen bringen.

Je älter ich wurde, umso kritischer betrachtete ich den Sinn und Zweck der Schulmedizin, insbesondere dieser operativen Eingriffe, die ich trotz Empfehlungen von Professoren auszuschlagen begann.

Ich probierte Akupunktur, aber eigentlich blieb mir nur die altbewährte Inhalation und als finales Mittel ein starkes Antibiotikum. Ich lernte schließlich damit umzugehen, was auch eine gewisse Resignation bedeutete.

Über Umwege erfuhr ich schließlich durch meinen Vater von Pascal Riolo. Die Erzählungen über sein Wirken riefen in mir eine gewisse Form der Skepsis, jedoch keine Ablehnung hervor. Ich war mit der Methode der Fernheilung nicht vertraut und konnte mir darunter auch nicht sehr viel vorstellen, willigte aber ohne Einwände in die Vorbereitungen ein, ließ ein Foto von mir machen, schrieb meinen Namen auf ein weißes Blatt Papier und ließ beide Pascal postalisch zukommen.

In den darauffolgenden Tagen beschäftigte ich mich zwar damit, was wohl passieren könnte, beziehungsweise was halt nicht passieren würde, ich behielt mir aber eine gewisse Offenheit vor, es einfach geschehen zu lassen, was auch immer Pascal mit mir vorhaben könnte.

Ich horchte wie einst Augustinus, in mich hinein. Nach etwa einer Woche, ich hatte mich bereits gedanklich wieder dem Alltag zugewandt, spürte ich tief in meinem Inneren eine Veränderung, etwas wie ein Gefühl oder ein Empfinden, das ich vorher so noch nie gespürt hatte. Es dauerte nicht lange, ein paar Minuten nur, war aber für mich psychisch wie auch physisch deutlich fassbar. Während dieser inneren Veränderung, spürte ich im Bereich der Kieferhöhlen eine Form von Bewegung, als ob dort irgendetwas geschehen würde.

Da dieses Empfinden für mich neu und auch fern von jeglicher Normalität war, behielt ich es für mich und nahm es einfach nur zur Kenntnis.

Ein paar Tage später wurde mir zugetragen, ich wusste bis dato eigentlich immer noch nicht, ob überhaupt schon etwas passiert war, dass Pascal mich behandelt hatte und mir ausrichten ließ, dass ich ihn gespürt haben müsste. Er konnte den Zeitpunkt genau benennen.

Dieses Ereignis überzeugte mich, dass ich trotz der Entfernung und faktisch ohne es zu wissen, tief in meinem Inneren seine Energie gespürt hatte und dass auch in Bezug auf die Fernheilung eine Wahrheit existiert, mit der erfolgreiche Ergebnisse erzielt werden können.

Pascal hat mich danach mehrmals intensiv behandelt, mir aber auch von vornherein verdeutlicht, dass er diese chronische Sinusitis nicht einfach verschwinden lassen, sondern nur abschwächen könne.

Ich erkranke zwar immer noch ab und zu an Sinusitis, aber nicht mehr in den turnusmäßigen Abständen und mit der Intensität wie vor der Behandlung durch Pascal Riolo, dem ich auf diesem Wege noch einmal recht herzlich für seine Bemühungen danken möchte."

Ende September 1998 erhielt Pascal folgenden Brief:

Dieses ist meine Geschichte. Eines Tages, nach einer Enttäuschung in der Liebe, hat mir eine Freundin geraten, zu einem gewissen Herrn Pascal Riolo zu gehen. Ich gestehe, dass so etwas in meinen Augen nicht korrekt, nicht richtig war, denn für mich war er ein Scharlatan wie viele andere und ich glaubte absolut nicht daran. Nur als Spiel, nur um mich zu amüsieren, ging ich hin. Nach wenigen Minuten blieb ich sprachlos. Er erzählte mir so genaue Ereignisse, dass es sich keinesfalls um Zufälle hätte handeln können. Ich muss gestehen, dass ich einen Augenblick an seinen Fähigkeiten gezweifelt hatte, weil für mich die Parapsychologie mit der Psychologie des Individuums eng verbunden ist. Ich stellte mir viele Fragen und sagte mir, dass es nicht möglich sein kann, dass ein Mensch, der überhaupt nichts von mir weiß, der mich zum ersten Mal sah, mir unter anderem sagen konnte: „Madame, Sie haben Ihre Großmutter verloren als Sie ungefähr 6-8 Jahre alt waren. Sie ist an einem Schlag auf den Kopf gestorben".

Ich erkläre bei meinem Ehrenwort, dass die Umstände ihres Todes absolut genau erkannt wurden.

Herr Riolo beschrieb mir die Verhältnisse, in denen ich mit meiner Großmutter gelebt hatte, sowie andere Ereignisse so genau, dass mir das Blut in den Adern stockte. Er wusste auch, dass ich im Bereich des Verkaufs tätig war und dass ich erst seit kurzer Zeit meine Arbeit gewechselt hatte.

Seine Beschreibung: „Madame, Sie arbeiten jetzt mit Leuten, in der Art, dass Sie zwischen sich und den Leuten etwas umsetzen müssen, dass dabei die Zeit des Ereignisses und das Schriftliche eine wichtige Rolle spielen", war korrekt, denn ich bin Polizeibeamtin. Ich muss darauf hinweisen, dass in meinem Beruf jede Lüge oder Verfälschung schwerwiegende strafbare Fehler sind.

Ich erkläre bei meinem Ehrenwort, dass Herr Riolo außergewöhnliche Fähigkeiten besitzt, sonst wäre so etwas gar nicht möglich.

Ich möchte auch noch sagen, dass alles, was er mir für meine nähere Zukunft vorausgesagt hat, auch eingetreten ist. Ich möchte auch, dass Sie wissen, dass ich ihn mehrmals pro Woche angerufen habe, um ihn zu bitten, positive Gedanken zu machen. Er war stets verständnisvoll und kam meinen Bitten nach. Für mich ist er ein großer Fachmann und ich kann ihn nur weiterempfehlen.

In diesem Brief möchte ich mich bei ihm bedanken für das, was er für mich getan hat, für seinen wertvollen Rat.

Danke nochmals, Herr Riolo.

S.G., am 24.9.1998

06.09.1994

Lieber Herr Riolo,

ich schreibe Ihnen, um mich bei Ihnen zu bedanken, da ich nun mein Leben fortsetzen kann, mit der Gewissheit, dass es jemanden gibt, der mir hilft in mich hineinzuhorchen, um mit mehr Selbstvertrauen weiterkommen zu können.

Ich muss Ihnen sagen, dass ich vor Ihnen schon bei drei anderen Parapsychologen war. Ich habe mir dabei sehr viel Geld aus der Tasche ziehen lassen und hatte kein Vertrauen mehr, aber nachdem ich im Juni 1994 bei Ihnen war, wunderte ich mich sehr, dass Ihre Voraussagen stimmten. Sie hatten mir meine Scheidung vorausgesagt, die ist im Gange. Sie hatten mir gesagt, dass ich mein Haus nicht behalten und verkaufen werde, es ist etwa an dem Datum, das Sie mir genannt hatten, auch geschehen. Sie hatten mir gesagt, dass ich noch vor Jahresende aus dem Haus ausziehen werde, das ist auch geschehen, aber das aller Wichtigste für mich ist, dass Sie mir eine neue Liebe und eine Annäherung an jemanden zwischen den Monaten Juli und August 1994 sowie viele Telefonate zum Regeln verschiedener Angelegenheiten vorausgesagt hatten, und das ist auch alles eingetroffen.

In Bezug auf meine Gesundheit ist ebenfalls ein Teil Ihrer Voraussagen schon eingetroffen, der Rest wird gegen Jahresende erwartet.

Ich hoffe, dass alles, was noch bis Jahresende auf mich zukommen wird, so geschieht, wie Sie es mir gesagt haben. Da Ihre Voraussagen bis jetzt alle eingetroffen sind, werden die noch zu erwartenden Ereignisse sicher auch geschehen.

Seit ich bei Ihnen war, seit ich die mich betreffenden Veränderungen kenne und erlebe, habe ich viel weniger Angst vor der Zukunft. Ich lerne mir selbst zu vertrauen und hoffe, dass alles gut wird, dass ich nicht enttäuscht werde, denn das Gute, das Sie den Menschen durch ihre Hilfe zukommen lassen, ist sehr wichtig für uns alle. Ich glaube, dass jeder Mensch moralische Hilfe braucht und etwas über die Zukunft zu wissen, gibt einem die Gewissheit, dass das Leben nicht immer leicht ist. Etwas über den Weg zu wissen, den man einschlagen wird, tut gut und hilft einem weiterzukommen.

Merci.

Mireille.

Pascals Nachwort

Es waren nur noch wenige Tage bis zu meinem 30. Geburtstag und ich fühlte mich eigentlich innerlich wie ein Mann im Alter von 45 oder 50 Jahren. Ich habe mich nie so gefühlt, wie die anderen meines Alters. Meine Freunde, meine Beschäftigungen, meine Denkweise, alles ist ein wenig anders als bei Gleichaltrigen.

Heute weiß ich, dass ich vieles anders sehe, als die meisten Menschen. Mit jungen Leuten fühlte ich mich nie besonders wohl, sie können mich nicht verstehen, sie denken anders, sie sind viel spontaner, oberflächlicher, haben keinerlei Lebenserfahrung, mit einem Wort: Ich kann von ihnen nicht viel lernen. Die meisten meiner Freunde sind doppelt so alt wie ich, sie sind reife Menschen, die mich besser verstehen, die mir ihre Lebenserfahrung mitteilen, von denen ich jederzeit etwas lernen kann, was man nicht in der Schule mitbekommt.

Meine Eltern waren oft sehr unzufrieden und besorgt, weil ich mich ausschließlich unter Erwachsenen aufhielt und nur ungern oder gezwungen in der Gesellschaft Gleichaltriger war, mit denen ich mich meistens sehr langweilte.

Das Leben stellt einen ununterbrochenen Lernprozess dar, denn je mehr man hinzulernt, umso mehr Chancen bietet es einem. Wer nichts lernt, kann sich nicht weiterentwickeln, kann nicht aufsteigen.

Bei den meisten ist das Leben eine Reihe aufeinanderfolgender Ereignisse, die sich täglich in der gleichen Art abspielen und wiederholen: Aufstehen, zur Arbeit gehen, am Arbeitsplatz immer wieder dieselben Abläufe durchführen, Essen, Trinken, sich um die Kinder kümmern, vor dem Fernseher sitzen und schlafen gehen. Am nächsten Tag beginnt alles von vorn und läuft identisch ab.

Ein solches Leben ist sehr monoton, armselig und bedauernswert, es bringt demjenigen, der es lebt, keinerlei Genugtuung, keine Freuden.

Ich respektiere jeden, gleichgültig welche Lebensart er für sich ausgesucht hat, wie immer er auch sei, muss aber seine Lebensweise und seine Auffassungen zum Glück nicht teilen.

Das Leben hat eine unendliche Anzahl von Facetten, die man für sich nutzen sollte, sonst hat man sinnlos und umsonst gelebt. Man muss sich doch fragen, weshalb man hier ist, welche Mission man auf dieser Welt hat, man muss versuchen seine Aufgabe bestens zu erfüllen, sonst wirft man sein Leben einfach fort. Es gibt keine größere Verschwendung als das höchste Gut eines Menschen, das Leben, einfach zu verschleudern!

Wozu hat man dann gelebt? Nur um seine etwa achtzig Jahre auf dieser Welt zu verbringen und seinen Mitmenschen womöglich noch eine ganze Reihe Ärger und Schaden zu verursachen? Das kann doch nicht sein.

Wir leben nicht nur um zu Sterben. Wir haben hier auf dieser Welt eine Aufgabe zu erfüllen unter der wachsamen Beobachtung höherer Kräfte, höherer Wesen, die wir zur Erleichterung des menschlichen Verständnisses auch als Gott bezeichnen.

Das Leben ist wie ein Fluss, der manchmal über die Ufer tritt, der in schlechten Zeiten wenig Wasser führt oder sogar versiegt, der seine Wirbel, seine Strömungen hat, der manchmal kristallklares Wasser führt und manchmal trüb, schmutzig und stinkig ist, den die Sonne mit ihren Strahlen manchmal erhellt und erwärmt oder auf den es manchmal furchtbar grau und kalt herabregnet. Wir sitzen in einem Boot und müssen dieses mit sicherer Hand und viel Geschick auf dem Fluss des Lebens lenken. Sobald wir die Ruder aus der Hand verlieren, treiben wir unkontrolliert auf dem Fluss einher. Leider haben die meisten Leute die Ruder nicht fest genug in der Hand, leider lassen viele sie unvorsichtig oder auch absichtlich fallen und können dann das Boot nicht mehr lenken. Einigen gelingt es, das Boot einzuholen, anderen jedoch nicht.

Man sollte sein Leben so leben, dass man anderen und sich selbst nicht schadet, dass man andere und sich selbst respektiert, dass man nichts gegen den eigenen und den Willen anderer tut, dass man denen hilft, die Hilfe brauchen, dass man nicht mutwillig verletzt oder sogar tötet. Leider gibt es noch viel zu viele Menschen, die das nicht verstehen können oder nicht wollen.

Ein Mensch, der sich die Fragen des Lebens nicht stellt, verschleudert sein Leben unnötig.

Wer sich für das Leben, die Mitmenschen, die Tiere und Pflanzen, für die Natur und die Umwelt nicht interessiert, der wird selbst nie Achtung erfahren oder glücklich sein. Mit seiner Art sich zu verhalten, zu sein, zu handeln, zu sprechen, zu fühlen, verrät der Mensch, was in ihm steckt, zeigt er, wer er wirklich ist, welchen Wert er hat. Leider wird heute in der sogenannten fortgeschrittenen zivilisierten Gesellschaft der Wert eines Menschen größtenteils von materiellen Dingen, die er besitzt, abhängig gemacht. Diese Denkweise zerstört die Gesellschaft. Je mehr die Zivilisation fortschreitet, umso egoistischer, rücksichtsloser ja sogar brutaler werden die Menschen. Völker, die ihre Traditionen, ihre Kultur, ihre Menschlichkeit, ihre Verbundenheit zur Natur bewahrt haben, sind glücklicher, zufriedener und respektieren das Leben in höherem Maße.

Die materielle Gesellschaft, in der wir heute leben, entwickelt sich immer mehr zu einer bedauerlichen Gesellschaft, zu einer Gesellschaft, die uns heftig zurückwirft, nicht nur in Bezug auf unsere menschlichen Werte, sondern auch in Bezug auf unseren Glauben an die Welt. Der sogenannte materielle Fortschritt stellt eine echte Tragödie für die Menschheit dar. Die Menschheit braucht den Fortschritt, dieser aber verletzt und missbraucht die Gesetze des Lebens. Der Mensch möchte stets höher und weiter hinaus, er versucht sich immer wieder selbst zu übertreffen, die von den Naturgesetzen bestimmten Grenzen zu durchbrechen, zu überschreiten und in diesem Drang zerstört er langsam aber sicher seine eigene Lebensgrundlage. Nachdem er die Natur in höchstem Grad durch Chemie verseucht hat, ist er nun auf der ständigen Suche nach gesunden Lebensformen und besinnt sich auf das einfache, naturverbundene Leben und die biologischen Nahrungsmittel zurück, als ob er etwas nachholen müsste, was er verpasst hat. Er sucht ebenfalls nach Halt im Leben. Man kann beobachten, dass die christliche Religion langsam zurückgeht, dass immer mehr Menschen aus der Kirche austreten und sich den verschiedensten Sekten oder Philosophien anschließen, weil sie glauben, den Sinn ihres Daseins, den Sinn ihres Lebens, darin besser zu erkennen. Hierfür reisen sie in ferne Länder, in andere Kulturen und versuchen der materiellen Welt zu entfliehen, um sich ganz und gar der spirituellen Welt hinzugeben.

Das Geld ist etwas, was uns in der materiellen Welt erheblich weiterhelfen kann, ist aber keineswegs dafür geeignet uns einen angenehmen Aufenthalt im Jenseits zu sichern. Man kann das Jenseits nicht kaufen und auch mit materiellen Dingen nicht beeinflussen.

Wir sind hier auf dieser Welt, weil wir in einem vorherigen Leben Fehler gemacht haben, die wir hier gutmachen müssen. Nur wenn wir uns ständig bemühen, wenn wir stets lernen und uns weiterentwickeln, können wir vorwärtskommen, können wir höhere Ebenen anstreben und erreichen. Wir sind nur vorübergehend hier, um eine Prüfung abzulegen, die wir bestehen oder auch nicht bestehen können, denn erst im Jenseits werden wir verstehen, was wir falsch gemacht haben.

Der Mensch muss stets bemüht sein und unaufhörlich kämpfen, um im Jenseits Anerkennung zu finden und Wert zu erhalten, um im Jenseits höher zu kommen.

Ich weiß, dass es eine Energie, eine enorme, allumfassende Kraft gibt, die man nicht sehen und beschreiben kann, die man aber spürt, die wir Gott nennen und der wir ein uns vertrautes Aussehen gegeben haben: Das Bild des allmächtigen, allwissenden Greisen, denn nur so können wir uns etwas Konkretes darunter vorstellen, weil wir Menschen immer eine konkrete Vorstellung brauchen.

Ich als Seher, als Medium, gehöre keiner Religion an, ich meine, dass die Religion nur eine Art an das Leben der Menschen angepasste Vision darstellt, die für die heutige Lebensart jedoch überholt ist und einfach nicht mehr dazu passt. Die Religion ist eine Kraft, sie ist heute sogar zu einer starken politischen Macht geworden, mit der versucht wird die Menschen zu beherrschen, zu unterdrücken und zu beeinflussen und das ist absolut nicht lobenswert. Sekten sehe ich aber als erheblich gefährlicher an.

Unsere Mission hier auf Erden besteht unter anderem darin, den Nächsten zu respektieren und zu lieben, sich stets weiterzubilden und zu verbessern, um aufsteigen zu können. Ich meine wir brauchen noch viele Jahrzehnte bis wir endlich begreifen werden, was eigentlich mit uns und um uns herum geschieht.

Familienangehörigen, guten Freunden oder Bekannten sein volles Vertrauen zu schenken ist wahrlich nicht leicht, ja manchmal sogar eine Torheit, denn es gibt sicherlich keinen Menschen auf dieser Welt, der von sich behaupten kann, niemals enttäuscht worden zu sein. Ich bin der Meinung: Respekt und Liebe in hohem Maße, Vertrauen jedoch richtig dosiert.

Täglich sitzen Menschen vor mir, die Schwierigkeiten haben, die Enttäuschungen erleben, die nahe dran sind ihren Lebensmut aufzugeben und ich versuche ihnen so gut es geht zu helfen, sie zu beraten und zu ermutigen. Täglich sitzen Menschen in meinem Büro mit Problemen wie Scheidung, Streitigkeiten wegen Erbangelegenheiten, Konflikte zwischen Geschäftspartnern, Streitigkeiten wegen Fehlverhaltens, Sucht und anderem. Der Mensch lebt heutzutage immer mehr in Streit und Auseinandersetzungen, in Schwierigkeiten, Unzufriedenheit und Missgunst, in Neid und Hass. Alles dreht sich vorwiegend um materielle Dinge, um Geld und Besitz und das ist die wahre Tragödie der Menschheit. Ich glaube man müsste dem Nächsten ein wenig mehr Toleranz und Liebe entgegenbringen. Der Mensch ist nicht geschaffen, um allein zu sein, er braucht einen Halt und den kann er nur von anderen Menschen bekommen. Wenn er niemanden mehr hat mit dem er sprechen kann, mit dem er sich austauschen und dem er sich anvertrauen kann, dann bedeutet das sein Ende.

Heute ist es sehr wichtig, wohin man im Leben geht und vor allem, mit wem man geht. Der Mensch entwickelt sich entsprechend der Menschen, mit denen er zusammenlebt. Der Umgang eines Menschen beeinflusst diesen in seinem Verhalten, in seiner Lebensart und seiner Denkweise. Wenn man sich mit Kriminellen umgibt, kann man leicht kriminell werden, wenn man sich mit geistig beschränkten Personen umgibt, schränkt sich einem der Geist mit der Zeit ein, wenn man sich mit Personen umgibt, die ein negatives Verhalten haben, beginnt man sich selbst negativ zu verhalten. Der Mensch ist sehr leicht beeinflussbar und ahmt den anderen nach.

Menschen, die einen umgeben, können einen hemmen oder einem helfen weiterzukommen. Wenn man aber selbst die Hände in den Schoss legt und sich gehen lässt, wenn man aufhört zu kämpfen, wenn man sich von den umgebenden Menschen beeinflussen und herabziehen lässt, ist man leider verloren und je mehr Zeit vergeht, in der man sich unten befindet, umso schwerer wird es wieder emporzusteigen. Meine Devise lautet: Verwandele das Negative ins Positive und versuche im Leben das Beste zu tun, versuche deinen eigenen Weg selbst zu finden!

Auf der Suche nach dem eigenen Weg kann man sich von einem Familienangehörigen, einem Freund oder Berater, einem Arzt oder Psychologen helfen lassen, aber das eigentliche Potential steckt in einem selbst, das muss man selbst aktivieren, um vorwärts zu kommen. Dieses Potential ist wie eine Waffe in unseren Händen, die wir positiv oder negativ einsetzen können. Wie wir sie schließlich einsetzen, liegt an uns selbst und davon hängt unser Erfolg ab. Das Leben ist nicht um uns herum, es ist in uns selbst und es ist höchste Zeit, dass der Mensch das endlich versteht. Heute müssen wir die von unseren Ahnen erschaffenen Schätze wiederfinden und sie zu nutzen versuchen, denn sie bringen uns näher an die Wahrheit heran, weil unsere Vorfahren viel näher an der Wahrheit waren als wir es heute leider sind.

Ich respektiere das Leben, die Menschen, die Familie und glaube, dass die Wahrheit uns nicht umgibt, sondern in uns selbst zu suchen ist. Um die Wahrheit zu finden, muss man seine Augen weit öffnen, seine Sinne darauf richten und sich nicht von der Wahrheit abwenden, denn wenn man sich wirklich den himmlischen Kräften nähern möchte, kann man nicht untätig bleiben, man muss reagieren. Es ist höchste Zeit etwas zu tun, weil die Zeit unheimlich schnell vergeht.

Von einer besonderen Persönlichkeit, einem großen Schriftsteller, einem bedeutenden Künstler oder Wissenschaftler sprechen die Leute nach seinem Tod noch höchstens dreißig oder vierzig Jahre und dann breitet sich der Nebel der Vergessenheit über sein Andenken aus.

Jeder von uns kennt das: Wenn man an einen Verstorbenen aus der Familie oder aus dem Freundes- oder Bekanntenkreis denkt, ist man kurze Zeit nach dessen Tod traurig, aufgewühlt und denkt sehr oft an den betreffenden Menschen. Mit der Zeit jedoch werden die Gedanken an den Verstorbenen immer seltener und nach einer gewissen Zeit spricht man fast gar nicht mehr von ihm. Es ist nun mal so. Sobald man nicht mehr hier ist, ist alles zu Ende, es gibt einen nicht mehr, man verschwindet förmlich nicht nur körperlich, sondern auch in den Gedanken und in der Erinnerung der anderen.

Man sollte im letzten Augenblick des Lebens nicht zurückblicken und aufzuholen versuchen, was man zu Lebzeiten nicht getan hat. Dann ist es zu spät. Auch für das Jenseits hat es keinen Sinn mehr, da die Zeit für eine Weiterentwicklung abgelaufen und man verloren und umgewandelt ist.

Wenn man sich verbessern möchte, wenn man vorwärts kommen möchte, muss man sofort etwas tun und nicht immer sagen „ab morgen werde ich etwas tun, ab morgen werde ich mich ändern, in einer Woche werde ich beginnen dieses oder jenes zu tun oder zu unternehmen, in einem Monat werde ich nicht mehr trinken oder an einem bestimmten Tag werde ich aufhören Drogen zu nehmen usw.“ Das geht so nicht, denn wenn man etwas tun möchte, muss man es sofort tun, weil die Zeit verlorengeht und verlorene Zeit kann man leider nie wieder aufholen.

Wir sind Nichts auf dieser Erde und es ist gar nicht wichtig, ob man reich oder arm ist.

Wenn man sich heute die Welt betrachtet, sieht man vor allem Konflikte, Auseinandersetzungen, Kriege, natürliche Katastrophen wie Erdbeben, Überschwemmungen, Vulkanausbrüche, viele Menschen, die auf nicht natürliche Weise ums Leben kommen und andere furchtbare Ereignisse. Die Welt ist eine Bombe, eine Bombe, die nicht explodiert, die aber keine Verbesserungstendenzen zeigt. Wir leben in einer sehr schwierigen Welt, die wir uns größtenteils selbst so geschaffen haben. Ich bin nicht gläubig und bin auch kein Anhänger irgendeiner religiösen Richtung, ich möchte hier auch keinerlei Moralpredigt halten, sondern nur darauf hinweisen, dass wir auf uns besser achten sollten, weil wir in der heutigen Zeit vor nichts, aber auch vor gar nichts, geschützt oder sicher sind. Jeden Augenblick kann ein Krieg ausbrechen, eine Naturkatastrophe drohen.

Eine höhere Kraft hat uns in diese Welt gesetzt, damit wir uns auf ein bestimmtes Ziel hin entwickeln und uns auf unser Schicksal besinnen können. Unsere Pflicht ist es, an uns selbst zu glauben und mit der notwendigen Besonnenheit in die Zukunft zu schreiten. Nur so können wir unsere höchste Stabilität erreichen.

Ich glaube, dass meine Kraft, meine Fähigkeit, meine Art das Leben zu betrachten, einfach darin zu suchen sind, dass ich einiges verstehen gelernt habe. Ich bin nicht der einzige, der so denkt. Viele Menschen denken wie ich und es ist bemerkenswert, dass die meisten davon in Asien leben. Asien ist ein Kontinent, der diesen Weg größtenteils beschritten hat.

All das, was man im Laufe des Lebens geistig erworben hat, beeinflusst die eigene Weiterentwicklung und das Schicksal eines jeden erheblich. Deshalb schon sollte man nie untätig bleiben, sich gehen lassen oder aufgeben.

Ich möchte ausdrücklich betonen, dass ich allein arbeite, also mit keinerlei Kollegen zusammenarbeite. Viele sogenannte Hellseher haben mich zutiefst enttäuscht.

Manche, die keinerlei Fähigkeiten besitzen aber dreist genug sind verzweifelten Hilfesuchenden etwas vorzugaukeln, können damit eine Menge Geld verdienen, was in meinen Augen absoluter Betrug ist. Für mich sind das Scharlatane.

Ich rege mich jedes Mal auf, wenn ich höre, dass Leute unseren Beruf leichtfertig als Scharlatanerie bezeichnen, ohne auch nur die geringste Ahnung zu haben, worum es dabei eigentlich geht.

In jedem Beruf findet man professionell gut und gewissenhaft arbeitende Leute, Leute die sich ihrer Tätigkeit mit Ernsthaftigkeit, mit Genauigkeit und Ehrlichkeit hingeben aber auch leider solche, die skrupellos vorgehen, also schwarze Schafe.

Ein Arzt, der sich einen schwerwiegenden Kunstfehler erlaubt, ein Rechtsanwalt, der dem Mandanten das Geld aus der Tasche zieht ohne für ihn tätig zu werden, ein Handwerker, der seine Arbeit schlampig und oberflächlich erledigt und dafür eine Menge Geld kassiert, ein Politiker, der korrupt ist, ein Beamter, der Staatsgelder veruntreut und viele andere mehr, sind das nicht auch Scharlatane? Warum kommt einem dieses Wort viel leichter über die Lippen, wenn es sich um unseren Berufszweig handelt?

Auch ein Hellseher oder Medium muss seinen Lebensunterhalt auf irgendeine Art und Weise bestreiten. Auch ein Hellseher oder Medium ist ein Mensch und lebt wie jeder andere auch in einer materiellen Welt, in der man eine Wohnung, ein Auto und sonstige lebensnotwendige Dinge haben muss, in der man wie jeder andere auch, Steuern, Miete, Versicherungen und anderes bezahlen muss und deshalb verlange ich, wie jeder andere auch, für meine Tätigkeit ein Entgelt.

Ich möchte Ihnen nun hier einige Hinweise geben, die Ihnen helfen sollen, einen korrekten von einem betrügerischen Hellseher zu unterscheiden.

Wenn Sie den Termin vereinbaren, muss Ihnen der Hellseher sagen, wie lange eine Sitzung bei ihm dauert und was sie kosten wird. Sehr hohe Preise sollten Sie misstrauisch machen.

Lassen Sie sich auf keinen Fall vom Hellseher verschiedene Dinge, wie Amulette, Steine, Glücksbringer und dergleichen andrehen. Wenn er ihnen etwas geben möchte, muss er es im Rahmen des für die Sitzung festgelegten Preises tun. Zahlen Sie bitte keinen Cent mehr als das, was er Ihnen bei der Festlegung des Termins als Sitzungspreis genannt hat.

Oft erzählten mir Kunden, dass sie von Hellsehern aufgefordert wurden, sich auszuziehen oder sonstige für sie peinliche Handlungen vorzunehmen. Bitte lassen Sie sich auf so etwas nicht ein und wenn Sie dazu aufgefordert werden, verlassen Sie den Hellseher sofort.

Nehmen Sie bitte beim Hellseher nichts zu sich und lassen Sie sich auch von ihm keinerlei Medikamente oder andere Mittel verschreiben oder verabreichen. Er ist ein Hellseher und kein Arzt. Sollten Sie gesundheitliche Probleme haben, gehen Sie bitte zu einem für Ihr Leiden kompetenten Arzt. Ein Hellseher ist kein Zauberer, er kann keine Wunder geschehen lassen, er kann Ihnen nur helfen, indem er Ihnen den einzuschlagenden Weg aufzeigt.

Der Hellseher hat die Aufgabe, die hilfesuchende Person in aller Ruhe zu empfangen, mit ihr zu sprechen und auf sie und ihre Probleme einzugehen. Der Hilfesuchende muss sich beim Hellseher beschützt und geborgen fühlen.

Um den Kunden von seinen Fähigkeiten zu überzeugen und sein Vertrauen zu gewinnen, wird der Hellseher immer zuerst einige Minuten auf verschiedene vergangene Ereignisse aus dem Leben des Kunden eingehen. Wenn der Hellseher Geschehnisse aus der Kindheit oder Schulzeit des Kunden erzählt, dessen Familienverhältnisse, Hobbys, Neigungen und Bindungen erwähnt, einiges über seine früheren Krankheiten, über die Anzahl seiner Kinder oder über Todesfälle in der Familie sagt, wird der Kunde nicht schlecht staunen und dem Hellseher sofort vertrauen.

Ohne nach dem Grund Ihres Besuchs zu fragen, wird der Hellseher selbst herausfinden, was Sie dazu bewogen hat, ihn aufzusuchen. Sollte das nicht geschehen, ist es empfehlenswert die Fähigkeiten des Beratenden anzuzweifeln.

Da man im Allgemeinen zum Hellseher geht, wenn man schwerwiegende Probleme welcher Art auch immer hat, schenkt man diesem sein volles Vertrauen und es wäre schrecklich, von ihm enttäuscht zu werden.

Es kann aber auch passieren, dass der Hellseher in den ersten Augenblicken keinen Kontakt zu der hilfesuchenden Person findet, dass er etwas spürt, was dazwischen geht, was den Zugang zum Gegenüber mit aller Kraft verhindert, dann muss er die Sitzung sofort abbrechen und dem Kunden erklären, dass eine hellseherische Beratung für ihn leider nicht durchführbar ist. Er darf auf keinen Fall versuchen, etwas über das Knie zu brechen, was sich später sicher rächen wird.

Es kommt vor, dass mich Leute aufsuchen, die ich nicht beraten kann, weil es mir nicht gelingt einen Zugang zu ihnen zu finden. Dann muss ich ihnen sagen, dass eine Beratung unmöglich ist, was sie in ihrer Enttäuschung manchmal gar nicht verstehen können.

Ich mache keinerlei Werbung für mich, weil ich finde, dass ein seriöser Hellseher so etwas auch gar nicht nötig hat. Die Mundpropaganda funktioniert einwandfrei und nichts ist ermutigender als zufriedene Kunden.

Wir leben heute in einer Welt, in der wir gut aufpassen müssen, wem wir unser Vertrauen schenken. Wenn die Menschen weniger gutgläubig oder naiv wären, würden sie sich auch weniger betrügen lassen. Menschen, die zu mir kommen und nach Hilfe und Beratung suchen, wissen, was sie erwartet und sind solchen Gefahren weniger ausgesetzt.

Leider gibt es viele, die sich Medium oder Hellseher nennen, aber es nur aus Geldgier tun und dem Hilfesuchenden nicht im Geringsten helfen können, ihm sogar nur schaden. Ein Medium muss jedem helfen, seine Tätigkeit jedem frei zur Verfügung stellen und die Art seiner Arbeit gut durchdenken und kontrollieren, denn wenn man Leute in lebenswichtigen Angelegenheiten beraten und ihnen helfen will, hat man eine große Verantwortung, der man sich ernsthaft bewusst sein sollte. Wenn man Menschen schadet, sie also ausnützt ohne ihnen helfen zu können, weil man nicht in der Lage dazu ist, wird man das teuer bezahlen. Das Jenseits vergisst und verzeiht nie! Einmal kommt alles Schlechte auf den zurück, der es verursacht hat.

Was mich sehr wundert und erfreut, ist, dass sich heute im 21. Jahrhundert, also im dritten Jahrtausend, wo man es eigentlich durch den Fortschritt der Technik und der sogenannten logischen Wissenschaften gar nicht erwarten würde, die paranormalen Wissenschaften sehr stark entwickelt und an Bedeutung gewonnen haben. Immer mehr Leute gehen zum Astrologen, zum Hellseher oder Medium, bevor sie eine größere Entscheidung treffen oder wenn sie irgendwelche Probleme haben. In fast jeder Zeitung oder Zeitschrift findet man Horoskope, immer wieder werden Tagungen über Themen der Parapsychologie abgehalten. Die Medien, wie Rundfunk und Fernsehen, verbreiten diese Themen in der ganzen Welt. Ich glaube, dass die Parapsychologie in den letzten Jahren wie nie zuvor an Bedeutung gewonnen hat und nicht mehr tabu ist. Man spricht viel mehr und nicht mehr nur hinter vorgehaltener Hand über diese Themen, man ist ihnen gegenüber aufgeschlossener und mutiger geworden, man hat heute weniger Angst davor, sich damit lächerlich zu machen. Natürlich gibt es immer noch viele Leute, die dagegen sind, aber glücklicherweise werden es immer weniger.

Die Tatsache, dass wir heute paranormale Wissenschaften frei ausüben können, ist ein Sieg und gleichzeitig eine Genugtuung für alle, die im Laufe der Jahrhunderte durch die Inquisition wegen ihrer Religion oder sonst wie ermordet wurden, weil sie außergewöhnliche Fähigkeiten besaßen und etwas taten, was anderen unverständlich oder verborgen blieb. Leider ist es immer so: Wenn der Mensch etwas nicht begreifen oder in sein Denkschema einordnen kann, lehnt er es einfach ab, bekämpft es, vernichtet es sogar.

Ich weiß und bin sicher, dass die paranormalen Wissenschaften sich weiterentwickeln werden, dass immer mehr Menschen verstehen werden, worum es eigentlich geht, dass diese Wissenschaften endlich den Stellenwert erhalten werden, den sie verdienen, der ihnen jedoch nie zugestanden wurde. Je mehr wir auf diese Wissenschaften bauen, umso mehr werden wir Glück, Wohlergehen, Kraft und Fortschritt erreichen.

Vor nicht einmal so langer Zeit, praktisch erst vor einigen Jahrzehnten, wurde zum Beispiel die Akupunktur von der klassischen Medizin noch vehement abgelehnt, die Psychologie belächelt, von Hypnose ganz zu schweigen. Heute jedoch nähert man sich vorsichtig, manchmal noch etwas skeptisch, all diesen Dingen und erst wenn man Erfolge und Ergebnisse erzielt, glaubt man daran. Es ist wunderbar mit anzusehen, wie die Parapsychologie in den letzten Jahren immer mehr an Bedeutung und Glaubwürdigkeit gewinnt. Ich hoffe und vertraue darauf, dass sich in den nächsten Jahren noch vieles ändern wird, dass die Leute diesen unerklärlichen Wissenschaften voll und ganz vertrauen und sie als Wegbereiter zu ihrem Glück betrachten werden.

Ich bin sicher, dass in den kommenden Jahren auf dem Gebiet der Archäologie Funde gemacht werden, also Gegenstände oder Schriftstücke gefunden werden, die auf paranormale Wissenschaften zurückgehen und ein wenig mehr Licht in das immer noch so düstere Kapitel des Unerklärlichen bringen werden. Oft möchten die Leute nichts davon wissen, weil sie Angst davor haben, Wissenschaften neu definieren oder die Bibel neu schreiben zu müssen, ja sogar ihr gewohntes Leben radikal ändern zu müssen. Wie schon gesagt, der Mensch ist ein Gewohnheitstier und alles was neu oder anders ist, als er es begreifen oder sich vorstellen kann, wird aus Bequemlichkeit oder aus Angst sofort abgelehnt.

Wenn aber Hunderte, ja Tausende von glaubwürdigen seriösen Menschen übersinnliche Empfindungen haben und wahrnehmen, paranormale Erscheinungen erleben und sehen, wenn es eine Vielzahl von sachlichen Beweisen wie Fotos, Gegenstände und anderes gibt, welche die Existenz solcher Phänomene belegen, warum sollte man dann all diese Menschen als verrückt erklären oder so tun, als ob man damit nichts zu tun haben möchte und alles ablehnen? Wer sind diese Menschen, die meinen, dass es sich hierbei um subjektive Empfindungen, um Einbildungen oder kollektive Halluzination handelt? Mit welchem Recht nehmen sie sich die Frechheit heraus, so etwas von anderen zu behaupten?

Natürlich gibt es auch viele Fälschungen, gemacht von Leuten, die andere betrügen, sie hinters Licht führen und ihre Gutgläubigkeit und Naivität ausnützen. Eine trickreiche Marienerscheinung in einem kleinen Ort verhilft diesem zu mehr Ansehen, erhöht dessen Bekanntheitsgrad und bringt ihm durch Pilger und Touristen sogar noch materiellen Gewinn. Deshalb müssen wir unseren Verstand sprechen lassen, logisch denken, immer genau hinsehen bevor wir uns abwertend oder abfällig über andere äußern und müssen versuchen diese Leute zu verstehen.

Es ist nur eine Sache der Zeit bis auch der letzte Skeptiker überzeugt ist, dass es zwischen Himmel und Erde mehr gibt, als das, was wir sehen und fühlen, was wir mit unseren Sinnen wahrnehmen können.

Mein Schlusswort

Wir schreiben das Jahr 2022 und sicherlich wollen einige der Leser wissen, wie meine Freundschaft mit Pascal weitergegangen ist, wo Pascal zur Zeit ist, wie es ihm geht, was er macht, ob er immer noch Karten legt und Heilungen durchführt. Dafür muss ich ein wenig ausholen.

Wie schon eingangs gesagt, lernte ich Pascal im Sommer 1993 kennen und weil ich von seinen Fähigkeiten fasziniert war und immer noch bin, schrieb ich alles gewissenhaft auf, was zur Entstehung dieses Buches führte.

Wir telefonierten viel miteinander und ich fuhr so oft ich konnte nach Belgien, um ihn zu besuchen. Seine Besuche bei mir wurden jedoch immer seltener, weil er behauptete sich auf deutschem Boden unwohl zu fühlen und es vorzog, nicht hierher zu kommen. Er spürte in Deutschland eine sehr negative ungesunde Strahlung, die ihm nicht guttat und wunderte sich, wie ich es aushielt, hier zu leben. Er ist übrigens nicht der einzige Hellseher, der das behauptet. Ich kann mich dazu nicht äußern, weil ich diesbezüglich nichts spüre und hier weiterhin leben und arbeiten muss.

Den Sommer 2006 verbrachte ich, wie gewöhnlich jeden Sommer, bei mir in Spanien. Natürlich bekomme ich während meines Aufenthaltes am Mittelmeer immer ausreichend Arbeit über das Internet und nehme auch welche mit. Es war furchtbar heiß. Die Meeresbrise sorgte nur bedingt für Abkühlung und das Leben entfaltete sich vor allem nachts.

Am Vormittag ging ich ins Stadtzentrum um einige Besorgungen zu machen. Mein Weg führte mich, wie immer, am Tierladen von José-Luis vorbei. Damals war es in Spanien noch erlaubt, lebende Tiere in hierfür spezialisierten Läden zu verkaufen. José-Luis verkaufte vor allem süße Hundewelpen, für die ich stets großes Mitgefühl hatte. Ich hätte sie am liebsten aus ihren Käfigen befreit und alle mitgenommen! Das ging aber leider nicht.

José-Luis, der bemerkte, dass mir diese armen Geschöpfe so sehr Leid taten, sagte oft zu mir: „Nimm einen mit, kauf dir einen, dann bist du nicht mehr allein." Was sollte ich mit einem Hund? Ich lebe schon seit vielen Jahren allein, habe keine Familie, keine Kinder, muss sehr oft verreisen und war mir nicht sicher, ob ich einem Tier die gerechte notwendige Pflege und Zuneigung überhaupt geben kann. Ich hatte ja noch nie ein Tier.

Anfang September fasste ich nach langer Überlegung Mut und rief im Tierladen an.

„José-Luis, ich habe darüber nachgedacht und bin nun entschlossen mir einen Hund anzuschaffen, ich weiß aber nicht genau, welcher am besten zu mir passen würde. Vielleicht ein kleiner, den ich problemlos auf Reisen mitnehmen kann?"

José-Luis freute sich und meinte, ich sollte ihm vertrauen, denn er wüsste, welcher Hund für mich in Frage käme. Ein paar Tage später, es war der 7. September 2006 (wieder diese Sieben und auch noch der Todestag meiner Oma Emilia!), klingelte mein Telefon und José-Luis bat mich vorbei zu kommen, da er nun einen Welpen für mich hätte. Ich fuhr sofort hin und übernahm den süßesten Welpen, den er dort hatte: Einen schneeweißen kleinen Malteser mit großen schwarzen Augen, die wie Perlen leuchteten und einer schwarzen feuchten Nase, die mich an eine Brombeere erinnerte. Ich nannte ihn Paquito, die Koseform von Paco und brachte ihn nach Hause. Natürlich erledigte ich in der Zwischenzeit alle notwendigen Formalitäten beim Tierarzt und bei den spanischen Behörden, kaufte ihm die schönsten Spielsachen und gab ihm das beste Hundefutter.

Nun kam der Tag, an dem wir nach Köln fahren mussten. Paquito saß brav in seiner Reisetasche auf dem Nebensitz und ich war gespannt, wie er sich in der neuen Umgebung, in der neuen Wohnung, zurechtfinden wird. Alles klappte wunderbar.

Pascal wusste nichts von meinem neuen Familienmitglied. Ich wollte ihn mit Paquito überraschen. Ein paar Wochen später fuhr ich mit Paquito zu Pascal, natürlich nachdem ich meinen Besuch angekündigt hatte und als ich mit der Hundetasche, in der der süße Welpe saß, hoffnungsvoll mit bester Laune in die Wohnung trat, bemerkte ich, dass Pascal ein merkwürdiges Verhalten zeigte. Er begrüßte mich nur sehr kühl und zeigte überhaupt kein Interesse an meinem Hündchen. Ich saß mit Pascals Mutter Luciana, die von Paquito sehr begeistert war, in der Küche und Pascal, der sonst immer in unserer Nähe blieb und sich mit uns lebhaft unterhielt, verließ die Küche fortwährend, ging in sein Zimmer und gab an, wichtige Telefongespräche führen zu müssen. Mir kam die ganze Situation ein wenig komisch vor, weil ich so etwas von Pascal nicht kannte. Nach kurzer Zeit verabschiedete ich mich und fuhr mit Paquito nach Köln zurück. Natürlich beschäftigte mich sein Verhalten danach sehr, weil ich

(© Cristina Aldea)

(© Cristina Aldea)

Mein süßes Hündchen Paquito

es absolut nicht einordnen konnte. Ich grübelte und überlegte, ob ich vielleicht Schuld daran hatte, fand aber nichts, was es hätte begründen können. Auch wusste ich, dass Pascal mir schonungslos gesagt hätte, wenn ihm etwas an mir aufgefallen wäre. Ich versuchte es zu vergessen und dachte, dass Pascal an dem Tag vielleicht nur schlechte Laune hatte und sie vor uns einfach nicht verbergen konnte.

Zwei Tage später erhielt ich eine Nachricht von Pascal, in der er mir mitteilte, dass ihn mein Besuch mit dem kleinen Hund sehr belastet hätte, weil er gegen Hunde allergisch sei. Mich wunderte diese Aussage, weil er ja selbst einen ziemlich großen Hund mit langem schwarz-grauen Fell hatte. Ich griff sofort zum Telefon und rief ihn an. Ich wollte und musste diese unmögliche Situation klären.

Er meinte, dass es für seine Gesundheit besser sei, wenn wir weiterhin telefonisch oder über andere Medien in Verbindung blieben, ich aber, solange ich den Malteser hätte, mich ihm nicht mehr nähern sollte. Auch wenn ich ohne Hund zu ihm käme, würde er die Schwingungen oder Ausstrahlungen meines Hundes an mir spüren und das würde ihn krank machen. Dafür hatte ich Verständnis, ich verstehe aber bis heute nicht, weshalb ihn sein eigener Hund nicht krank macht. Vielleicht liegt es an der Hunderasse. Auch verstehe ich nicht, weshalb er mir das bei meinem Besuch damals nicht direkt gesagt hat.

Ich hätte doch meinen Paquito nie weggegeben!

Wir blieben natürlich weiterhin in Verbindung, telefonierten aber immer seltener, so dass ich in letzter Zeit nicht mehr sehr viel von ihm mitbekomme. Ich weiß noch, dass er mir vor ein paar Jahren sagte, als ich ihn auf seine Tätigkeit ansprach, dass er keine Heilungen mehr durchführe, weil er dabei viel zu viel Energie verliere und auch der Meinung sei, diese Fähigkeit langsam zu verlieren. Er lebt immer noch mit seiner Mutter, mit der ich manchmal telefonischen Kontakt habe, in seinem Haus, legt und deutet immer noch Tarotkarten für seine Kunden und erteilt auch weiterhin Beratung und Hilfe. Ich spreche gelegentlich zu Geburts- und Feiertagen mit ihm.

Nach dem Tod seines langfelligen Hundes holte sich Pascal sofort einen neuen, den er heute noch besitzt.

Am 13. Mai 2019 verließ mich mein kleiner Paquito im Alter von fast dreizehn Jahren. Er litt an einer schweren Niereninsuffizienz und musste erlöst werden.

Ich würde gern versuchen, den früheren Kontakt, die enge Freundschaft zu Pascal erneut aufleben zu lassen, getraue mich aber zur Zeit noch nicht, weil ich nicht weiß, wie er darauf reagieren wird. Es kann auch sein, dass er genauso denkt wie ich. Die Zeit wird es zeigen.

Auch ohne den Einfluss Pascals sind mir im Laufe der Zeit Sachen passiert, die ich in den Bereich des Unerklärlichen, des Paranormalen einordne, weil ich sie jetzt anders aufnehme, anders interpretiere und auch aufmerksamer beachte als damals, als ich Pascal noch nicht kannte. Es ist ebenso möglich, dass es für jedes dieser Ereignisse eine plausible wissenschaftliche Erklärung gibt, die ich im Moment aber nicht sehe oder nicht verstehe. Gern erzähle und zeige ich hier einige dieser Sachen mit der Bitte, dass derjenige, der eine glaubhaft begründete Erklärung dafür hat, sie mich wissen lässt. Dafür wäre ich sehr dankbar.

Es war der 27. Mai 2018 (oh, wieder die Sieben!), ein Sonntagabend wie jeder andere auch. Ich war in meiner kleinen Küche mit der Zubereitung des Abendessens beschäftigt. Auf meinem Küchentisch steht eine viereckige Glasschale, in der sich fast immer etwas Obst befindet. Da ich selten Obst esse, passiert es manchmal, dass ich verfaulte Früchte aussortieren und wegwerfen muss. An diesem Abend lagen vier rote runde Äpfel in der Obstschale. Ich nahm sie einzeln in die Hand und prüfte sie auf ihre Verzehrtauglichkeit. Alle waren in Ordnung und ich legte sie in die Schüssel zurück. Als ich am nächsten Morgen die Küche betrat um mein Frühstück zu bereiten, traute ich meinen Augen nicht: Auf einem Apfel waren sehr gut sichtbare komische Zeichen erschienen, die am Abend zuvor ganz sicher nicht dort waren. Es war ein deutliches „E“ oder eine umgekehrte Drei zu sehen, die über zwei

Bögen, wie einem handgeschriebenen „M“ oder „N“, stand. Die Zeichen waren wie in die Apfelschale eingebrannt und sahen wie längst vernarbt aus. So etwas konnte kein Mensch machen! Mit dem Apfel in der Hand und überraschten angstvollen Blicken, versuchte ich mein gesamtes Interpretationspotential zu aktivieren, um zu verstehen, was es mit diesen komischen Zeichen auf sich hatte. War es vielleicht nur ein ganz normaler natürlicher Vorgang, eine Laune der Natur, waren es Zahlen oder Buchstaben aus einer anderen Welt oder war es eine verschlüsselte Botschaft? Was sollte diese Botschaft aber bedeuten und wer war deren Absender? Da mich das Zeichen an ein „E“ erinnerte, konnte es doch nur von meiner Oma Emilia sein! Was wollte sie mir mitteilen? Etwas Gutes oder vielleicht etwas Schlechtes, ja sogar etwas Furchtbares? Ich legte den Apfel auf eine weiße Oberfläche und fotografierte ihn. Als ich ihn in die Obstschale zurücklegen wollte, bemerkte ich, dass auch ein zweiter Apfel ähnliche, aber viel kleinere Zeichen aufwies, die wie Vögel im Flug aussahen. Ich dokumentierte alles fotografisch.

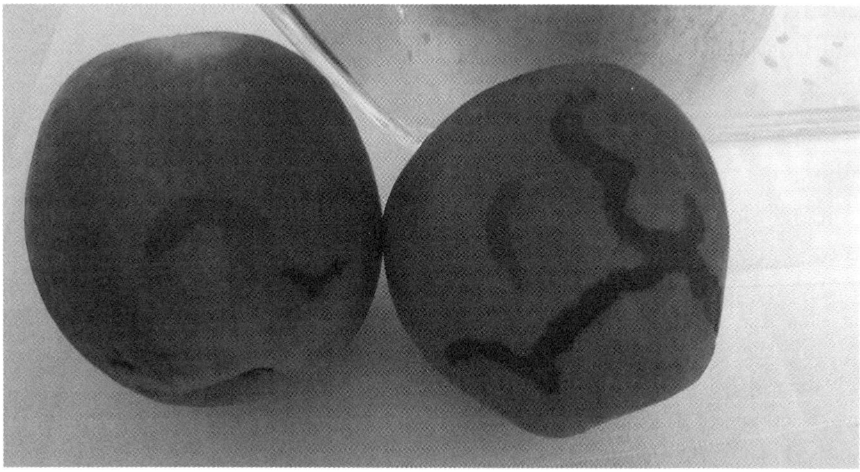

(© Cristina Aldea)

Unerklärliche Zeichen auf den Äpfeln

Als ich am späten Nachmittag von meinen beruflichen Terminen zurückkehrte, ging ich sofort in die Küche, um zu prüfen, ob alles noch so war wie am Morgen. Nicht ganz. Hinter dem besagten „E“ war ein

(© Cristina Aldea)

Nahaufnahme des Apfels

neues Zeichen erschienen, das wie ein Mond, ich würde sagen, wie ein „C“, aussah. Nun las ich „CE“. Sofort schoss mir durch den Kopf: Cristina, Emilia. Ich versuchte meine gesamte Fantasie zu bemühen, um zu begreifen, was diese Zeichen bedeuten, es gelang mir aber nicht. Bald gab ich den Gedanken an meine zwei rätselhaften Äpfel auf, denn ich wusste, dass ich keine plausible Erklärung dafür finden werde, weil eine solche eventuell gar nicht existiert und jede versuchte Interpretation meinem eigenen Hirngespinst entspringen könnte.

Die Äpfel blieben noch lange in der Obstschale, bis einer davon, der mit den kleinen Zeichen, verfaulte und ich ihn wegwerfen musste. Den anderen habe ich nach zwei Jahren immer noch im Kühlschrank. Er ist ganz braun geworden und verschrumpelt. Ich überlege gerade, ob ich den nicht auch wegwerfen sollte.

Dieses Ereignis erinnert mich sofort an einen ähnlichen Vorfall, der mir Anfang der 1980er Jahre passierte. Es geschah in der gleichen Küche, aber am Küchentisch stand damals eine andere Obstschale und ich war damals nicht allein, sondern hatte einen Freund. Als wir zum Frühstücken in die Küche gingen, bemerkte ich genauso wie vor kurzem, jedoch auf einem knallgrünen Apfel, in der Obstschale komische Zeichen. Es war das erste Mal, dass ich so etwas überhaupt sah und war sehr erstaunt darüber. Die Zeichen sahen auch diesmal aus wie Buchstaben und ich zeigte sie meinem Freund. Mir ging zu der Zeit nicht im Geringsten auch nur die Spur irgendeiner Interpretation durch den Kopf. Ich betrachtete die Zeichen eher als ein von der Natur geschaffenes schönes Muster, als ein Ornament. Mein Freund wurde sichtlich nervös als er diese Zeichen erblickte und versuchte sie als etwas Banales abzutun, das es nicht wert war, sich damit zu beschäftigen. Zu der Zeit hatten wir noch keine Mobiltelefone und ich ging ins Schlafzimmer um meinen Fotoapparat zu holen, in der Absicht, dieses schöne Muster zu verewigen. Als ich mit meiner Kamera in die Küche kam, hatte mein Freund den besagten Apfel schon in kleine Stücke geschnitten und ich konnte mein Vorhaben leider vergessen.

Jahrzehntelang dachte ich nicht mehr an den grünen Apfel, bis sich 2018 das Spiel mit den zwei roten Äpfeln wiederholte. Vielleicht kann mir jemand anhand der Bilder erklären, was das zu bedeuten hat.

Da bekanntlich Drei die besten Dinge sind, konnte natürlich auch bei mir ein drittes Ereignis mit Früchten nicht fehlen! Es geschah kurz vor Ostern 2020, gerade als ich an diesem Text arbeitete. Ich holte mir aus dem Supermarkt einige Lebensmittel für die nahestehenden Feiertage. Darunter waren auch rote und grüne Paprika von langgezogener spitzer Form. Zu Hause legte ich sie, wie üblich, in das für Gemüse vorgesehene Fach meines Kühlschranks. Als ich am darauffolgenden Tag (es war wirklich der 7. April 2020!) ins Gemüsefach griff, stockte mir der Atem: Auf einer roten Paprika, die ganz oben lag, befand sich ein merkwürdiges Zeichen aus weißem Schimmel. Es sah aus wie ein Kreuz, von dem links eine Art weiße Tröpfchen fielen. Weshalb war dieser Schimmel nicht rund, drei- oder viereckig, weshalb hatte er nicht irgendeine Form, wie ein ganz normaler Flecken? Nein. Es war ein Kreuz! Natürlich ist das wieder nur ein Zufall, der wieder einmal ausgerechnet mir passieren musste.

(© Cristina Aldea)

Gemüsefach im Kühlschrank

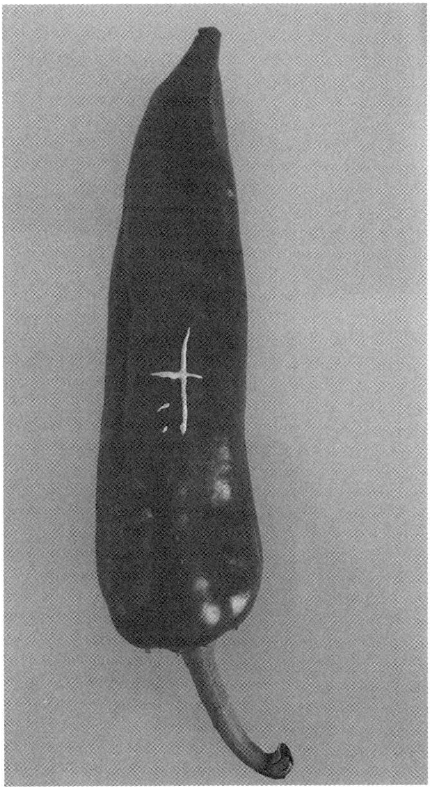

(© Cristina Aldea)

Paprika mit Kreuz

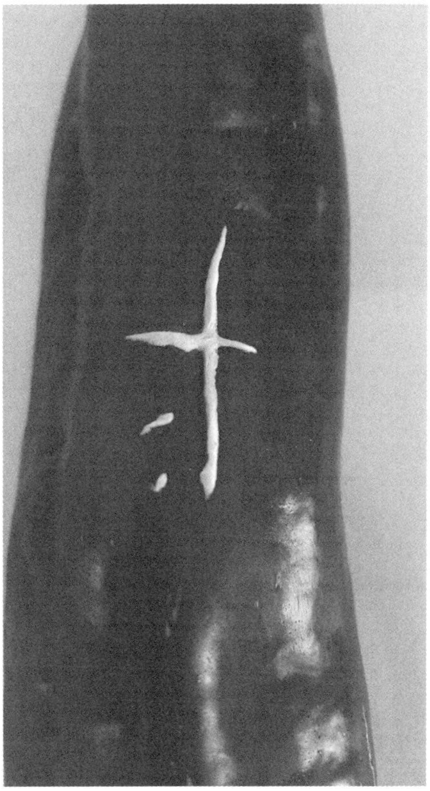

(© Cristina Aldea)

Nahaufnahme des Paprikas

Ich bin nicht gläubig und halte wenig von kirchlichen Symbolen, musste mich aber über die erschienene Form sehr wundern.

Prinzipiell bin ich nicht abergläubisch, aber diese verflixte Sieben taucht so oft in meinem Leben auf, dass man von Zufall fast nicht mehr sprechen kann. Es ist auch möglich, dass ich ihr bewusst oder unbewusst eine viel zu große Bedeutung zumesse, die sie gar nicht verdient. Sie verfolgt mich schon aus der Kindheit, als ich meine Mutter sagen hörte: „Oh Gott, heute ist der siebente, der siebzehnte oder der siebenundzwanzigste. Kind pass auf dich auf, dass dir nicht etwas passiert." Sie behauptete, dass in unserer Familie an Tagen mit einer Sieben irgendetwas Schlimmes passiert sei. Heute gebe ich ihr Recht, denn ich habe diese Behauptung teilweise überprüfen können und sie stimmt fast immer. Die Tage vergehen schnell und oft merke ich gar nicht, dass wieder eine Sieben auf dem Kalender steht. Manchmal ist sie wirklich mit negativen Ereignissen verbunden. Ich könnte hier aber keinen Vorfall nennen, der sich an einem Datum mit Sieben ereignet hat und berauschend war. Es kann auch sein, dass ich in Erwartung eines schlechten Ereignisses an dem betreffenden Tag, das gute Ereignis gar nicht beachte. Vorfälle, die für mich eine besondere Bedeutung haben, sei diese gut oder schlecht, bekommen bei mir einen kleinen Vermerk im Kalender und weil ich die Kalender aufbewahre, kann ich fast immer das genaue Datum finden, an dem sich etwas Bestimmtes zugetragen hat. Deshalb befinden sich hier im Buch oft genaue Datumsangaben, die, was ich oft erst nachträglich bemerke, komischerweise die Sieben enthalten.

Mehrfach habe ich Pascal auf diese Sache angesprochen und er ist der Meinung, dass jeder Mensch mit irgendeiner Zahl behaftet sei und dass mit Hilfe der Numerologie vieles über das Schicksal des Betreffenden gesagt werden kann. Ich habe mich nie mit Numerologie befasst und bin auch nicht in der Lage aufgrund von Zahlen etwas über das Schicksal sagen zu können.

Die Zahlen haben es in sich und der Umgang mit ihnen ist faszinierend. Alle glauben, dass man gut Kopfrechnen kann, wenn man Mathematiker ist, was in meinem Fall gar nicht stimmt. Ich bin Mathematikerin, kann aber nicht gut Kopfrechnen, denn ich habe zu den Zahlen ein ganz anderes Verhältnis, das vielleicht nur ein wissenschaftlich gebildeter Mensch verstehen kann. Zum Kopfrechnen gehört viel Übung. Zahlen zu sehen bereitet mir immer Freude, gibt mir ein angenehmes Gefühl und ich mache mit ihnen gern kleine Kombinationsspiele, ohne dabei speziell auf die Sieben zu achten. Sie gehört einfach dazu.

In Bezug auf Zahlen fällt mir gerade etwas Ungewöhnliches ein, das ich hier gern erzählen möchte.

In Spanien werden die Kennzeichen für Kraftfahrzeuge von einer zentralen Zulassungsstelle in Madrid vergeben. Man kann sich nicht, wie in Deutschland, ein Kennzeichen aussuchen, sondern erhält das Kennzeichen, das gerade an der Reihe ist, also das logisch folgende. Das Fahrzeug behält das ihm zugeteilte und danach nie wieder vergebene Kennzeichen, bis zu seiner Verschrottung. Beim Verkauf eines Fahrzeugs wird in den Fahrzeugpapieren nur der Name des Halters geändert, nicht aber das Kennzeichen. So kann es passieren, dass man sein schon längst veräußertes Fahrzeug irgendwo sofort wiedererkennt. Die Kennzeichen bestehen aus vier Ziffern gefolgt von einer Kombination aus drei Buchstaben, zum Beispiel 1234 ABC. Es gibt also genau 9999 Fahrzeuge, die die gleiche Buchstabenkombination haben. Für eine Zahlenkombination verändert sich die Buchstabenkombination in alphabetischer Reihenfolge. Auf diese Art ist es möglich das ungefähre Alter eines Fahrzeugs einfach mit einem Blick auf das Kennzeichen zu erkennen. Wenn zum Beispiel eine Buchstabenkombination mit F beginnt, weiß man, dass dieses Fahrzeug neuer ist als eines, das als ersten Buchstaben zum Beispiel ein C hat. Der Übergang von einem Anfangsbuchstaben zu einem anderen dauert in der Regel einige Jahre. Aber warum erzähle ich das? Damit man das Besondere verstehen kann, das mir passiert ist.

Mein in Spanien vor vielen Jahren zugelassenes Auto trug die Zahlenkombination 7255, gefolgt von drei Buchstaben, die für die Sache hier unwichtig sind. Wieder die Sieben aber ich habe Gott sei Dank mit dem Auto nie Probleme gehabt. Dieses ist also eine gute Sieben!

Im vergangenen Jahr musste ich mein Auto mit dem Kennzeichen 7255 gegen ein neues tauschen. Als ich den kleinen Flitzer abholte und mir der Verkäufer die Schlüssel und die Fahrzeugpapiere in die Hand drückte, spürte ich einen leichten Schock: Auf dem Kennzeichen stand 7269. Wie war das möglich? Die Wahrscheinlichkeit, dass für einen Halter nach vielen Jahren sogar die ersten beiden Ziffern die gleichen sind, ist extrem gering. Ich war überwältigt!

Die vorherige Erläuterung zu der Kennzeichenvergabe in Spanien habe ich nur deshalb gemacht, damit man diesen Zufall besser verstehen kann. Ich glaube er tritt genauso selten ein, wie ein Sechser im Lotto.

Das ist aber noch nicht alles. Als mein kleiner Paquito verstarb, wandte ich mich an ein Tierbestattungsinstitut, um für ihn eine würdige Bestattung, beziehungsweise Einäscherung, zu veranlassen. Der Bestattungsvertrag, die Einäscherungsmünze und die ausgestellte Einäscherungsurkunde tragen natürlich die gleiche Nummer, die Paquito hierfür zugewiesen wurde: Es ist die 72089! Diese Übereinstimmung bemerkte ich erst viel später. Wie ist das möglich, dass im Laufe von mehreren Jahren für mich bedeutende Ereignisse wie zwei Autokäufe und der Tod meines Hundes, die gleiche Anfangszahl 72 tragen? Kann es purer Zufall sein? Vielleicht kann es. Ich weiß es nicht.

Bevor ich vergesse: Ich möchte hier gern noch kurz auf ein Ereignis eingehen, das mir bis jetzt niemand erklären konnte und wie Vieles andere auch, das einfach nur existiert. Es wird als Orb-Phänomen bezeichnet und fand bis jetzt die unmöglichsten abenteuerlichsten Erklärungen, jedoch keine einzige, die mir logisch oder glaubwürdig erscheint. Natürlich ist es auch mir passiert. Wie könnte es denn anders sein?

Am 13. Mai 2006 hielt ich im Gemeindehaus der Stadt Tarquinia, in Italien, vor zahlreichem Publikum einen Vortrag. Da ich in der Zwischenzeit durch meine Vorträge auch in Italien einen gewissen Bekanntheitsgrad durch die Medien erreicht hatte, standen mehrere Fotografen vor mir und machten Aufnahmen, damit sie dann zusammen mit einem Artikel am darauffolgenden Tag in der Zeitung veröffentlicht werden. In solchen Situationen sorge ich meistens dafür, dass ein Fotograf auch meinen Fotoapparat benutzen kann, um für mich privat einige Bilder zu schießen. So auch an diesem Abend.

Als ich mir nach dem Vortrag die Bilder ansah, überraschte mich eines davon besonders. Als ich vor dem Publikum stand und von einem Blatt Papier irgendwelche Daten ablas, was nur selten vorkommt, denn ich spreche immer frei, schwebten über meinem Kopf und um mich herum mehrere Orbs. Ich verstehe nicht, weshalb sie nur auf diesem einen Bild so klar und deutlich sichtbar sind und auf den Bildern davor und danach nicht.

Ich habe manches über die Erklärungen zu diesem Phänomen gelesen und gehört, die von Lichtspiegelungen über kleine Mücken bis hin zu anhaftenden Staubpartikeln reichen, bin aber mit keiner so recht zufrieden.

Auch hier stehen wir wieder vor Etwas, das wir sehen können, das es wirklich gibt, wir es uns aber wieder einmal nicht erklären können. Oder doch?

In meinem Wohnzimmer, das ich auch als Arbeitszimmer und Büro nutze, stehen mehrere große Bücherregale, die ich schlicht mei-

(© Cristina Aldea)

Orbs während meines Vortrags

ne Bibliothek nenne. Auf einem der Regalbretter meiner Bibliothek, vor einer Bücherreihe, steht seit mehreren Jahren ein Bild meines Hündchens Paquito. Es ist eine hinter Acrylglas gelegte Fotografie.

Es geschah an einem Samstag, dem 17. November 2018. Achtung, wieder die Sieben! Es war ein trüber nasskalter Spätnachmittag und ich arbeitete, wie immer, am Computer mit dem Rücken zur Bibliothek gekehrt. Die Fenster waren geschlossen und um mich herum war es ruhig. Diese Ruhe wurde plötzlich durch ein komisches Geräusch unterbrochen, das ich im Moment gar nicht einordnen konnte. Ich stand auf, schaute mich um und versuchte die Ursache dieses Geräusches zu finden. Nach einer Weile bemerkte ich, dass Paquitos

Bild umgefallen war. Bis heute kann ich mir das Phänomen nicht erklären, weil es praktisch nicht möglich ist, dass das Bild einfach so, ganz von allein nach vorne kippt. Im Glauben, dass es womöglich ein plötzlicher Luftzug, den ich nicht gespürt hatte, umgeworfen hätte, versuchte ich es sogar mit dem Föhn anzupusten, es bewegte sich nur fort, blieb aber aufrecht.

Weil mir öfter komische, unmögliche oder unerklärliche Sachen passieren, legte ich auch diese zu den für mich unverständlichen Ereignissen ab und vergaß sie bald.

Heute weiß ich, dass sich dieser Vorfall fast auf den Tag genau sechs Monate vor Paquitos Tod, der am 13. Mai 2019 eingetreten ist, ereignet hat. War es ein Zeichen, eine Mitteilung des Jenseits, das mich auf Paquitos Tod hinweisen wollte? Ich kann es nicht sagen.

Solche Ereignisse wecken in mir eine gewisse Neugier, manchmal sogar Ärger, weil ich sie nicht logisch erklären und mit meinem mathematischen Verstand begreifen kann. Ich habe die Suche nach einer Ursache schon seit langem aufgegeben, denn ich weiß genau, dass sie vergeblich ist. Früher hätte ich mich vielleicht davor gefürchtet aber seit ich Pascal kenne, seit ich mit ihm viele unmögliche, unverständliche, paranormale Erfahrungen gemacht habe, fürchte ich mich nicht.

Jetzt erlaube ich mir ein kleines Zahlenspiel: Der 13. Mai 2019, anders geschrieben 13.5.2019. Wenn man die Zahlen dieses Datums zusammenzählt erhält man genau 21. Und was ist 21? Ja, genau 3 x 7! Wir haben Paquito an diesem Tag von seiner schweren Krankheit erlöst, ohne aber auch nur einen Augenblick an irgendwelche Daten oder Zahlen zu denken. Wir dachten nur an den Hund.

Erst sehr viel später, als ich wieder einmal meine mathematischen Zahlenspielchen machte, fielen mir diese Merkwürdigkeiten auf. Natürlich kann man mit Zahlen viel kombinieren, rechnen und spielen, sie verdrehen und verschieben bis man ein gewünschtes oder erwartetes Ergebnis erhält. In meinem Fall scheint es jedoch, als ob mich die Sieben seit meiner Geburt (ich bin ein Siebenmonatskind!) bis zum Tod begleitet.

Pascal sagte mir einmal, dass jeder Mensch von einer Zahl begleitet wird. Es gibt Schlimmeres im Leben als eine Sieben!